天下文化
BELIEVE IN READING

童年

當時 29 歲，最年輕的代理船長趙錫成帶著妻女（朱木蘭、趙小蘭）參觀停泊港口的船隻（1954）

趙錫成和朱木蘭在台灣台北結婚（1951）

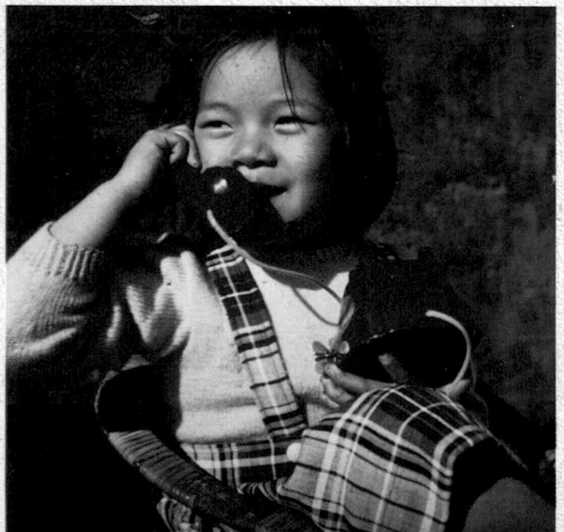
爸爸從國外給女兒們帶回新奇的玩具電話機。小蘭忙著講電話，彷彿是一位忙碌幹練的職業婦女。這是日後美國最傑出的華裔領袖（1956）

台北。朱木蘭抱著剛出生的小美和另外兩個女兒（右為趙小蘭）。趙錫成前往美國時，朱木蘭懷著七個月身孕，獨自在台北帶著兩個大女兒。

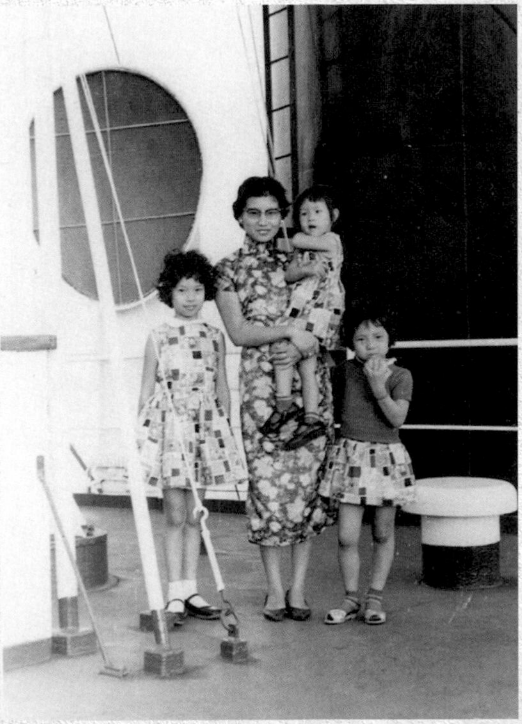

朱木蘭和三個女兒登上從台灣前往紐約的招商局（陽明海運前身）貨船，即將和分別三年的趙錫成相聚（1961）

忙碌的趙錫成當時身兼三份工作，一有假日，就帶著一家人到戶外，享受美好時光（1962）

趙小蘭 16 歲。她在 8 歲離開後首次返回台灣（1969）

趙錫成與朱木蘭在異國他鄉攜手打拚，生活慢慢步上軌道，漸入佳境（1961）

求學時期

19 歲時，趙小蘭宣誓為美國公民（1970）

一家人和祖母一起參加教會的主日崇拜。趙錫成特地回中國接母親來美國，母親來美一年後過世。趙家是虔誠的基督教家庭。

趙小蘭和妹妹小美站在哈佛商學院校園貝克圖書館前的草地上（1977）

從長島搬到紐約上州後，父親帶著女兒們一起趁著暑期，為房子前的迴轉車道鋪設柏油。這條全家人親手澆築的柏油路足足使用了超過五十年，才請工人再度翻新（1975）

擔任教姐兼伴娘的趙小蘭，與新娘俞立德、她的雙親俞炳昌先生、盧蕙英女士在婚禮當天合影。盧女士是趙錫成博士交通大學的校友，亦是交通大學校友會青年會負責人，非常喜歡趙小蘭，並把趙小蘭認作自己的乾女兒（1983）

母親朱木蘭從聖約翰大學畢業並獲得亞洲文學和歷史碩士學位後，全家人合影（1983）

白宮學者至海事會時期

白宮學者決賽入圍者趙小蘭，接受副總統喬治・布希頒發之入圍證書（1983）

白宮學者趙小蘭與父母姊妹及叔公夫婦，在自家前草坪上接受作家劉墉採訪（1983）

To Elaine Chao
With best wishes,
Ronald Reagan

白宮內閣會議室。雷根總統頒發白宮學者證書予趙小蘭（1983）

趙小蘭攝於白宮西廂前（1984）

趙小蘭回台北探訪母校再興小學，兩名 8 歲的小學生在學校門口迎接——與她離開台灣時的年齡相同（1984）

時任白宮學者的趙小蘭也榮膺「中華民國艾森豪獎金會」得主，受邀來台訪問。期間她回訪了自己的母校再興學校，並在高中部學生為她獻上音樂表演後與同學們合影留念（1984）

再興中、小學創辦人朱秀榮校長授予白宮學者趙小蘭校旗（1984）

海事副局長趙小蘭攝於美國交通部海事管理局的個人辦公室（1986）

副總統布希主持聯邦海事委員會主席趙小蘭的就職宣誓儀式。父親趙錫成為趙小蘭手持《聖經》（1988）

聯邦海事委員會主席趙小蘭在委員們的陪同下主持會議（1988）

在白宮羅斯福廳舉行的亞太裔美國傳統周儀式上，趙小蘭受到雷根總統和國會領導人認可，成為第一位擔任美國聯邦海事委員會主席的亞太裔美國人（1988）

運輸部副部長時期

運輸部副部長提名人趙小蘭，參加美國參議院的提名確認聽證會（1989）

運輸部副部長趙小蘭官方肖像（1989）

趙家人參觀橢圓形辦公室。老布希總統正看著趙博士贈送的中國陶瓷花瓶，身邊是運輸部副部長趙小蘭和妹妹小甫（1989）

趙小蘭與家人在白宮參加宣誓就職儀式。左起為時任副總統的奎爾、美國首位女性大法官歐康納（個性低調，因其保守派身分而人氣不高。2023 年去世）、父親趙錫成，及首位被任命為聯邦部門副部長的亞裔美國人趙小蘭（1989）

運輸部副部長趙小蘭參與社區慈善活動（1989）

運輸部副部長趙小蘭檢閱美國海岸防衛隊學院（1990）。二十多年後，已從運輸部部長職位上卸任的趙小蘭偕父親趙錫成博士及妹妹趙小美、趙安吉再度回訪海岸防衛隊學院，回憶往昔，更令人感慨感動。

美國運輸部副部長趙小蘭登上美國海岸防衛隊訓練船 EAGLE，學員們向她致敬（1991）

趙小蘭在父親趙錫成博士和母親朱木蘭的陪同下，在聖約翰大學接受榮譽博士學位（1991）

和平工作團時期

趙小蘭在白宮由副總統奎爾主持儀式，宣誓就任和平工作團團長。這次是由母親朱木蘭手持《聖經》（1991）

作為和平工作團團長的趙小蘭訪問西非一座村莊時，與當地孩童及母親們交談（1992）

和平工作團團長趙小蘭收到村里長老送來的一隻山羊作為禮物，歡迎她訪問非洲尼日（1992）

和平工作團團長趙小蘭在立陶宛首都維爾紐斯。眾人興奮等待副總統奎爾發表重要演說。趙團長與立陶宛、拉脫維亞和愛沙尼亞簽署了和平工作團國家協議（1992）

和平工作團團長趙小蘭與俄羅斯外交部長，在國務院簽署了和平工作團國家協議，允許和平工作團志願者進入俄羅斯（1992）

身為和平工作團團長及總統特使團團長的趙小蘭，於菲律賓總統就任典禮上與菲律賓總統羅慕斯交談（1992）

聯合勸募時期

美國聯合勸募總裁兼執行長趙小蘭參觀聯合勸募資助的兒童保育機構（1992）

趙小蘭與參議員麥康諾在美國參議院教堂舉行婚禮後和父母合影（1993）

參議院多數黨領袖杜爾和太太伊麗莎白．杜爾，專門為麥康諾參議員和趙小蘭舉辦了一場參議院新婚招待會；趙小蘭的父母是來賓中唯二的非國會人士（1993）

時任美國聯合勸募總裁兼執行長的趙小蘭走訪遭受洪水侵襲的社區，評估居民的需求（1993）

美國聯合勸募總裁兼執行長趙小蘭與柯林頓總統一起拍攝公共服務的影片（1993）

趙小蘭與第一夫人希拉蕊・柯林頓（最左）和副總統夫人蒂珀・高爾（Tipper Gore）（1994）

趙小蘭與微軟創辦人比爾・蓋茲（1996）

開創者之路

亞裔女性部長第一人趙小蘭傳

傅士玲、周慧玲——著
趙小蘭親自授權

A Trailblazer's Discovery

The Legacy of Elaine L. Chao
The First Asian American Female Cabinet Secretary of the USA

目次

第2部——乘風破浪

第3部——青史留名

第4部　高處不勝寒——

圖片目次

專文推薦

領導力、決心和專業的典範

美國第四十三任總統　喬治・沃克・布希（GEORGE W. BUSH）

我跟趙小蘭變得熟識，是她在我的內閣擔任美國第二十四任勞工部長時。當時，我們需要一位曾在領導方面成績出色、認識聯邦政府，又與工會勞工關係良好——具有這樣獨特組合的人。身為美國聯合勸募基金會的前總裁兼執行長，小蘭完全符合資格。她已經在聯邦政府部門和機構中證明其穩定的領導力，包括在我父親、前總統喬治・布希任內擔任和平工作團團長。

趙小蘭擔任美國勞工部長的八年任期中，她證明了自己能夠臨危不亂。我們的政府當時面臨前所未有的挑戰。作為內閣成員，小蘭以其領導力、決心和專業迎接每一個挑戰。在九一一恐怖攻擊後，我請她的部門向國內所有受恐攻影響者提供緊急失業救助。這對恢復我們國家的經濟至關重要。她和她的團隊迅速、高效地向需要的人士提供了援助。在卡翠納颶風之後，我再次委託她的部門提供緊急援助給那些因風災失去工作的人和小型企業。她和她的團隊找到州政府官員，確保他們知道如何申請急難救助，並逐步引導他們走完流程。小蘭對細節的注重眾所周知。當她得知有個提供公民撥打的急難救助專線時，她親自撥打測試，確保來電者能聯繫上輔導員。面臨危機時刻，這樣的有始有終更證明了她是一位可靠、熟練的領袖。

身為華裔美國人，趙小蘭自然對自己的文化、特別是她的父母引以為傲。我有幸見過她的父母，趙錫成博士和朱木蘭女士。兩人歷經戰亂、無數艱難，又拋下一切赴美為家人創建新的生活。他們留給眾人的不僅是他們所創造的工作職務和機會，以及他們的教育和文化慈善事業，更是他們創建的家庭。他們有六個成功的女兒，其中包括美國歷史上第一位亞裔女性內閣成員。

我一直很欣賞小蘭的一個特質，那就是她始終堅定地服務不僅僅是亞裔美國人社群，還包括所有選擇效忠美國、並把我們國家視為自己家園的新移民。我希望每個閱讀本書的讀者都能因趙小蘭的人生旅程、趙家長期的奉獻，以及經由愛、努力和信念可以實現的夢想而得到鼓舞。

二〇二四年三月一日

GEORGE W. BUSH

March 1, 2024

I got to know Elaine Chao well when she served in my Cabinet as the 24th U.S. Secretary of Labor. We needed someone who had a strong record of leadership, knowledge of the federal government, as well as good relations with organized labor – a unique combination. As the former Chair and CEO of the United Way of America, Elaine fit the bill. She had a record of steady leadership in federal government departments and agencies, including serving my father, President George H.W. Bush, as Director of the Peace Corps.

During her eight-year tenure as U.S. Secretary of Labor, she proved up to the challenge. Our Administration faced unprecedented challenges. As a Cabinet member, Elaine met each of these challenges with leadership, determination and skill. After the terrorist attacks of 9/11, I directed her department to distribute emergency unemployment assistance to all those impacted by the attacks on our country. This was vital to helping our country's economy recover. She and her team delivered benefits to those in need quickly and efficiently. After Hurricane Katrina, I again charged her department with getting out emergency benefits to those whose jobs and small businesses had been destroyed. She and her team tracked down state officials to make sure they knew how to apply for emergency aid and walked them step by step through the process. Elaine was known for her attention to detail. When told there was a hotline that citizens could call to apply for emergency assistance, she called it herself to make sure it worked and people could get through to counselors. That kind of follow-through defined her as a dependable, skillful leader, especially in times of crisis.

As an American of Chinese descent, Elaine is justifiably proud of her heritage and especially her parents. I had the pleasure of meeting both her parents, Dr. James. S.C. Chao and Mrs. Ruth Mulan Chu Chao. They endured war, incredible hardships, and then left everything behind to build a new life for their family in America. Their legacy is not only the jobs and opportunity they created, and the educational and cultural philanthropies they supported, but the family they created. They had six successful daughters, including the first Asian-American female cabinet member in America's history.

One of the attributes I have always appreciated about Elaine is her determined outreach not only to the Asian-American community, but to all newcomers who have chosen to give America their allegiance and to make our country their home. I hope everyone who reads this book will be inspired by Elaine's journey, her family's enduring legacy, and the dreams that can be achieved through love, hard work, and faith.

專文推薦

最好的妻子，與她最值得一讀的人生故事

美國資深參議員，共和黨領袖暨參議院少數黨領袖
米契・麥康諾（Mitch McConnell）

試想在你的婚姻中，有機會親炙世界歷史上最偉大的愛情故事之一，與最不可思議的夥伴關係：趙錫成博士和朱木蘭夫人的婚姻。

當我向趙小蘭求婚時，我知道自己是在請求加入一個在各方面——職業上、學術上和個人生活上——都表現傑出的家庭。我也知道，如果這個家庭同意我的求婚，我將擁有一位與我價值觀相同的妻子。最重要的是，我知道永遠會有一個榜樣能啟發、提點我們，那便是趙錫成和朱木蘭的婚姻。

因此，儘管我以職業成就和政治上的勝利記錄聞名，我始終認為我獲得最關鍵的一票，來自決定祝福我和小蘭婚姻的趙家。

儘管我們始終向趙錫成和朱木蘭的婚姻看齊，但我們的結合有其獨特之處，

我們是真正的夥伴關係，婚姻非常美滿。這要歸功於小蘭的用心，以及她的精神、智慧與毅力。

這本書提到了有段時間小蘭暫時放下自己的事業來助我一臂之力——這一段可能會被歷史遺忘，畢竟誰能想像這位獨一無二、享有盛名的女性會願意離開領導者的舞台，選擇為他人作嫁呢？

但當然，支持所愛的人，你最信任的人，是表現領導力最重要的部分之一。小蘭一直明白這一點，而我因此受益。

沒有人能像趙小蘭一樣，讓整個肯塔基州都愛上她——一個資歷背景與當地人民南轅北轍的女人。雖然我的政治對手試圖把小蘭描繪成「他者」或某種非美國人，但每位見過她的人都能立刻了解，她是任何愛國人士所能想像最美國化的人。肯塔基州的人們看見了她慈愛的心、基督教的價值觀和勤奮不懈……他們就知道，其實，她是他們的一份子。

全世界都知道趙小蘭在書寫歷史——在許多方面，她都是第一，並且在所投入的每一個領域裡都是最優秀的那一位。

我則視她為我的摯友與真愛，並對本書中講述的故事充滿感恩。正因為小蘭的故事理應受到傳頌、銘記與效法，身為她的丈夫，身為一個美國人與一個人道主義者，我充滿感激。她是位傑出的領袖、傑出的妻子、傑出的朋友、傑出的人。她的生平故事和她生命的本身是一份禮物，而我有幸近距離地了解認識她。現在，這本書的讀者將能看到我幾十年來一直知道並珍惜的事物。

我們都要感謝趙錫成博士和朱木蘭夫人，因為他們造就了今日的小蘭；我要感謝他們讓我擁有了幸福與充實的婚姻。他們燈火不滅，典範長存，日日指引著我，也引導著我們。

KENTUCKY

MITCH MCCONNELL

UNITED STATES SENATOR

REPUBLICAN LEADER

Foreword by Senate Republican Leader Mitch McConnell

Imagine having the opportunity to experience, in your own marriage, the legacy of one of the greatest love stories and one of the most incredible partnerships in world history: the marriage of Dr. James S. C. Chao, and Mrs. Ruth Mulan Chu Chao.

When I asked Elaine Chao to marry me, I knew I was asking to join a family that excelled in everything they did – professionally, academically and personally. I also knew that, if the family said yes to my proposal, I would have a wife who shared my values. And more than anything else, I was reassured by the knowledge that our marriage would always have, as our inspiring and informative example, the marriage of James and Ruth.

So, while I am known for my professional accomplishments and my winning record in politics, I will always think the most important votes I have ever received were from the Chao family when they gave their blessing to my marriage with Elaine.

While it has always been informed by the marriage of James and Ruth, ours has been an exceptional marriage, and true partnership, in its own unique way. For this, I give credit to Elaine's incredible heart, her spirit, her wit and her grit.

This book tells the story of the time Elaine put her career on hold to help me my career – a moment that history might have forgotten, because who could imagine that this uniquely and famously accomplished woman stepped off her own leadership path to support someone else in theirs?

But of course, supporting the people you love, the people you believe in most, is one of the most important parts of leadership. Elaine has always understood this, and I have been the beneficiary of that understanding.

Who else but Elaine Chao could make an entire state (Kentucky) fall in love with her – a woman who seemed so different from them on paper. While my political enemies tried to paint Elaine as "other" or somehow un-American, everyone who met her knew instantly that she was the most American thing any patriot could imagine. The people of Kentucky saw her loving heart, her Christian values, her hard work… and they knew she was, in fact, one of them.

The world knows Elaine Chao as a historic figure – the first in so many things and the best in every pursuit she has ever taken on.

I know her as my best friend and my true love, and I am grateful for the story that is told in this book. I am grateful as her husband, as an American, and as a humanitarian because Elaine's story is one that must be told, and told again, and remembered and learned from. She is an exceptional leader, an exceptional wife, an exceptional friend and an exceptional human being. Her life story, and her life itself, is a gift I have been privileged to know up-close. Now, readers of this book will see so much of what I have known and cherished for all these decades.

We all have Dr. James S. C. Chao, and Mrs. Ruth Mulan Chu Chao to thank for all that makes Elaine who she is; I have them to thank for my own happy and fulfilling marriage. Their shining example guides me, and guides us, every day.

專文推薦

勇於做夢，做好準備，努力工作，永不放棄

史丹佛大學教授、前美國國務卿　康朵麗莎・萊斯（Condoleezza Rice）

趙小蘭在公共部門有著長久而卓越的職涯，曾在四位美國總統的任期中為國服務。我第一次認識趙小蘭是在一九八九年，當時我們都在老布希（George H.W. Bush）總統政府中任職。我是特別助理，負責蘇聯事務，而她是美國運輸部副部長。當時她三十六歲，既是該職位上最年輕的一位，也是首位亞裔美國人。

小蘭在政府中逐步晉升，從擔任機構的行政人員，到成為美國和平工作團的團長，再到擔任內閣部門的副部長，後來又兩次成為內閣成員。當我擔任美國國務卿時，我們共同努力推動了幾項困難的自由貿易協定，她與工會勞工之間的關係至關重要。趙小蘭的一項標誌性特色是她作為一名領導者能夠與不同社群建立關係、搭建橋梁，這在龐大的聯邦官僚體系中絕非易事。作為她領導能力的證明，多年來她一直與曾一起共事或為她工作的人保持著牢固的聯繫。

小蘭將自己的成功歸功於她父母的影響。他們作為亞洲移民來到這個國家時身無分文，但最終擁有顯著的成就。就像我的父母，他們堅信教育、努力工作和堅持不懈是成功的關鍵。他們相信美國夢，並確保六個女兒都接受了良好的教育。作為一名大學教授，在那個高等教育不像今天這樣普及的時代，我深知實現此一目標所需要的決心。

小蘭開創性的職涯以及她家庭的故事，是亞裔美國人的啟發之源。但他們也能讓來自各個背景的美國人產生共鳴，因為她和她的家人證明了美國夢仍然健在。他們提醒我們，對世界各地想要自由追求夢想並願意努力工作、付出必要犧牲的人們而言，我們的國家仍然是一盞希望之光。

如今，我們的世界充滿了許多新的機會。現在比以往任何時候都更需要具備理解和知道如何利用這些機會的強大領導者和創新者，不論是在公共、私營或非營利部門。趙小蘭的故事是典型的美國故事，我希望它能激勵未來的世代更勇於做夢，做好準備，更加努力地工作，並永遠不要放棄夢想。

Biography of the Hon. Elaine L. Chao By the Hon. Condoleezza Rice

Elaine Chao has a long and distinguished career in the public sector, having served her country under four American presidents. I first got to know Elaine in 1989, when we both served in the Administration of President George H.W. Bush. I was a Special Assistant to the President for Soviet Affairs and she was the Deputy U.S. Secretary of Transportation. At 36 years old, she was both the youngest person and first Asian-American to serve in that office.

Elaine progressed up the government ladder, going from agency administrator, to Director of the Peace Corps, to Deputy Secretary of a cabinet department and later to becoming a two-time cabinet member. When I was the U.S. Secretary of State, we worked together on several difficult free trade agreements, where her relationships with organized labor were important. One of Elaine's trademarks is being a leader who is able to reach out to build bridges between disparate communities - which is no small achievement in large federal bureaucracies. As a testament to her leadership, she has maintained strong ties throughout the years with the people who have worked both with and for her.

Elaine attributes her success to the influence of her parents, who came to this country as immigrants from Asia with very little and achieved remarkable success. Just like my own parents, they believed strongly that education, hard work and perseverance were the keys to success. They believed in the American dream, and ensured that all six of their daughters received a good education. As a university professor myself, I appreciate the determination it must have taken to achieve that goal during an era when advanced education was not as wide open as today.

Elaine's trailblazing career, as well as her family's story, are a source of inspiration for Americans of Asian ancestry. But they also resonate with Americans from all backgrounds, because she and her family are evidence that the American dream is alive and well. They remind us why our country remains a beacon of hope for people all over the world who want the freedom to pursue their dreams, and are willing to work hard and make the sacrifices required to achieve them.

Today, our world is full of many new opportunities. Now, more than ever, we need strong leaders and innovators in the public, private and non-profit sectors who are well equipped to understand and build on these possibilities. Elaine's story is a quintessentially American story, and one that I hope will inspire future generations to dream big, prepare well, work harder, and never give up on their dreams.

專文推薦

「第一」的開創者，世代僅見的領袖故事

哈佛大學名譽校長、亞瑟·金斯利·波特大學研究教授
德魯·吉爾平·福斯特（Drew Gilpin Faust）

成為第一人並非易事。

要成為任何事情的第一人（以我為例，是成為哈佛大學的第一任女校長），你必須既有才華又勤奮，既要大膽又要圓滑，既自信又謙虛。

趙小蘭是美國歷史上第一位擔任總統內閣成員的亞裔美國女性，並兩度入閣擔任官員，在她整個歷史性的職涯中，無論擔任任何重要職位，都是首位。

某些狀況下，她是第一位女性。某些狀況下，她是第一位亞裔美國人。大多時候她兼具兩者。

這意味著，趙小蘭在各項專業的成就上，一次又一次地超越了各個職務所需具備的資格條件，並都能夠臨危不亂——這只有集才華、奉獻和價值觀這樣罕見的組合於一身才可能實現，這是許多歷史上能成為「第一人」的特點。

小蘭和我都深知，一旦成為第一，你就有責任不要成為最後一個。她和我都同意，我們有責任確保其他人也有機會。

趙小蘭不僅一次又一次地成為第一，她還確保自己不落人後。

這本重要的書講述了如何成為第一人，並包括如何為後人打下基礎。這個世代僅見的領袖，從獨特的基礎上崛起：即小蘭卓越的雙親趙博士和朱木蘭女士愛的培育。

趙博士和朱木蘭女士鼓勵所有女兒發揮自己的才華、找到自己的道路。他們強調有意義的生活，進而改善並造福世界，同時驕傲地擁抱繼承的雙重文化，體現東西方最好的一面。

特別要提到一個重點：趙博士和朱木蘭女士相信教育的力量是人生進步與服務的關鍵。不管他們的環境如何，他們不辭辛勞地工作，以確保女兒們接受良好的教育，並灌輸她們實現夢想並為社會做出貢獻所必需具備的強烈決心和工作態度。

難怪他們是歷史上唯一有四位女兒就讀哈佛商學院的家庭。這所學校的校園現在擁有趙朱木蘭中心，以趙小蘭的母親命名。這座美麗的建築既是每年超過一萬名高階主管進入商學院就讀的大門，也是大學校園中高階主管、教職員工和學生之間互動，留下回憶，充滿活力的樞紐。

該中心也是哈佛校園中第一座以一位女性和一位美籍亞裔為名的建築。又是一個「第一」。

本書讓人看到一位成功的領導者令人鼓舞的生命，她是「第一」的開創者，以圈外人的身分起步，沒有特殊特權或關係，憑著自己的努力、表現和勤奮晉升到我國最高的公共職位。

作為亞裔美國人的典範，確保在成為「第一」之後，將會有許多人繼續成為「下一位」，趙小蘭的傳承和故事值得所有人分享與珍惜。

我很高興能向新的讀者介紹她的故事，並為慶祝她的貢獻和永不磨滅的領導榜樣共襄盛舉。

HARVARD
UNIVERSITY

Elaine Chao Introduction
By Drew Gilpin Faust, President Emerita and Arthur Kingsley Porter University Research Professor, Harvard University

It is not easy to be the first.

To become the first of anything (in my case, the first woman president of Harvard University), you must be both talented and hardworking, both bold and diplomatic, both confident and humble.

Elaine Chao, the first Asian American female member of a U. S. President's cabinet in history, a two-time cabinet officer, has been the first in every significant position she has held throughout her entire, historic career.

Sometimes she was the first woman. Sometimes she was the first Asian-American. Most often she was both.

This means Elaine Chao exceeded the qualifications *and* met the moment over and over – in every one of her professional achievements. This is only possible through that rare combination of talent, dedication and values that characterize so many of history's firsts.

And as Elaine and I both know well, once you have become the first, you hold a great deal of responsibility for not being the last. She and I agree that we have a responsibility to ensure that others will have the same opportunity.

Elaine Chao has not only been the first – again and again – she has ensured that she will not be the last.

This important book tells the story of how to be the first, including how to lay a foundation for those who come next. It is the story of a once-in-a-generation leader who rose from a unique foundation of her own: the loving cultivation of Elaine's remarkable parents, Dr. James S. C. Chao, and Mrs. Ruth Mulan Chu Chao.

James and Ruth empowered all their daughters by encouraging them to seek their own talents and to find their own paths. They stressed the value of leading purposeful lives to improve and benefit our world while also embracing their dual heritage with pride and exemplify the best of East and West.

Also of important note: Dr. Chao and Ruth Mulan Chu Chao believed strongly in the power of education as a key to advancement and service in life. No matter their circumstances, they worked tirelessly to ensure that their daughters had a good education, and imbued them with the determination and strong work ethic necessary to achieve their dreams and to contribute to society.

No wonder they are the only family in history with the distinction of having four daughters attend Harvard Business School. It is fitting that the school's campus today houses the Ruth Mulan Chu Chao Center, named in honor of Elaine's mother. This beautiful building serves both as the gateway to the business school for the more than 10,000 executives who attend classes there each year and as a vibrant hub that enables memorable interactions with executives, faculty, and students from the entire University community.

The Center is also the very first building on the Harvard campus to be named after a woman and an American of Asian heritage. More "firsts."

This book is an inspiring look into the life of an accomplished leader, a trailblazer of "firsts" who started as an outsider with no special privilege or connections and rose to some of the highest public offices in our country by dint of her own effort, merit, and hard work.

An icon in the Asian Pacific American community who ensured there would be many, many to come "next" after being "first," Elaine's legacy and her story should be shared and appreciated by all.

I am pleased to help introduce her story to a new reading audience, and to have the opportunity to celebrate her contributions and her timeless example of leadership to our worldwide community.

Wadsworth House   Cambridge, MA 02138

序言

開創屬於亞裔的輝煌

全球交融的時代，誰說一個人只能有單一文化認同呢？

一月三十一日，正值華府隆冬時節。華盛頓紀念碑（Washington Monument）在寒風中肅然矗立，作為華府地區最高的建築物（五五五英尺），俯視全景，面前的國家廣場在林肯紀念堂（Lincoln Memorial）倒影池的映襯下，更顯靜謐莊嚴，宏偉疏闊。

下午四點左右，趙小蘭的座車緩緩駛入白宮。美國參議院已確認通過了趙小蘭二度入閣的任命，這位即將履新的運輸部長，將由副總統邁克．彭斯（Mike Pence）見證宣誓就職。一如既往，趙小蘭將在父親趙錫成博士和家人的陪伴下完成宣誓儀式。

睽違八年再度踏足白宮，趙小蘭心中百感交集，難以言喻。一切都是那麼熟悉。當年，她以美國史上第一位亞裔女性部長的身分，光榮地進入小布希（Bush Junior）總統內閣擔任勞工部長。如今，她又一次書寫歷史，首次二度入閣，史無前例。得以再度奉公為國，趙小蘭深感榮幸。讓她尤為快樂又感恩的是父親和家人能夠一同參加她的就職典禮。父母劬勞，含辛茹苦為自己和妹妹們奠下了基礎，才使得她們能有今日的成就。父母家人，是趙小蘭砥礪奮進的源頭活水。一家人歡天喜地，再次分享喜悅。

唯一的遺憾，就是十六年前此時此地，猶見母親朱木蘭的身影。一同參與女兒的重要時刻。當時剛檢查出淋巴癌的朱木蘭強撐病體，面上卻絲毫不見病容，喜樂盈面手捧《聖經》，見證女兒的第一次入閣宣誓。當時趙家未及開枝散葉，幺女趙安吉尚未成婚，孫輩也並不多。然而這一次，母親已不在他們身旁。儘管母親於二〇〇七年八月二日息勞歸主，她仍然在他們身旁，也一直在他們心上。

趙小蘭在新政府班子工作人員的簇擁下，移步前往舉行宣誓典禮的副總統辦公室。她邁著堅定、自信的步伐，一路上頻頻向每個人招手問候，來到典禮場所隔壁的房間等待正式開始。來到表定時間，趙小蘭和彭斯邁步踏入副總統辦公室，她將在這裡正式宣誓成為運輸部長。

時任副總統彭斯在主持宣誓儀式時，高度讚揚趙小蘭：

「小蘭，對你來說，今天是一個熟悉的日子，你已經在多個職位上為國奉公盡責，最為人稱道的當然是你在喬治・沃克・布希（George Walker Bush）總統治下擔任勞工部長的八年，可謂政績卓著，賢名遠揚，有口皆碑，是為勞工部史上最重要的任命之一。在此之前，你還擔任過運輸部副部長，如今，你將帶著豐富的施政經驗領導此一部會（運輸部）。我知道總統（川普）對你挺身而出為國奉獻的精神甚感敬佩。你的領導才能與豐富經驗必使您履任順利，正得其所。」

趙小蘭的父親趙錫成博士，一位虔誠的基督徒，手持《聖經》，趙小蘭左手輕放其上，舉起右手，在副總統彭斯的領誓下，莊嚴宣誓。

自此，趙小蘭正式成為美國第十八任聯邦運輸部長，下轄逾五萬五千名員工及兩萬名約聘員工，肩負著每年八百八十億美元預算的重任。趙小蘭職責所在，需要與各州、地方政府合作，維護公路、橋梁、鐵路、航空、城市交通、商業太空等國家交通基礎設施。

趙小蘭，一個在台灣出生、來到美國時一句英文也不會的移民小女孩，是如何一步一步，在史書上寫下濃墨重彩的一頁——成為美國建國以來首位接受任命為總統內閣成員的亞裔女性？作為先驅者、開創者，趙小蘭打破了數不清的障礙，有形或無形的天花板，闖出了一條前無古人的路，為亞裔美國人，甚至可說是全體美國人，打開了無窮的機會之窗。畢生致力於公共服務的趙小蘭，以孜孜勤勉、日日不怠的努力，以勇闖無人境、敢換新天地的魄力，實質提升了亞裔美國人在美國主流社會、乃至全球社會的認可與地位。

這個小女孩的故事，不能不從她傳奇的父母趙錫成與朱木蘭開始說起。趙錫成出生於上海郊區一個僅有八戶人家的小村落，朱木蘭則是大家閨秀，朱父更是鄉里知名的進步有識之士，既富庶一方，又兼書香門第。兩人的出身原本相差懸殊，然而命運難料，當時的中國兵燹連天，戰亂頻仍，因緣際會牽起了趙錫成與朱木蘭的烽火姻緣。

趙錫成的父親趙以仁先生畢生致力於改善農村教育，母親許月琴女士是樸實的務農主婦，勤懇勞作與父親掌管家庭。在父母親的辛勤養育下，趙錫成以優異的成績獲得獎學金，方得以完成學業。

1949 年修完大學課程的趙錫成，準備上天平輪實習前與父母合影。這是全家最後一張合照。趙錫成以為很快可以回家，不料竟是永別。中國局勢丕變，23 年後母子才得以團聚，父親則已經離世了。

朱木蘭家世顯赫且思想進步開明，視族中女子教育與男子相同，因此朱木蘭自幼便接受了良好的教育，後來就讀於由傳教士創辦的南京明德女子中學。動亂時代，朱木蘭的家人從安徽搬到上海嘉定，朱木蘭也轉學至嘉定一中，一時間，這位從首府南京來的美麗少女成為學校內外的關注焦點。

一九四九年初，趙錫成剛好回母校嘉定一中探望。風度翩翩的趙錫成，亦是同齡人中的佼佼者，同為「明星」的兩人，在好友介紹下順理成章地結識。朱木蘭優雅美麗，趙錫成一見鍾情。但他知道自己須以學業為重，且自認兩人出身相差懸殊，並不門當戶對。

然而，命運的紅線在此刻已悄然糾纏。一九四九年，世局風雲驟轉，王旗變換。按學業規劃，趙錫成需登船實習，才能拿到海員證與畢業證。登船前，以仁先生特地來為夫妻深深掛念的家中獨子送行。風雨飄搖之際，父子執手念念，本想著再會可期，誰料此去竟是訣別。

五月，上海已在共產黨控制之下，沿海港口均已封鎖，趙錫成工作的船隻無法靠岸，只得隨船去往台灣。登台之際，除了思念父母，趙錫成也忍不住想起有數面之緣的窈窕淑女：多虧朱木蘭的家世背景，或許已隨國軍遷台了吧！不過，此刻台灣百廢待舉，趙錫成也需先自謀生路，安頓下來。

皇天不負苦心人。不久，趙錫成不僅成功找到工作，還直接連跳五級，從學員晉升為二副。危機中往往蘊藏時機，亂世裡的趙錫成憑藉他的真誠、誠實、認真又勤勉的個性與才幹，很快得到雇主賞識。逐漸站穩了腳跟以後，趙錫成開始在船隻返港時，利用業餘時間四處訪探台灣各地的高中，想著木蘭如若來台，必然會繼續她的高中學業，從各高中探聽總好過人海茫茫裡撈針。

皇天亦不負有心人，柳暗花明。一年後，機緣巧合下，趙錫成竟然在親叔以忠先生家所訂的報紙上，瞥見朱木蘭的名字赫然列於某高中畢業生名單上；實在是念念不忘，必有迴響，老天爺回應了趙錫成尋覓佳人的熱望。終於見到木蘭的那一刻，趙錫成驚喜交加，而朱木蘭亦朱顏微赧，含羞帶笑，兩兩相望，一切盡在不言中。

趙錫成用行動獲得了朱木蘭父母的認可。只要船程返港基隆，趙錫成必定趕回台北與木蘭團聚。在那個物資貧乏的時代，擔任海員的趙錫成也算是捧著金飯碗，而他總是會用辛苦攢下的工資請朱木蘭到台北各家餐廳，一天吃滿三頓美味的外食。後來，花好月圓的一天，趙錫成向朱木蘭求婚：「我愛你，我發誓我會一生

趙小蘭和母親、兩個妹妹與外祖父母合影於台北。父親前往美國那三年，母親獨自帶著三個孩子在台北，有外祖父母和舅舅、阿姨們就近照顧，一家人親愛互助。

一世都愛你。」有情人終於修成正果。

基隆成為新婚燕爾的趙錫成與朱木蘭的第一個家。有朱木蘭作賢內助，趙錫成夫婦同心，開始為小家庭一齊努力打造未來。跑船辛勞，趙錫成出海一趟總是至少一個多月，夫妻倆不得不忍受相思之苦。為了給妻兒打造更好的生活，也為了事業更上層樓，二十九歲時，趙錫成考取船長考試狀元，打破歷來考試紀錄，成為史上最年輕的遠洋船長。也正因取得了狀元船長的佳績，趙錫成才得以在戒嚴時期，榮獲選派出國進修的深造資格。

人人嚮往的美國。由於人生地不熟，夫妻倆商定由趙錫成先行赴美，以為妻女鋪好前路。與其說這個決定大膽，不如說是不得不然，兩人對未來並沒有明確的頭緒，誰也不知道此去需要多久才能團聚。然而朱木蘭有著堅毅樂觀、目光長遠的特質，是她的鼎力支持，讓趙錫成有了孤身赴美的鬥志。異國他鄉，奮鬥談何容易？雪上加霜的是，在此期間，趙錫成接到了父親英年早逝的噩耗，一度當街暈了過去……辛酸苦辣，冷暖自知。然而，妻子木蘭堅定的信念撐住了趙錫成，夫婦倆靠著頻繁通信，片紙隻字傳遞小家庭的歡樂：小蘭又得獎了、登報了；小琴長高

趙錫成先行離開台灣到美國，和妻女分離三年後，終於在紐約團聚；這是別離後首個相聚的夜晚，兩人甜蜜相視而笑。

了；小美悄悄來到媽媽身邊了……種種樂事和木蘭的鼓勵，成為趙錫成奮進的精神支柱。

及至朱木蘭來美時，她帶著小蘭、小琴、小美三位年幼的女兒，但她從容又淡定，帶著女兒們終於順利與趙錫成團聚。這個年輕的新移民家庭，面對一時的經濟拮据，絲毫不改其樂。最初，木蘭和女兒們並不會說英文，也沒有遠親近鄰可求助諮詢，更不熟悉美國的世情民意、風俗文化，連食物口味都不習慣。

彷彿淡水魚游進了鹹水裡，回望故鄉，唯有關山路遠。

然而，面臨如此挑戰與困境，他們不僅克難解困，還逐漸如魚得水、應對自如，在美國這片充滿生機與無限可能的土壤上繁榮發展，譜寫了無數超乎想像的傳奇史詩。究竟有何訣竅心法，使趙家得以實現如此成就？趙小蘭何以行至今日？從平凡出身，到走進哈佛，再位極人臣、二度入閣，書寫歷史。趙小蘭是先鋒，是開創者，是亞裔美國人乃至所有美國人的楷模。我們希望透過分享趙小蘭的故事和她的心路歷程，激勵更多後進，去開創屬於自己的輝煌，去為人類做出更多貢獻！

第一部

勇敢啟程

第一章

大抵心安即是家：無入而不自得的趙家女孩

——趙家的第一個女兒名喚小蘭，不掩藏男主人對妻子的愛與心意。孩子乖巧伶俐，見人就笑，憨態可掬，親戚長輩寵溺地喊她「小彌勒佛」。

天使般的女孩

暮春時節，台北已是一片鬱鬱蔥蔥，苦楝一樹盛開，春分剛過，多雨的天氣預示著豐收的一年；就在這樣一個令人期待的新氣象中，西門町一處人家迎來了他們期待的小生命，一個甜美可人、天使般的小女兒。

這是新婚不久的趙錫成和朱木蘭。兩人經歷過戰爭的離散、遠距離的戀愛，好不容易有情人終成眷屬，彼此都小心翼翼地呵護這段得來不易的平靜生活。婚後他們先是在西門町與人分租一間小小的單人茅屋，直到經濟條件改善，趙錫成才帶著妻女，一家人雇了一輛牛拉的單輪車運送傢俬，顫顫巍巍走了一個多鐘頭，搬到位於安東街的新家。在那個年代，交通不便，兩人又帶著孩子，辛苦自然不在話下；不過想到未來不必再寄人籬下，能踏踏實實地在自己的屋簷下共創新生，振奮的心情能面對一切都不以為苦，留在回憶裡的也只剩下感恩與美好。

趙家的第一個女兒名喚小蘭，不掩藏男主人對妻子的愛與心意。孩子乖巧伶俐，見人就笑，憨態可掬，親戚長輩寵溺地喊她「小彌勒佛」。或許冥冥之中，小蘭的到來確實為這個家帶來了福氣，趙錫成的事業後來又更上層樓，為了迎接更多家庭成員，他們再度遷居，搬到了信義路三段。

當時台灣正經歷著發展經濟，四處大興土木、推動建設，眼看小蘭來到當就學的年紀，皆出身於重視教育家庭的趙錫成與朱木蘭，決定把女兒送進教育家朱秀榮甫創辦的台灣第一所幼稚園——私立再興學校。學校就位在羅斯福路四段底，距離趙家不遠，上學很方便。古有孟母三遷、為兒擇鄰而居，趙家父母亦為了女兒的教育擇路而棲。儘管家境並不富裕，儘管學費昂貴，天下父母都希望盡己所能，讓孩子上一所好學校。

再興學校在當時的申請門檻較高，學前班入學競爭十分激烈，一位難求，五歲以下的小申請人們需要經歷重重面試才有機會錄取，能受到學校青睞的孩子自然也令父母引以為傲。在雙親的以身作則與細緻的家庭教育下，小蘭從小就展現過人的資質，聰明、好奇，而且願意跳脫框架。比方在入學考試時，其中有個考題問道：「牆邊放著一根竹竿。請問如何把牆上掛在高處的帽子摘下來？」面對陌生的考試環境，趙小蘭就像不畏虎的初生之犢，絲毫不見怯場，還想到「搬來一個凳子、踩在凳子上就可輕鬆取下帽子」這樣充滿創意、出乎大人意料的答案。

機敏與從容讓趙小蘭第一次脫穎而出，順利錄取，這兩樣特質在未來的人生路上也一直使她在競爭者間特別受人矚目。入學兩年後，她又因成績優異，免試直升再興國小。喜歡學習也學習有道，小蘭的課業始終名列前茅，而且品學兼優，使得當時在遠洋輪船上跑船、回家日少的趙爸爸毫無後顧之憂，妻子來信裡的小蘭總是懂事乖巧，受到同學的喜愛、老師的表揚⋯⋯從不讓父母操心。校長曾特地向來學校的趙錫成展示小蘭的成績單——滿滿的九十八、九十九最高分；小蘭考取全班第一時，妻子朱木蘭也欣喜地寫信給他分享喜訊。這位新手媽媽自謙還不太懂如何家校聯動等作為家長的訣竅，沒想到女兒已經適應得如魚得水，單憑自己努力便取得了如此佳績！在雙親眼中，趙小蘭是個打小就一再以她出眾的表現和無限潛力，不斷創造歡樂與驚喜的孩子。

難能可貴的是，這位父母的掌上明珠，心智也比同齡的孩子更成熟。猶記趙錫成當年希望進一步提升職涯，決定挑戰船長考試，有次竟讀書讀到忘了時間，等他匆匆準備趕往學校，偌大的校園早已人去樓空。小蘭的老師原本想送她回家，小蘭卻不想麻煩已經陪她等了一段時間的老師，便說「謝謝老師，沒關係，我家離得很近，並且都是小路，沒有汽車，路上很安全，我可以自己走回去。」回家路上，父女二人半途相逢，終於看到爸爸的小小蘭不僅沒有委屈大哭，反而笑著告訴爸爸她夠大了，不必麻煩老師送她回家，她可以自己走回來！接著沒有絲毫埋怨，只是又望望姍姍來遲的爸爸，撒嬌地說：「爸爸，你怎麼這麼晚才來，已經放學好久了。」

小蘭從來就喜歡上學，喜歡讀書。有一回她在學校不小心撞到了窗戶，被百葉窗簾劃破了耳垂，老師送她去醫院縫了好幾針、敷藥，整個左耳都用紗布包起來。母親來醫院接她，問她想回家休息還是回學校？儘管耳朵還纏著繃帶，有點難為情，她還是堅持要回學校繼續上課。直到現在，趙小蘭的左耳垂上仍隱約可見當年的傷疤。

「幸好當年百葉窗簾不是劃到眼睛上啊！」事後回想，趙小蘭睜著明亮的大眼睛感嘆道。

再後來，當母親朱木蘭帶著她們姊妹三人啟程離開台北，從高雄乘船去往美國那天，小蘭仍堅持要去學校，把早上的課上完。趙小蘭仍記得，儘管當年的她只是個八歲的小女孩，坐在出發往高雄的夜車上，面對著黑漆漆的窗外，心裡頭交織的是淡淡的憂傷與對未知前程的好奇：對於即將失去的，她若有所感；對即將到來的、特別是與許久未見的父親一家團聚，她既興奮又渴望。

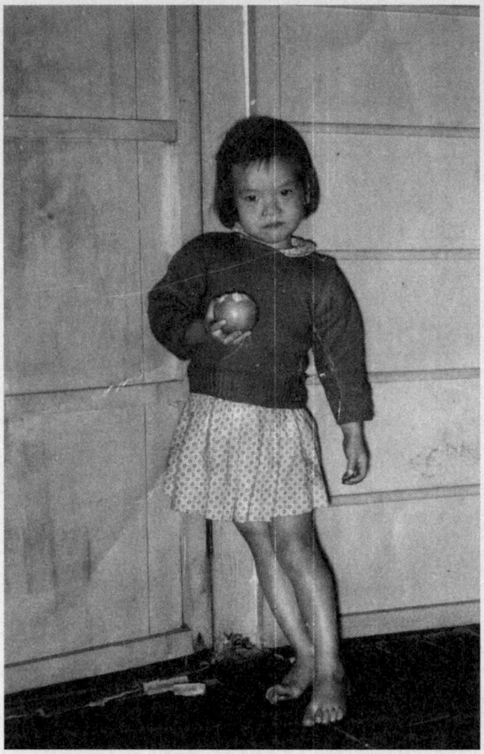

趙錫成跑船時會從國外帶特產回來。有孩子以後，帶禮物給孩子就是最重要的事。小蘭手上拿的蘋果是爸爸從日本帶回來的，當時在台灣非常稀有珍貴。

家人，就是緊密地彼此扶持

五〇年代的台灣，物資並不充裕，比方如今隨處可見的可口可樂，在當時可是時髦又罕見的舶來品。有機會隨輪船出國的趙錫成，因此常帶回許多「寶物」，無論是可口可樂或世界各地的特產等，讓小蘭的眼界也得以「走在潮流的尖端」。在船上擔任大副的趙錫成不僅勤奮、能幹，靠著在日據時代上學期間學到的一些日語，還能夠為船長做簡單的翻譯，於是當船舶靠岸，船長總喜歡帶上他一起上岸辦公、採購。趙錫成則把握機會，下船去沖洗照片，並惦記著要為妻女帶些新奇有趣的禮物。

當時台灣盛產香蕉，蘋果卻非常稀罕，趙錫成便常常從日本帶蘋果回來給小蘭和小琴。兩個女兒的個性不同，小琴總是迫不及待地吃完自己那顆，小蘭則是百倍珍惜、每一口都細細品味，最後反而被小琴「搶去吃」。做姊姊的小蘭非但沒有生氣，還哈哈大笑，慷慨地讓給妹妹享用。

比蘋果更珍貴、新奇的，是趙錫成從日本特地挑選、不遠萬里運送回台灣的一輛兒童三輪腳踏車。要從商店把腳踏車帶上船、運回台灣，通過海關審查，在當

趙錫成在日本給小蘭買了兒童三輪車，但要拿上岸非常不容易，因為海關會查；船剛好在淡水拋錨，趙錫成趁機把三輪車帶下船。那個年代有一台三輪車是很了不得的事。當時很多小朋友來借這輛車，小蘭非常慷慨大方，都會借給他們騎出去玩。當時小蘭三歲。

時可是麻煩重重的程序。不過這一切可難不倒趙錫成，這可是給女兒的禮物啊！果然，三輪腳踏車讓小蘭成為了街坊裡第一個、也可謂唯一一個「有車族」，在鄰里間轟動一時，來開眼界的、想要借來試騎的孩子絡繹不絕。這一次，小蘭同樣展現她性格中落落大方的美好特質，比起獨樂樂，和朋友們分享的眾樂樂更讓她滿足。

這輛腳踏車還默默為小蘭出了一口氣。跑船的爸爸，一年有十個月都在海上，每天去學校接送小蘭的只有母親朱木蘭。時間一久，「南村群童欺人幼無力」，難免有自以為是、喜歡欺負人的孩子取笑她「是不是沒有爸爸」。直到趙錫成帶著嶄新的三輪腳踏車回到家裡，小蘭一定要爸爸陪自己騎車去學校；校園裡，她牽著爸爸的手，自豪地向那些欺負過她的人宣告：「這是我爸爸！他今天來送我上學了！」

多年後，想起那天父親掌心的溫暖，依然令趙小蘭倍感安全。

而當趙錫成出航時，家裡由母親朱木蘭一人獨撐大局。小蘭記得有一回颱風夜襲台北，趙家的小屋被狂風吹得發出嘎嘎巨響，朱木蘭把孩子們聚在正中央的房間裡，權充庇護。風災肆虐後小屋搖搖欲墜，滿目瘡痍，但母親的愛與堅定讓她深信，沒有什麼是愛不能守護與重建的。

啟程：和父親橫跨同一片海洋

在全家移民美國之前，趙錫成因榮獲留學深造的資格，已經先行赴美，妻子朱木蘭一手張羅在台灣的家。三年後，趙錫成終於捎來喜訊，他安排好了船票與時間，要將妻女接到美國，一家人團聚，不再相隔兩地。

三年間，趙錫成在美國努力兼職、打工攢錢。藉工作之便，在招商局上級、同時也是交大校友周賢言、程威廉兩位學長的關照下，他為家人安排了貨輪海明號上的客運船票。跨洲飛行始終是奢侈的移動方式，妻女四人的機票費用也超過一個留學生所能負擔，於是當時的出國交通主力：客貨兩用的遠洋輪船，仍是首要與唯一選擇。

除了海員，貨輪限載客十二人，朱木蘭和女兒們是貨輪上僅有的女性乘客，另八位均為赴美的留學生。而這將是一趟持續三十七天的航程。

一切打理妥當後，朱木蘭帶著小蘭、小琴，懷裡抱著趙小美，搭上出發前一晚前往高雄的火車。

那天早上，小蘭在台灣上了最後一堂再興小學的課，與老師同學告別。小小年紀，她說不出心裡的滋味叫離別的惆悵。此去未知的新國度會發生什麼事，她很期待，甚至談不上擔心，因為身旁有媽媽在；而她已經太久沒見到父親了，幾乎快不記得他長什麼樣子。

生平第一次坐大船，趙小蘭才知道暈船原來是這種感覺。但她並不在意，因為船上有許多好玩的事吸引了她的注意力。大船從高雄啟航後，先在東京港靠岸。朱木蘭帶著孩子們一起下船，把握機會拜訪了趙錫成的親戚，並約略遊覽了東京。小蘭還記得母親帶著她和妹妹們登上東京鐵塔，登高眺望東京港，八歲的小蘭覺得眼前的一切都既陌生又新奇，她瞪著大大的眼睛，迫不及待地吸收著一幕幕殊異風光。

隨後，大船橫越浩瀚的太平洋。

貨輪上，每週一次，小蘭有機會嘗試她不熟悉的西餐，包括湯和牛肉。吃到台灣不常吃的牛肉，特別享受。她記得，那紅紅的湯裡有番茄、馬鈴薯和一塊牛肉。「我捨不得一下子就把牛肉吃光，總是先吃蔬菜、喝湯，最後才吃牛肉。」孰料有一次，還來不及吃牛肉，服務生以為她吃飽了，竟撤掉湯碗，讓她好生懊惱。

在那個民風純樸的年代，同船的乘客見年輕的趙太太獨力帶著三個稚齡的孩童出行，常熱心地幫著給小蘭的兩個妹妹餵飯，並陪趙小蘭下圍棋。而海明輪船長徐際雲，亦為趙錫成的學長兼舊識，不僅一路上對她們關照有加，圍棋、五子棋，與許多遊戲，也都是徐船長教給她的。

小蘭的聰明乖巧、成熟有禮，擄獲了長輩們的關愛，而她顯然幼有奇慧，偶爾還會在棋局和遊戲中勝出，更是令長輩們嘖嘖稱奇，讚嘆不已。

旅途接近尾聲，妹妹小美竟發起了高燒。船上無醫無藥，小蘭看著母親朱木蘭竭盡全力搶救小美，三天三夜不眠不休，用冷水給小美擦洗，把對幼童而言最致命的高溫降下來。

小蘭知道母親有多心焦，卻始終保持鎮定自若。朱木蘭的堅毅和勇氣，不只令女兒永誌難忘，也潛移默化，成為趙小蘭可貴的人格特質。

大人的愛與支持能培養出孩童的安全感。在穩定的心態下，無論遇到什麼困難或挑戰，都幫助他們更容易面對、勇於解決。在母親看不見邊際的愛裡，小蘭像待在世界上最安全懷抱，她有勇氣迎接任何黑暗時刻。

踏上美國的第一步

在母親的堅持不懈下，小美轉危為安，母女四人遠渡重洋的旅程也終於抵達了洛杉磯。海明號停泊補充燃油之際，朱木蘭帶著小蘭和小琴上岸，沒有走遠，就近在海港地標旁拍了一張照片。這是趙小蘭踏上美國土地的第一步。

接著，貨輪從洛杉磯出發，取道巴拿馬運河、繞行墨西哥灣，沿著東海岸前往紐約市靠岸。路途中，趙小蘭看著運河船閘中注水與排空的變換水位高低技術，科技的新奇設計令她眼界大開。航行途中這些豐富的所見所聞，日後竟巧妙地對趙小蘭投身公職裨益良多。

在汪洋中航行了三十七天，海明號終於抵達紐約，可惜當日天候不佳，船隻無法靠岸，要等霧散。

「這是我生平最漫長的二十四小時。」趙錫成回憶道。

分隔東西長達三年，趙錫成站在碼頭看著大船，咫尺相望卻見不到日思夜想的妻女。等到霧散靠港，身著旗袍一身素雅的朱木蘭牽著三個女兒走下舷梯，小蘭穿著藍底白花、白領小洋裝，妹妹小琴穿著紅底白花、白領的同款洋裝，翩翩現身。被這景象深深撼動的趙錫成，覺得不只他不能或忘這一刻，他希望將來還可以和妻子、女兒，甚至子子孫孫，分享回味這對他來說最重要的時刻之一——於是他拜託妻女重新上船、再走下船一遍。

「父親要錄下和我們一起走下船的畫面。」趙小蘭回憶道，那是她第一次感受到父親原來有這麼感性、浪漫的柔情。

這天趙錫成慎重其事，全套正式的深色西裝，手持當時難得一見的錄影機，雖是二手貨，但這也開啟了他以現代設備，忠實記錄妻女首抵美國的第一手畫面、以及未來許多重要時刻的習慣；它們將是趙家永恆的回憶。

趙錫成也特地商請好友、同為交通大學校友的半導體專家潘文淵博士和夫人，開車幫忙接送家人。抵達美國後的第一站是他們在皇后區（Queens）的家。這是趙錫成為一家團聚新租的一戶小公寓。

一九六一年仲夏，趙小蘭踏進了新大陸，展開了她在台灣無法想像的新生活，寫下一頁勝似一頁的精采故事；而甫在新大陸團聚的趙家，怎麼也不可能想像，半世紀後的趙小蘭洗刷了移民的刻板印象，成為美國首位亞裔女性部長，甚至兩度出任部長，在美國聯邦政府長居要津，萬眾矚目。

朱木蘭和三個女兒小蘭、小琴、小美在紐約牙買加公寓大樓外。這是趙家團聚後的第一個家。

第二章

努力扎根新大陸：兩種文化不取捨、不偏廢

——剛到美國的前幾年，家中經濟拮据，擺在父母面前的諸多艱辛挑戰，早慧的小蘭都很清楚。但她說，再苦都不曾見父母失志頹喪，總是滿懷樂觀，笑臉迎人。

故地再遊，感動依舊深

卸任運輸部長後的趙小蘭，偕父親再度來到紐約皇后區的老家，造訪初到紐約時一家五口居住的那個小出租公寓。紅磚建築褪色斑駁，磚面細瑣龜裂盡訴歲月鑿痕；梯廳頗為陰暗，老舊的升降機馬達隆隆嘎響，但運行無礙。老屋子似乎猶然堅固。

趙小蘭與父母、兩個妹妹在美國第一個落腳的住處，是皇后區這處小小的公寓，只有一房一廳，一房是父母的臥室，客廳白天是三姊妹的樂園，夜裡將折疊床拉開，就變成孩子們的臥室。家徒四壁，僅有數件家具都是教會暨慈善組織救世軍（The Salvation Army）的捐贈物。

趙錫成意識到八歲的女兒已經是小小大人了，需要一點私人空間，於是將原本靠牆的沙發床盡量移開牆面，空出一小塊區域，擺進一張小桌，為小蘭讀書做功課創造單獨的空間。

「父親總是在這些小細節上展現他的善良、體貼，深深感動他身邊的人；隨著我長大，這個在客廳開闢出來的獨立小空間，對我來說意義重大！」她還補充道：

「這間公寓很小，可是對我們來說，它就是家。重要的是，我們的小家庭終於團聚，齊家和樂。」

這不就是孔夫子口中「簞食瓢飲不改其樂」最好的寫照？

趙錫成當初挑中這戶公寓，也可說是心細如髮：這裡從客廳就能看見附近公立小學的大門，朱木蘭可以安心在家照顧最小的女兒小美，毋須外出接送兩個已經開始上小學的女兒。

只不過，小蘭的兩個妹妹正值活動力旺盛的年紀，不可能禁止她們在自家遊戲、奔跑；六〇年代的老式公寓又幾乎沒什麼隔音功能可言，朱木蘭因為屢遭樓下鄰居抱怨、持掃帚柄敲打天花板抗議而心煩意亂。永遠把妻子的安適擺第一位的趙錫成，特意請公寓管理員幫忙留意，有無適合他們一家的其他出租房。

秉持與人為善，總是彬彬有禮的趙錫成，自然很快與公寓管理員熟稔起來。一得知鄰棟公寓有戶兩居室的房子在出租，管理員便通知了趙錫成。新屋的月租是一六八美元，比原本一房一廳的月租一一八美元，足足多了五十美元。當時趙錫成身兼三份工作，月收入僅約三百美元，新居的負擔不可不謂沉重；可是這間屋子就位於一樓且毗鄰天井，對於家有小小孩的趙家非常有吸引力，夫婦倆合計一下後還是迅速決定租下。為了這個新居，趙錫成更戮力打拚，朱木蘭勤儉持家，夫妻齊心，每個月竟然還能存下五十美元。

「如果母親有一百元，她是那種能只花三十元的人。」趙小蘭這麼形容精打細算的母親。

位在一樓的新家，讓兩個妹妹尤其高興，因為不必等電梯就可以輕鬆地跑進跑出，而女主人朱木蘭也不必再擔心噪音擾鄰的問題，終於能放下提著的一顆心。窗外天井是姊妹們玩耍的新樂園，窗後是能輕鬆查看女兒狀況的母親。「我們在那裡玩耍，留下好多美好的回憶。」趙小蘭記憶猶新。

時殊事易，半個多世紀過去，如今天井裡的桑樹已亭亭如蓋，六月正是掛果時節，星星點點的紫色果實垂在木葉間，微風吹過，珊珊可愛。趙錫成在十多年前也回來看過一次。那時趙家的舊宅兩居室公寓，住著一個年輕的孟加拉裔家庭，如今則是一名年輕的海地男子與母親同住。至於一居室的公寓，如今是並不懂英文的一戶印度裔人家。

物換星移，趙小蘭和妹妹幼年嬉戲的秋千架已不復存在，草坪如今圍上了欄杆，橡樹拔高往天空遠去。不曾遠去的倒是念舊的趙家人。每每回訪舊居，趙小蘭都深為人生際遇感恩，更感念父母生養劬勞。而這個社區仍是新移民追求更美好生活的搖籃，一如當初父母在此孵育自己的夢想。

窮荷包，不窮智慧

其實趙小蘭剛到美國的時候有一丁點訝異：不像她在台灣聽說的那樣「街道鋪滿黃金」。在街上也很難看到其他亞洲面孔。母親朱木蘭初來乍到時不會說英語，趙小蘭自己更是什麼都不懂。「父親一早出門去工作，整天家裡只剩下我和不懂英語的母親，還有稚齡的妹妹們；回想起來，只覺得母親真是一個非常堅定、勇敢的人！」

剛到美國的前幾年，家中經濟拮据，擺在父母面前的諸多艱辛挑戰，早慧的小蘭都很清楚。但她說，再苦都不曾見父母失志頹喪，總是滿懷樂觀，笑臉迎人。

一家人要面對的挑戰非比尋常，不是咬咬牙、十天半個月就能熬過去的。阮囊吃緊，為了維持生計，趙錫成打了三份工；朱木蘭和女兒們既不會說英語，也吃不慣美國的食物，對當地文化更是一無所知，附近既無家人也沒有朋友。她們遠離故鄉的親朋故舊，想適應周遭的新環境都無從適應起，一切熟悉的人事物都從她們的生活中消逝無蹤。

那時的美國面貌與今日有天壤之別。當年全美亞裔人群占總人口的不到百分之一，亞洲超市只開在遠在一小時車程外的中國城，而當年的趙家負擔不起一輛車，公共交通則更費時費事。華人習慣的食材稀缺，連大白菜都買不到，朱木蘭只得比在台灣時更加精打細算、量入為出。家裡沒有洗衣機，朱木蘭天天手洗全家的衣物；美國法律禁止十二歲以下的兒童獨自在家，為了帶三個女兒一起外出買菜，她買了一個小拉車，一手拉車一手抱著小美，邊走還要隨時看顧兩個大的女兒，相當勞心勞力。

等小蘭再長大一些，可以開始為父母親更多地分憂解勞。朱木蘭給女兒買鞋子時，都是在紙上將她們的腳型大小描下來，然後交代小蘭看管好妹妹們，她獨自搭地鐵、巴士進城去買，好省下三個女兒的車錢；小蘭也在擔起長姊重責大任的過程中，理解何謂帶領、養成她日後自帶大將之風的領袖氣質。

「父親儘管打三份工，但每晚一定準時回家和我們共進晚餐，」趙小蘭稱頌著普天皆然的天下父母心，「母親廚藝精湛，每天晚餐都會為我們做美味、健康又營養的食物。想到她出生富裕之家，過去還有管家為她做飯、打掃，她打點家務的智慧與才藝就格外令人稱奇了。」

「也因此，父親特別感激母親——他開玩笑說，像母親這樣的大家閨秀，願意嫁給他這樣一個鄉下窮孩子，必須有莫大的勇氣。」

這段手頭不寬裕的時光，讓趙家女兒更加懂得惜物愛物，也更善體人意。比方外出購物時，趙家女孩首先看的都是價格。他們很少以原價購買任何東西，總是等到商品打折才肯掏腰包，久而久之，這樣的精打細算便習慣成自然。小蘭也記得，一回有人請她和妹妹上館子，「基於替東道主設想，我和妹妹都點最便宜的菜。」

每天上學，「媽媽會給我四美分買一盒牛奶喝。學校戶外教學時，看著同學們買各種零食和紀念品，而我除了一盒牛奶，什麼都買不起。」

不過趙小蘭記得她此生吃過最美味的冰淇淋：每天下午，會有一輛冰淇淋車到社區做生意。聽到冰淇淋車的鈴聲，大家都跑去買冰淇淋。可口又誘人的冰淇淋，一球就要價十美分，對當時的趙家彷彿一筆巨款。儘管如此，朱木蘭還是不時會寵女兒們一次，「母親偶爾會給我們買冰淇淋，可是她自己從來不吃。」小小的女孩不會懂得，她們的開心，就是朱木蘭最好的回報。

每一點善意都很珍貴

到美國新學校第一天的情景，趙小蘭仍歷歷在目。她一如在台北再興小學那樣，見到老師走進教室，就起身彎腰鞠躬，豈料竟引來全班哄堂大笑。趙小蘭只覺尷尬，不明白發生了什麼事。這個八歲的小女孩一句英文都不會說，初來乍到，教室裡全都是「外國人」。

趙小蘭一到美國就上小學三年級，只是她連英文字母都看不懂，遑論聽懂老師在說什麼了。她把黑板上的字依樣畫葫蘆抄下來，還常常弄錯字母，譬如p、q難辨，b和d搞混，大小寫也分不清，直到父親晚上下班回到家，幫她複習筆記並解讀當天的課程。這就是她學英語的方法。

決心學好英文的趙小蘭，還記得一段父女間的溫馨小插曲：拚命學習英文字母的小蘭練出一手漂亮的手寫體，字寫得很漂亮，相當引以為豪。她就像當時台灣的學童，寫字時習慣把墊板墊在紙張底下，塑膠材質的墊板可使寫出的筆畫銳利乾淨、剛健有力——充分顯示了趙小蘭的性情。

可是「到了美國，我告訴爸爸想買一個墊板。他跑了很多商店都買不到，也找不到類似的東西，我好失望。」當時她不知道美國人並不使用這種文具，就像他們也不習慣在上課前對老師行禮、以示感謝那樣，但對於父親不辭勞苦、堅持不輟與利他奉獻的精神，卻留下更深刻的印象。

三年未見的父女就在這些互動下拉近了距離，鞏固了親子關係。

這樣熬過赴美第一年，趙小蘭的英語漸入佳境，已經可以擔當母親購物時的隨行小通譯。溝通能力改善後，小女孩逐步建立了自信。她透露，在台灣讀小學期間，再興小學為她的數學打下很好的基礎，數學成績名列前茅，也讓她可以花更多時間，專注提升英文水準。

那時學校裡幾乎沒幾個亞裔學生，趙小蘭最要好的朋友自然而然是個日本女孩，名叫悠西（よし，Yoshi）。「下課後，我很喜歡去她家。她媽媽總會準備美味的日本零食，像是麻糬年糕、海苔捲餅等。我們家看不到零食，因為沒有餘錢買。」想起悠西和她的母親，趙小蘭還是充滿感謝。對一個人生地不熟的小女孩來說，他人的每一點善意都十分可貴——這也是她在生活中不斷見到、接收到的。

早年在美國生活的趙家買不起車，無論去哪裡都必須搭地鐵或坐別人的順風車。有車的朋友也都只有破舊堪用的老車，趙家五口一上車就塞滿了。還記得有一回搭便車，駕駛後方的乘客座位地板破了個大洞，無處可放腳，趙家的女孩們只得一路都抬著腳。還有一次，在另一輛車裡，小蘭的大妹小琴在車子轉彎時因後車門突然鬆開，登時被甩出車外；幸虧車速很慢，小琴只受了點小擦傷。

特別讓趙小蘭難忘的，還有許多真摯、熱心的家庭友人。「最初的幾年生活相當煎熬，但我的父母總是讓我和妹妹們懷抱希望與信念，相信我們一定有令人興奮的光明未來。那些年的經歷成就了今日的我，讓我更有同理心，更能理解外國人在融入新環境時遭遇的困難。」趙小蘭經常用自己的故事，鼓舞其他移民子女。

距離兩居室公寓不遠處，是趙家當時做禮拜的小教堂。教會是一位華裔牧師創設的，教友都是華裔移民，禮拜也以華語進行。在那裡趙小蘭有了同齡的玩伴，篤信基督的母親也有能說話又信仰相同的朋友。非親非故的教友很貼心也非常慷慨，不僅熱心指導趙家在美生活的常識，其中一對家裡也有三千金的王氏夫婦，還經常將自家小孩長大後穿不下的衣服轉贈給趙家。

經由教會和朋友們的引介，趙小蘭和家人開始參加野餐聚會，並融入了在戶外吃三明治、在野外的空氣中享用烤肉大餐這類美國休閒文化。

距離教會幾條街外，步行可及就有個公立圖書館，每逢週六，趙小蘭都會和牧師的孩子艾琳、約翰、彼得及瑪麗相約前去。趙小蘭很喜歡圖書館，愛用英文閱讀、學習，想要盡快融入她的新國家。

教會與朋友的種種善意與溫暖，對新移民的趙家意義非凡。受人恩澤，點滴心頭，趙小蘭與父母畢生難忘，於是當自己也有了能力時自然湧泉以報，用更多慈善奉獻，善待需要的人。

生活總是苦甜摻半

猶記某個夏日週末，趙家特別到中央公園（Central Park）遊玩了一整天。直到今天，趙錫成還保有他們在池塘邊留下的一張精采全家福照片。可是晚上回到蝸居的小公寓時，三妹小美竟開始流鼻血，而且血流不止。驚慌失措的趙錫成夫婦趕緊撥打九一一求助，小美則被送進了附近的牙買加醫院（Jamaica Hospital）觀察治療。

小美在醫院度過了一夜，還有接下來的好幾天。因為他們在家裡吃的都是中菜，小美吃不慣醫院提供的美式餐點，母親朱木蘭為此在家做好飯菜，天天拎著兩袋重重的食物送去醫院給小美。

送餐的路途相當曲折：朱木蘭得從家步行去車站，搭幾趟地鐵和公車，才到得了牙買加醫院，光是單趟就需時近兩個鐘頭。直到三年後，趙錫成買了二手車，全家有了代步工具後，他們才發現牙買加醫院距離他們的小公寓，只消二十分鐘左右的車程。

按規定，美國的醫院是不許家人留宿的，這讓把小美獨自留在醫院的趙錫成和朱木蘭操碎了心；而小美每次見到爸媽來探望，都興奮得揮動雙臂，笑得滿臉燦爛，而臨到爸媽要離開時，即使雙眼噙著淚水、嘴唇顫抖，也勇敢得不曾哭出聲。堅毅，似乎是趙家人最一致的性格特質。

無論在世界哪一個角落，尚未熟悉新環境的新移民，總難免碰上幾段艱辛的歷程。不過有陰影之處，必同時有陽光。新大陸的生活亦不乏幽默的文化隔閡。

每年十月三十一日是美國人的萬聖節，也是大家都會慶祝的傳統節日，小朋友們會穿上奇裝異服，遊走鄰里敲門要糖果。來到新大陸的第一個萬聖節，朱木蘭與女兒們對此風俗毫無所悉，對一波波來小公寓敲門的小朋友只覺大惑不解：為什麼這麼多裝扮奇特的小孩要來按門鈴？她們開了幾次門，但這些小訪客對她們手邊僅有的麵包一點興趣也沒有，後來索性不再應門，焦急地坐等趙錫成回家。

當晚，等朱木蘭和女兒們終於搞懂整晚的騷動是怎麼一回事後，趙家女兒們在隔年開心地加入陣營，入境隨俗挨家挨戶敲門，積攢夠吃好幾個月的免費糖果，並樂在其中。

穩紮穩打，求好不求快

靠著穩紮穩打的根基，趙錫成慢慢改善了全家的生活。總是心心念念家人未來的他，選定了學區較好的長島賽奧西市（Syosset），並在交通便利的地段購置了新屋。這裡有步行就到得了商鋪與市場，便於尚未學會開車的朱木蘭購物；走路轉個彎就是火車站，也方便趙錫成通勤曼哈頓。

「父親每天早上提著公事包，走路到車站去搭火車。他得在皇后區的傑克遜高地（Jackson Heights）下車，再轉乘另一班火車到曼哈頓。」趙小蘭描述著，一趟車程長達一個鐘頭，父親常趁通勤時間思考事情或閉目養神，有時也不小心坐過站。

新家是所謂「複式分層屋」（split level）的透天洋房，室內樓層交錯。一般的屋子多只有三間臥室，但這裡有四間，趙小蘭第一次有了自己專屬的臥房。它的位置比其餘的臥房高了三個台階，獨立在最高的一角。她對這間房非常滿意。

換屋的另一個原因，是趙小蘭的四妹小甫、五妹小婷，與么妹安吉陸續誕生，家裡需要更大的空間。趙錫成和朱木蘭觀念十分先進，從不覺得女兒不如男孩，「男孩能做的事，你們一定也能做，甚至能做得更出色。」「更多兒子，也未必比一個趙小蘭更有成就。」趙錫成笑談。事實證明，趙家姊妹個個在各自的專業領域裡都出類拔萃。

如同每個家風嚴謹的華人家庭，趙小蘭說，孩子們在家裡從不會關上臥室房門，悶頭獨處。家長都希望除了睡覺休息，大家清醒的時間都該一起待在廚房或起居室裡。

安居樂業向前行

等到小妹趙安吉出生後隔年，趙錫成又攜家遷至韋斯特切斯特郡（Westchester County），距離曼哈頓大約四十二公里。

這時，父親請了管家，以減輕朱木蘭的家務負擔，不過「女兒們還是要幫忙做家事，也要管理好自己的內務。」趙錫成還設法把住在上海嘉定的寡母接來美國頤養天年，特地在一樓設置了孝親房。

朱木蘭很喜愛這間屋子，趙錫成在此居住至今。屋內的家飾擺設和家具，都是當年妻子親手操辦的。自她仙逝，所有一切維持原封不動，彷彿強留時光定格，彷彿她的笑語倩影仍在身旁。

遷居韋斯特切斯特郡之前，趙小蘭早已進入大學，正離家百餘里，獨自鑽研新課業、學習融入菁英學校的主流社會文化。沒了父母的晨昏叮嚀與把手護持，趙小蘭須靠自己奮力前行。

「父親總是要求我們做到最好。永遠不要害怕去做新嘗試，永遠盡最大努力，永遠和自己的標準競爭，即使成功了也要繼續改善自己。」趙小蘭說起來那麼理所當然，顯然已深刻烙印到她的ＤＮＡ裡了。

愛撐起遮風擋雨的大傘

重返舊居，趙小蘭感慨萬千。

「剛來美國的那些年，很艱難，我們對全新的生活不知所措，但父母憑著愛、信念和辛勤工作，把我們在皇后區的公寓打造成充滿愛與溫馨的家，也確保我們在這個國家獲得充足的機會。」

趙小蘭坦言，那時也經歷過求助無門的窘境，所以後來家境轉好，父母經常大方奉獻、捐助那些有需要的人，更在金錢之外，大力設置教育機構，致力於培養、提攜後進。

母親是家中基石，提供穩定的力量，「因材施教、應時賜糧」，說話輕柔溫婉，從不曾打罵孩子。不論經濟多拮据，她總有辦法端出豐盛的家鄉味，在家說華語，慰藉大家在語言和食物上的鄉愁。

父親也苦心孤詣，幫助女兒們更快速融入美國社會。每逢週末，辛苦工作一週的趙錫成依舊精神奕奕，帶著全家遊歷紐約；一家人在中央公園、植物園、自然史博物館（AMNH）、康尼島（Coney Island）、帝國大廈（Empire State Building）、自由女神像等景點留下無數足跡與歡笑，豐富女兒們的閱歷又無須過於破費。遊歷次數多了，陌生感逐漸消失，幫助了小蘭建立起與生活環境的情感連結。

那時，趙家在紐約唯一的親人，就是朱木蘭的妹夫蒙鑑興醫師。蒙醫師也是獨自先移民來美，在布朗克斯區（Bronx）的雅可比醫院（Jacobi Hospital）擔任放射科醫師。週末時，趙錫成就常常帶著妻女到醫院同蒙醫生一起吃飯，然後讓女兒們在醫院寬敞的庭院裡郊遊玩耍，算是從狹小蝸居短暫放飛的愉快時光，趙小蘭和妹妹們自由自在地奔跑追逐著，好不快活。等到朱木蘭的妹妹朱佩蘭也帶著孩子移民美國，她們才多了表兄弟妹偶爾週末作伴，一同在阿姨定居的布朗克斯區附近的果園海灘（Orchard Beach）歡度美好時刻。

父親提前三年來美所積累的苦難辛酸，都成了趙小蘭迅速了解新家鄉的養分。趙錫成教導女兒，「和華人在一起就像個華人，和美國人在一起就像個美國人」，這是減少隔閡最快的方式。

此外，趙錫成與朱木蘭鼓勵女兒莫忘中華文化的傳統，並吸取美國文化的優點，兼而得之。「是融合實踐，不是偏廢或二選一，」趙錫成一輩子都在實踐東西文化的融合，「用華人的方式做人，用美國人的方式做事。」

「華人傳統文化以仁為本，仁就是人，」心存人，人同此心，尤其在商界，人人都希望受到真誠公平的對待，都希望對方可靠、重榮譽，趙錫成從自身做起，也期許女兒跟隨效法。

青出於藍的是，父親的儒商哲學，趙小蘭發揚光大運用到政壇，做出一番連美國人都耳目一新的成績。這頗令趙錫成感到驕傲，因為女兒的成就，間接讓美國人肯定了中華文化的優點。

第三章

東體西用，敲開主流社會大門

——「我不曾看待她們是女孩，就對她們有所設限。木蘭常說，孩子是上帝的資產，而我們只是代管，因此我們只要激發她們無限的潛能就好。」——趙錫成說。

車行至紐約上州哈里森（Harrison），在一處綠蔭掩映的入口拐進車道，就來到趙錫成博士的住家大門。許多訪客下車後都會回頭細看這條環形車道，因為很多人都聽說過，這長達一百二十英尺的柏油車道，是趙錫成帶著他的六千金鋪設的。它不是普通的車道，而是一條連結趙家成員親密團結的紐帶。

一個曾經在酷熱的暑假頂著大太陽、聞著難聞的柏油氣味，幫家裡鋪車道的年輕女孩，肯定一輩子都不會忘記這些事。趙小蘭尤其記得自己的一身狼狽樣被同學鄰居瞧見，正值青春期、敏感羞怯的她不知道是該禮貌跟人家打招呼，還是躲起來好。長大懂事後，小蘭慢慢理解了父親的苦心：勞務的訓練是為了創造全家的參與感。通力合作完成一件事所帶來的成就感，讓大家產生凝聚力和堅不可摧的革命感情。小蘭自己也在這個過程中逐漸養成了「主動動手做」的習慣，而不是慣於假他人之手或坐等幫手，這種少年時在父母耳濡目染下養成的「起而行」習慣使她受益終生。

生活技能是素養的基礎

自動自發、奉獻參與、溝通互動，是趙錫成與朱木蘭為女兒們設定的教育核心，而在趙小蘭與妹妹們身上均鮮明可見這些素養。

不止鋪設柏油，趙家的女兒們自小都要自理內務並分擔家中瑣事，自己訂鬧鐘時間起床、梳洗更衣趕校車。另一個廣為人知的故事是，趙家宴請賓客時，女兒們都要招呼客人，還要伺候茶水、上菜。還有每年聖誕節前夕，一家人在乒乓桌上將禮物一字排開，各就各位組成生產線，將禮品包裝好寫上地址姓名，然後寄出給親朋好友，分享節日的喜樂。

趙家這條堪稱名聞遐邇的車道，還有個罕為人知的小設計。車道出口旁的草坪間有塊不太起眼的平坦大石板，上面可容兩、三人站立。細心一點的話，就會察覺每當客人駕車離去，趙家人一定出來送行，這塊石板是趙錫成刻意設計、放置此處，標誌一家人送客的地點。

出身農家子弟，趙錫成自小便將「勤有功嬉無益」內化成一輩子的反射動作，而早年擔任大副、船長跑船，在茫茫大海上器械故障都必須靠自己想辦法，動手做任何事根本是生活必要的基礎能力而已。他還曾對女兒說，人生如開車，不能只懂得直行，也要會左轉右彎，服務賓客既是讀書之餘的休閒，還可以學習應對進退的分寸。

日後即使貴為部長，見到家中有來客，趙小蘭也會很自然地倒茶寒暄、招呼用餐；如父親趙錫成所說，回到家，她就只是趙錫成和朱木蘭的乖巧女兒，按中式文化與規矩行事。

回想起來，小時候不見得喜歡做這些事，但如今真心體會到父母的栽培與用心良苦，連生活細節都不輕忽，她和妹妹們也是在父母言行示範和家庭環境浸潤之下，自然形成了對細節要求，諸事皆勤奮、全力以赴的個性底色。家庭聚餐時，趙小蘭與妹妹們聊天的內容經常不離小時候的點點滴滴，而且清一色幾乎全是團隊合作的回憶，大家你一言我一語，好不歡鬧。相較成年後各人生活中的諸多磨練，她們都明白孩提時的「魔鬼訓練」只是小菜一碟，何足掛齒？重要的是從那時到此刻都有彼此可依靠、相伴，這才是值得留住的歡樂與甜蜜。

「自我管理內務和參與家中勞務，讓我了解對家庭的責任，日子也很充實，知道自己無論年紀多小都能助父母一臂之力，也讓我覺得驕傲。」趙小蘭非常佩服父母的智慧。

趙錫成甚至經常把修理東西當成日常消遣，每次都會找一、兩個女兒搭把手，或是幫忙拿工具箱，或是舉著手電筒照亮需要修理的管道，父女協作，邊做邊聊，父親娓娓道來自己兒時與少年的成長故事，分享自己對人情世故、哲學心法的感悟，女兒們專注聆聽並銘記在心。趙錫成很珍惜這些機會，還將週末若干小時甚至偶爾長達半天的父女共度勞動時間，稱為「寶貴時光」（quality time）——一段能夠讓兩代人靜心交流、傳遞智慧的時光，確實彌足珍貴。

華人家庭注重學校教育，不過如趙小蘭父母這般看重生活教育者也並不多見。趙錫成和朱木蘭認為功課固然要好，但也要會做事，簡單從打理自己的內務、幫忙家務、換燈泡，到工序複雜的刷油漆、鋪柏油、整理花園、修水管等等，儘管繁瑣，卻都是必學的基本生活技能。

好學不分領域

扎實的家庭教育加上認真負責的長女性格，趙小蘭從不將做任何事視為畏途，也始終保持對學習的熱情與對新事物的好奇。熬過小學苦讀英文的陣痛期，十六歲的趙小蘭語文能力早迎頭趕上美國同學。她對自己信心滿滿，還首次為自己的人生做出爭取、發揮了她精采的溝通協調能力——說服父親讓她暑期去打工。趙錫成本來希望女兒能利用暑假專心讀書，拗不過她的堅決意志，不僅答應，還引薦女兒去曼哈頓一家法律事務所當圖書館員的助理。

第一天上班，趙錫成陪女兒從哈里森搭火車進城，兩人一起步行到律師事務所。分開前，他笑咪咪地告訴小蘭：「盡力而為，能學多少是多少。」儘管父親只有溫暖的鼓勵，沒給她任何壓力，趙小蘭承認當時的她十分緊張。「我不想犯半點錯，因為我不覺得自己還能有第二次機會。」結果一切順利，她沒有辜負自己或任何人，表現優異。

至於那「沒有第二次機會」的心聲並非害怕失敗挫折，而是鞭策自己不可心存僥倖，做任何事都要全力以赴，一次到位。

趙小蘭做事細心專注，也都要歸功於自小的耳濡目染與父母的提點。在當助理時，不論是接聽電話、協助做案例研究，「我會非常仔細，盡可能自己解決問題，不行才發問。」

這次打工機會向她證實了努力做事的重要性，還要懂得展現積極度，能預知他人的需求，並隨時隨地保持警覺與敏銳的觀察力。次年暑假，事務所還回頭找她再來工讀。

趙小蘭曾不止一次在公開演講中表示，父母親的家庭教育成就了子女，只要埋頭苦幹不放棄就會有收穫，這是華裔的優勢，呼籲華人要珍惜這樣的傳統精神，因為美國是個很了不起的國家，「只要努力，沒什麼是不可能的。」

獨當一面，全方位訓練

趙錫成年輕時因為工作周遊列國，對教養女兒觀念開明，「我不曾看待她們是女孩，就對她們有所設限。我和木蘭看待她們就是孩子，木蘭常說，孩子是上帝的資產，而我們只是代管，因此我們只要激發她們無限的潛能就好。」趙錫成說。他自己見多識廣，很期許孩子們都能擁有獨當一面的能力，要獨立堅強，還要寬容大器。

趙小蘭說，父母會製造各種機會訓練她們獨力解決問題的能力，「讀高中時家裡經濟好轉，有能力出國，每次度假的規劃，從地點、訂機位與旅館，到行程安排，都是我們姊妹自己處理。」她和妹妹們所受的訓練，幾乎是大企業執行長特助的工作了。做父親的不以事有高低貴賤、人有男女之別施以教育，一個個女兒自然在面對挑戰時能「勇者不懼，知者不惑，仁者不憂」，成為眾人口中獨當一面的佼佼者。

作為長女，加上感知敏銳，在父母薰陶下趙小蘭自小就很有自覺，她明白自己的責任所在，要以身作則帶領、照顧好妹妹們。父母指點她的，她也指點妹妹，一個帶一個把好的傳統與規矩化成本能和習慣。無形中，這深刻地磨練著趙小蘭的領導力，可以說，她從小就開始學習管理的藝術，帶著妹妹們休閒、讀書，並懂得自我要求，必須成為妹妹們的好榜樣。

隨著父親航運公司的業務蒸蒸日上，家中常見宴客交際。華裔家庭重視全員出席，在傳統中既代表對主人的敬重，也有對客人的禮貌；在這樣的場合，年僅十三、四歲的趙小蘭自然肩負起大姐姐的責任，率領小客人到另一間房，大家一起唱歌玩遊戲。

「那時候我還不懂什麼是領導力，只是希望讓大人們可以安心用餐，小朋友能玩得開心。」趙小蘭笑著解釋。其實，這是父母給她的中華文化潛移默化影響，她理所當然認為自己是家裡的「孩子王」，有責任照顧比自己年幼的人。

藉由教育翻轉劣勢

母親朱木蘭出身書香門第，其父是法官，家世顯赫；趙錫成雖來自農村，但父親在地方興學，是個教育家。趙錫成說，農家小屋全部毀於戰火中，一般家庭都犧牲一切先建住屋，但他的父母親寧可偏居陋室、忍受屋漏牆傾，也要把錢省下來供他上中學、求取高等教育。教育，成功讓趙錫成開啟通往主流社會的門路，也使他有能力年紀輕輕便考上船長，得以翻轉經濟劣勢。

在美國，教育更是移民往上層社會移動之路。進入美國數一數二的大學，往往是未來好出路的保證。已為人父母的趙錫成與朱木蘭自然愛女而為之計深遠，一打聽到好學區就遷居長島，先找到好高中，為趙小蘭上大學做準備。

高四那年，趙小蘭的成績在全學年近八百名同學當中名列前茅，老師們對這位亞裔優等生莫不印象深刻，特別是她始終散發著善良友好的親和力。與美式青少年文化中那種活躍於社交派對的學生不同，趙小蘭流露出一種眾人歸類為亞裔特色的人格魅力：沉穩、冷靜，又滿懷自信。

畢業前，同學在畢業紀念冊上對她的形容，幾乎清一色都是真誠、快樂、笑容美麗、聰明、勤奮、友善與親切。青春期的少女一方面正摸索著建立自我價值，一方面也在與周遭環境確立相對關係，這時的趙小蘭謹慎、矜持有度。有個男同學寫道，趙小蘭是他認識的第一個中國人，如果中國人都像她，那麼他要趕第一班船去中國看看。小蘭的好朋友，也是草地曲棍球的好隊友蘇珊（Susan McCabe）留言：「你是球場上的絕佳攻擊手，作文總是拿A而我拿C。」覺得她的英文猶勝英語母語者（native speaker）。

趙小蘭倒是把作文成績歸功於她的英文老師愛絲林格（Lydia Esslinger）。愛絲林格當時還是新手老師，她任教後，很快就注意到這個舉止嫻靜、認真嚴謹的女孩。「她的英語文學水平當時屬於普通程度，因為英文對她而言算是一門全新的外語。不過她的能力絕不普通！」愛絲林格是新手老師，趙小蘭是新移民，全校八百多名學生只有兩人是亞裔，在當時可謂「獨木不成林」，愛絲林格老師自覺有責任幫她建立語言自信。十一年級時趙小蘭主修美國文學，但仍是在深入理解新國度的局外人，「她必須學習成為美國人，同時卻不犧牲父母及亞裔族群所賦予她的傳統價值與文化，兼得兩者並取得平衡；在那個多元化價值觀尚未普及的年代是很難做到的。」老師的另眼相看，趙小蘭點滴在心。畢業展翅高飛後，師生兩人一度失去聯絡，重新搭上了線之後，聯絡再也不曾斷過。

愛絲林格還令人動容地補上一句：「她讓我感受到我有能力教導她。」教學相長，新手老師也從中建立了自信。

爭取名校的入門票

上高中後趙小蘭才了解到，未來如想申請數一數二的大學名校，例如常春藤聯盟（Ivy League）八大名校[1]及七姊妹女校，不能只是課業成績傑出，還需要在各種課外社團活動、社會服務等多方面展現領導力、合群性。以八大名校為例，它們皆位於美國東北角，創建於美國獨立革命前，歷史悠久、作育英才無數，影響美國至深，連美國人自己都爭先搶進，競爭分外激烈。

趙小蘭當然想進入好大學。不同於華人家庭偏重智育發展，美國社會強調德智體群各方面均衡發展。為了拿到名校的入門票，她開始調整課表與作息，除了被推舉為學校年鑑編輯，也更加積極參與體育活動，加入學校排球隊、壘球和草地曲棍球隊，並參加更多社團。

這也讓她在闊別八年後，有機會回到台灣——在救國團舉辦的暑期海外中文研習營中，趙小蘭認識了來自世界各國的華裔青年，大家處境相似，都為學習中

1 指哈佛、賓州、耶魯、普林斯頓、哥倫比亞、達特茅斯、布朗及康乃爾大學。

在一場高中曲棍球比賽中擔任前鋒的趙小蘭（右起第四位）。

華文化而來，志同道合相處愉快。主辦單位用寓教於樂的方式安排各種活動，而非古板的上課，讓趙小蘭留下美好印象，還結交了很多朋友。「後來美國廣播公司（WABC）紐約第七電視台記者兼新聞主播董愷悌，就是那時認識的好朋友。」趙小蘭透露兩人多年情誼如昔。

忙碌多彩的課外活動絲毫不影響她的學生本職，也反映出趙小蘭已懂得如何善用時間與管理資源；她的課業成績始終出色，辦法無他，就是課前預習、上課認真，課後回家再好好複習，一五一十毫不偷懶。這是她來到美國後，一以貫之的學習態度。一分耕耘一分收穫，用在課業絕對正確。只是他們還有一個問題：萬事俱備只欠東風，他們需要知道該找誰商量選校和申請入學的各種事宜。

那個時候，他們還不認識半個哈佛的學生或校友，遑論教授或院校領導了。常春藤聯盟名校當時尚未招收女性，女子名校則是相對應的「七姊妹女子學院」（Seven Sister Schools）[2]。在校榮獲紐約州優異獎學金（NYS Merit

2 即曼荷蓮學院（Mount Holyoke College）、衛斯理（Wellesley College）、史密斯（Smith College）、瓦薩學院（Vassar College，現在男女同校）、拉德克利夫學院（Radcliffe College，已併入哈佛）、布林茅爾學院（Bryn Mawr College），及巴納德學院（Barnard College，後已併入哥大）。

Scholarship）後，趙小蘭決定遵照父親一貫的座右銘「做好計畫，全力以赴」，向大學申請和人生的新篇章大步邁進。

> “我記得小蘭並不害怕採取少數人的觀點；雖然同意或保持沉默會更容易些，特別是對於想獲得認同的人來說。顯然她想挑戰自己同時溫和地挑戰他人。——趙小蘭 Syosset 高中教師 Lydia Esslinger”

第四章

雛鳳首離巢：獨立思考、有為有守的大學之道

——起初，她只是單純想著研習經濟學，畢業後自力更生、減輕父母負擔，根本想像不到，這項專業竟為她往後仕途，奠定了獨占鰲頭的競爭優勢。

研究學校資料時，趙小蘭的目光投向了一處景色秀麗、入口處還佇立著一座莊嚴的鍛鐵柵門，如詩如畫的校園。這間創辦於一八三七年，在七姊妹女子學院之中歷史最悠久的曼荷蓮學院，坐落於麻薩諸塞州（Massachusetts）西部小鎮南哈德利（South Hadley），鎮上只有一條街，商店寥寥可數，但附近一共有五所學院，看起來是個適合專心念書、練習獨立的好地方。

這是趙小蘭第一次離家這麼長時間，在外獨自生活。雛鳳初振翅、試離巢，開始探索外面的世界。這段時期充滿挑戰，她正努力尋找自己人生的定位——該學什麼？畢業後該做什麼？未來要做什麼？自她進入大一，就不斷叩問與思索這一連串問題。

當時，學校裡亞裔很少，她必須單槍匹馬找到應對美國文化的正確方法，還要調和中美文化價值觀。應付課業她駕輕就熟，社交生活卻偶爾令她感到困惑與尷尬。每週四，學校會在每個宿舍舉行「優雅生活」餐會，大家要學習端坐在正式的晚宴桌前，讓服務生（許多領取獎學金的學生擔任服務生以賺取額外收入）伺候用餐。頭一回參加餐會時，趙小蘭見到桌上長短樣式各異的刀叉匙，困惑不已，不確定該用哪支刀或哪支叉、匙。

一回生二回熟，幾次下來她就學會最簡單的方式：由外而內取用餐具，這樣絕對錯不了。從第一道菜開始，依序往內拿取相應的一對刀叉來搭配每一道菜；吃完食物，用過的餐具就會被服務生收走。下一道菜上桌時，就取用下一對刀叉。正確拿刀叉的方式是右手執刀、左手執叉——美式做法是切完肉、將叉子換到右手再拿取食物；歐洲做法則是直接以左手執叉，繼續用餐。

全憑仔細觀察，趙小蘭自己學會並適應了這些餐桌禮儀。

讓趙小蘭大開眼界的大學生活還不僅於此。她首度目睹有同學不惜豪擲千金，到高級商店購買奢侈品，穿金戴銀招搖過市，而對成長於節儉之家的她來說，到梅西百貨購物已經足夠奢華了。面對形形色色的物質誘惑，趙小蘭思及出身富庶的母親就從未留戀優渥的過往，反而洗盡鉛華，崇尚儉以養德；母親的氣度風範和身教模範，讓小蘭未曾有一刻動搖，內心富足又強大，不盲從於消費主義。

那也是反越戰、婦女解放、性解放等思潮運動風起雲湧的時代，校園裡矯枉過正乃至放任不羈的社交行為令她大感震撼。原本就不曾參加過盲目約會，如今卻見到許多人不止一個晚上盲目約會，而是接連整個週末都是如此，同時男生甚至都巴望著將女生帶回男生寢室過夜。

一開學，同學就想帶趙小蘭一起來場盲目約會。除了家教嚴格，她本身亦無興趣在這個年紀談戀愛，婉拒幾次後不好再拂逆人家好意，勉強應付了一次，不出她所料，整個約會的氛圍令她卻步。這讓趙小蘭開始思考社交活動的意義——儘管同儕間總有各種風潮與流行，趙小蘭卻早早學會對這些短暫的刺激保持淡定自在。她沒想過，此刻的她一如心中欽佩的母親，那樣的意志堅定，遵守自己的準則並引以為豪。

專注目標，心無旁騖

趙小蘭高中時期從未參加過舞會，約會更是天方夜譚。她就如同大多數接受良好教育的華裔少女一樣，知道要專心課業學習，約會是完成大學或研究所學業後才會考慮的事。父母從未明確告訴過趙小蘭這些，但她一向知道什麼是華人的行為準則。

倒不是畏懼嚴格家規，而是趙小蘭自小就非常信任父母。她在父母身上看到堅毅、永不放棄的樂觀和臨危不亂的智慧，他們度過各種艱辛萬難、白手起家擁有今天，也以各種方式培養她具備同樣的智慧。她相信父母的要求皆有大道理。何況，自己對談情說愛實在興趣缺缺。

「什麼事都沒發生，」趙小蘭笑說，「這可能就是沒人約我第二次的原因。」

「縱然父母遠在一百二十五英里之外，鞭長莫及，我也做不出不見容於他們的事；我非常敬愛我的父母，不想讓他們失望。」

也有女教授善意開導過她：「放慢腳步，聞聞玫瑰花香。」希望她不要總是兢兢業業於課業，偶爾也該學習放鬆。勤奮的移民亞裔學生，給人的印象或許就是如此：緊張、嚴肅。但那是因為他們知道在這個國家必須全力以赴，成績優異則是能幫助他們向上晉升的最佳途徑；要奢談安身立命的本錢，甚至構築屬於自己的安全感，除非先確保成績這個基礎夠穩固，否則是沒有資格去遊戲玩樂或談情說愛的。就這樣，一道「無形的鴻溝」——少小不努力、老大徒傷悲——橫亙於當時的趙小蘭和周圍大多數同學之間。想到父親也是年紀輕輕就成家立業，小蘭對自己有同樣深的期許：年輕是用來打拚的，廣袤的未來正等著她，個人的情愛與享受可以等水到渠成。

不過在曼荷蓮學院期間，她認識了華裔女生俞立德（Linda Bien），兩人結為莫逆。俞立德的父親俞炳昌（Paul C. Yu）與趙錫成同為交通大學校友，她的母親盧蕙英（Mary Ann Yu）則創辦了交大校友青年會。毫不令人意外，盧蕙英很賞識趙小蘭，覺得她既討人喜歡，又舉止得體、進退有節，因此讓趙小蘭擔任交大校友青年會的主席。

每年感恩節，俞立德和趙小蘭都會在交通大學校友會的活動上相聚。俞立德秉性良善，為人親切，後來趙小蘭甚至成為俞立德兒子的教母。遺憾的是，俞立德五十四歲便英年早逝，而直到今天，趙小蘭仍對當年好友的兒子照顧有加。

決定主修經濟學

升上大二，趙小蘭該決定主修科目了。她想學一門實用、又能在畢業後很快找到工作的主修，因為她一直很清楚自己首先要實現經濟獨立。

曼荷蓮學院和所有常春藤盟校、七姊妹學校，都屬人文學院，不教授例如會計學這類容易謀事的商業科目，於是趙小蘭選擇了最相近的學科：經濟學。

美國大學有個制度，大三學生可以選擇一個學期到海外當交換學生，或到國內其他大學修課。曼荷蓮學院隸屬於十二所大學的交換學生聯盟，旗下學生可選一至兩個學期，至聯盟中的其他學校修課。這麼好的機會，趙小蘭自然不可能錯過，除了豐富閱歷，還能滿足好奇心：她也很想見識見識其他學院。因此在大三的第二學期，趙小蘭申請到達特茅斯學院（Dartmouth College）修課。

達特茅斯學院聲譽卓著，是常春藤盟校成員之一，傳統上只招收男生，在趙小蘭大二那年才開始招收女性。它的經濟學系很出名，還有一位知名經濟學教授柯林・坎貝爾（Colin D. Campbell），是諾貝爾經濟學家、芝加哥大學貨幣主義經濟學名師米爾頓・傅利曼（Milton Friedman）的高徒。曼荷蓮學院的經濟學屬於凱恩斯主義經濟學（Keynesian economics），主攻財務政策，兩種理論的差異在於：貨幣主義經濟學重視貨幣的控管，而凱恩斯主義經濟學重視政府支出。

達特茅斯學院校區位於新罕布夏州（New Hampshire）的鄉村小鎮漢諾威（Hanover），是個純樸的大學城。趙小蘭在此浸淫於經濟學之美，樂在所學，也學到如何與異性互動，出身於滿室金釵，這不啻全新的體驗。

慷慨退讓獎學金

受到父親經商影響，趙小蘭從中學就對經濟這門學問有著濃厚興趣。舉凡報上的人均所得GDP、國家預算、國際貿易、國庫收支、失業率、匯率、利率……旁人覺得枯燥的一大串數字，她都能看得津津有味。

起初，她只是單純想著研習經濟學，畢業後自力更生、減輕父母負擔，根本想像不到，這項專業竟為她往後仕途，奠定了獨占鰲頭的競爭優勢。

趙小蘭大一那年，趙錫成自己創業開公司。大二開學前，趙小蘭覺得家境逐漸好轉，於是跟父母商議，放棄原本將拿滿四年的全額獎學金，把機會讓給更需要的同學。趙錫成與朱木蘭一聽到女兒如此心善大度，毫不遲疑滿口答應。

「曼荷蓮是私立大學，學雜費是筆不小的數字。她既然提出要求，做父母的當然不能拒絕。不管在東方文化還是西方文化，扶危濟困都是好事。」趙錫成至今猶津津樂道，當時女兒氣概非凡，讓他們刮目相看甚至深受啟發。

日後，趙小蘭在榮任美國聯合基金會總裁時，曾如此分享她的細膩觀察：「美國是世上唯一一個具有這樣傳統的國家，人民會慷慨捐獻給陌生人。世上其他國家的人會捐助親

> 我過去沒有幾位可以學習的榜樣，但這對我沒有壞處。沒有榜樣不表示你不能在未來成為自己現今尋求的榜樣。去做你真正喜歡做的事，前方的道路會自然展開。
>
> ——趙小蘭

戚，鮮少對非親非故的人慷慨解囊。如此美好的傳統，美國人視為理所當然。但作為移民，我特別注意到這股獨特的奉獻精神。」這段話也為她放棄獎學金一事間接做了注解。

對趙小蘭來說，大學是學習適應美國社會的延續教育。踏上新大陸不過是十年前的事，她在這個新國家裡仍是個新人，要學習的事還很多。她期許自己不斷精進再精進，努力熟悉她的新國家，也期許著更好的未來。

大學畢業後九年，趙小蘭已打造出一條優秀的志業之路，母校曼荷蓮學院也在該年頒發校友成就獎：「一位表現傑出且維持不輟的優秀校友」。曼荷蓮學院校長在頒獎時高度讚揚趙小蘭：「我們為擁有趙小蘭這樣的校友而無比自豪，更高興能有機會在這裡驕傲地宣布授予她這一獎項！」身為哈佛商學院畢業生永久代表、白宮學者及擁有豐富的金融業經驗的花旗銀行傑出銀行家，她成為該校有史以來最年輕的獲獎校友。

青春勃發的趙小蘭，如同一條揚帆遠航的艦船，迎著朝陽駛向人生的下一段精采。

第二部

乘風破浪

第五章

哈佛商學院：自我精進，淬鍊真金

——「學校是一個令人興奮的地方，於是學會了表達我的立場……這是難能可貴的機會。哈佛給了我非比尋常的教育，是影響深遠的歷練。」

畢業後，趙小蘭踏進職場，透過實務操作印證理論知識，大大拓展了眼界，雖說歷練了馳騁商場的魄力，但同時也愈發感到所學不足。

思忖再三，小蘭決定重返校園讀研究所、精進能力，而且她的目標是最具挑戰性的、全球首屈一指的哈佛商學院（Harvard Business School, HBS）。

曾經，就讀哈佛是趙家遙不可及的夢想。作為新移民，趙家在紐約尚無根基，對廣大的美國仍處摸索階段，沒有哈佛大學的學生或校友等任何人脈，如何能進入萬中選一、難如登天的哈佛商學院？父親趙錫成知道女兒志存高遠，也想為女兒盡一分力，於是竭盡所能動用的人脈網絡，想找個有經驗的該校校友諮詢申請訣竅。皇天不負有心人，他在航運界找到了三位謙謙君子提供方針，了解什麼樣的學生能獲得哈佛商學院的青睞。

這三位專家來頭都不小。梅耶（Karl Meyer）是紐約ＩＴＥＬ公司子公司ＳＳＩ公司導航部門負責人，查普曼（Paul Chapman）是運輸行業的專業顧問，年輕的杜穆蘭（Richard DuMoulin）則是奧格登能源公司（Ogden Corporation）董事長的得力助手。

申請哈佛商學院需要回答許多鉅細靡遺的提問。趙小蘭不厭其煩地細心準備浩繁卷帙，以充分呈現她在大學畢業後兩年來的工作成果，以及個人的潛力。申請文件上趙小蘭非但不避諱自己的華裔背景，反而將這樣的身分凸顯為人生的優勢。她按部就班廣泛取得三份推薦函，推薦者分別為三家大企業勞埃德保險公司（Lloyd's Insurance）、柯克穀物公司（Cook Industries）和美國銀行（Bank of America）的高層主管，都是她進入職場兩年來和她打過交道，並對她印象深刻的職場前輩。

一切準備妥當，申請資料送出，只待佳音。兩個月後的某一天，朱木蘭在家接到一封沉甸甸又鼓脹脹的郵包，她沒有開女兒的信，只是喚來丈夫，興奮地告訴他：「我想小蘭申請到哈佛了！我們收到又厚又重的一封信，是哈佛商學院寄來的！」的確，如果信封很薄，十有八九裡面只有一張婉拒入學的通知函；如果申請成功，學校不但會寄來入學通知，還會附上一大疊註冊入學要填寫並簽署的文件。

喜訊一出傳千里。親戚與父母的好友們奔相走告，四面八方紛紛來訊祝賀。考上哈佛商學院是非同小可的大事一件！夢想成真，趙小蘭激動不已，這意味著她將能見識到更遼闊的世界。

當時，美國大學招收女性入學方興未艾，哈佛算是先行者，不過白人男性仍然占學生主體。和如今學生性別比例近乎一比一形成鮮明對比的是，彼時女性只占哈佛學生總數的百分之十九，亞裔更是僅占約百分之五，錄取競爭之激烈可想而知。趙小蘭這屆，哈佛商學院MBA共有七百五十六名學生，亞裔女性只有屈指可數的兩位。

七月流火，秋風拂卻炎夏燠熱，正是新英格蘭紅葉初上的時節，趙小蘭在家人陪伴下，駕車從紐約家中出發，遠赴車程三個半小時外的波士頓。一家人神采奕奕，憧憬著趙小蘭未來的人生新篇章。她的宿舍位於切斯大樓（Chase Hall），與另一位室友共享臥室和客廳。趙錫成夫婦將女兒安置到房間後，一家人便外出共進晚餐。

餐後一踏進宿舍，趙小蘭赫然發現自己的信箱裡塞滿了三份案例作業，是開學第一天上課前要預習的功課。果不其然，素以嚴格著稱的哈佛，開學第一堂課旋即展開「魔鬼訓練」。

課業繁重，趙小蘭忙得幾乎沒時間照料自己離家住校的鄉愁，而且她的三妹趙小美就在附近的衛斯理女子學院就讀，每週五下課，三妹會來哈佛找她，並經常和小蘭、小蘭的同學們一起外出用餐。有姊妹作伴，彼此都能稍解課業壓力。趙小蘭有中國傳統文化裡長姊如母的責任感，對妹妹們疼愛有加，姊妹間的感情也一直相當親密；而商學院同學來自四面八方，趙小蘭喜歡帶著妹妹也認識他們，了解大家多樣的背景。

外人大多以為，哈佛商學院的學生應該都家境優渥。趙小蘭解釋，因為入學資格規定必須具備一定工作經驗，所以每個人都有很清楚的學習目標與未來發展方向，也不盡然全含著金湯匙出生、不知人間煙火。「大部分同學來自中產階級家庭，當然也有出身富裕的，但為數並不多。」

「有人說，哈佛商學院的男生好像看起來咄咄逼人，其實他們對我都很友善有禮。大體上幾乎每個人都有強大的內驅力，想要做出一番事業。」

哈佛商學院的標誌：案例教學法

哈佛商學院旨在訓練企業領袖，教授不講課，也不告訴學生正確答案是什麼。他們指導討論、帶動討論，引導全班找到解決方案。沒有教科書，只有每天三份案例作業——都是企業界的真實案例，學生必須加以分析、提出解方，並在隔日的課堂上進行討論。

趙小蘭這屆班上的七百五十六名學生分成了九組，每組有約九十人，她被分配到C組。班級人數眾多，學生多半時間都待在「基地」與自己的組員一起，因此很容易聽到哈佛商學院的學生互問「你是哪個組的？」

縱使是最優秀的天才，研讀一份案例至少需要兩小時，一個晚上起碼要花六個鐘頭才能做完三份案例的分析研究。哈佛商學院之所以對學生施加如此大的壓力，要他們頻繁超時工作，正是為了讓學生親歷商場上動輒十萬火急的壓力實況。

而且，「在研究案例時，總覺得資訊不足，但這是教授刻意為之。因為在真實商業界裡，經理人從不覺得自己掌握的資訊夠充分，卻必須在資訊不完整的情況下採取行動。」趙小蘭解釋道。

哈佛商學院其實是鼓勵學生自行結伴研究案例的，學生可以結成若干人的學習小組，分工互助、共享信息，以減輕每個人的工作量。但趙小蘭決定先單槍匹馬、輕裝上陣。一方面是剛入學，人生地不熟，一方面也暫時沒有同學來邀請她參與小組協作。趙小蘭並不擔心，她心志堅定，相信自己一定有辦法「兵來將擋、水來土掩」。

開學第一週，趙小蘭就體驗了高度緊張又充實的生活。每天早上八點半到下午兩點半，要上三堂課，每堂九十分鐘，期間只有一小時空檔能吃飯。通常下課後，她便得趕緊處理日常雜務，就火速趕回書桌前做功課。晚飯只花一小時用餐，又繼續挑燈夜戰。

「案例教學法」是哈佛商學院的核心學習方法，目的是複製企業領導人的真實工作情境。在現實生活中，當企業碰上狀況時，問題並不容易鑑別，可能表現在財務上，也可能表現在行銷或生產線上，而領導人解決問題的第一步，就是要正確並準確地鑑別出真正的問題。因此，每堂課都從鑑別問題開始。

案例教學法忠實呈現企業CEO的忙碌實況——馬不停蹄的超長工時、不斷溝通斡旋談判與做決策、鑑別錯綜複雜的問題根源——全在課堂上實戰演練，一五一十營造、反映真實的商業世界。可想而知，領導人不僅需要才幹過人、心智堅毅，還必須擁有超人體能，才能在超長的工時裡分秒必爭。

高強度溝通力訓練

第一堂課就是震撼教育。教授上課前已研究過學生們的背景，並在課堂上點名學生發表其案例分析，藉以激發全班同學思考、分析其看法。等第一位學生陳述完畢後，教授便再繼續點名其他學生讓大家做進一步評論。教授會不斷挑剔學生的觀點，全班同學個個迫不及待爭相發表不同的意見。美國學生從小就被鼓勵在課堂上積極表達，因此同學多半很自在，即使意見受到批評也不以為忤。

階梯教室有如圓形劇場，別無閃躲的角落，很多人毫不遲疑舉手表達看法，也有一些同學相形之下略為膽怯安靜。課堂上如此來來回回討論是基本的美國文化，亞裔學生未必適應得來。趙小蘭說，當時縱使已經在美國生活超過十五年，仍需要稍作調適。

許多課程的課堂參與分數比重高達百分之五十，這是刻意以分數作為誘因，激勵學生使用有說服力的口語有效與人溝通。學生聽著全班熱烈的討論，從傾聽中學習。哈佛商學院希望學生未來成為各行各業領軍人物時，都能有自信、暢所欲言並懂得有效溝通，這才能解決問題，也是身居領導職位的重要能力。

課堂討論中有人說得對，有人說得不對，但重點不在對錯，而是學會如何辨別與學習，去偽存真，篩選並採用正確的信息。有時候對於同一個問題，會聽到許多不同的見解，有些見解有道理，有些則待商榷，箇中差別常常並不是非黑即白、涇渭分明的，這就需要通過積累經驗來不斷逼近正確的判斷。現實人生很多時候根本沒有對錯，關鍵是要正確找出問題所在，然後解決它。「如果找不出問題根源，那麼真正的問題永無解決的一日。」趙小蘭正色道。

美國社會鼓勵直言不諱，而亞裔文化崇尚婉轉謙讓。趙小蘭回憶道，剛開學時，全班都很踴躍發言，討論案例時大家紛紛舉手，你一言我一語互不相讓，令她總來不及搶到機會開口。這般激烈的「爭辯」不同於高中、大學時期溫和的課堂參與方式，起初趙小蘭有點不習慣，但她也很快就適應並掌握話語權技巧，讓別人心服口服聽她說話。

然而這並不表示華人文化「多聽少說」是錯的。趙小蘭懂得兼顧東西文化的優點，該說的就事論事表達出來，但在開口前一定要嚴密思考，務求邏輯無懈可擊，別人插不上話甚至無從攻擊。趙小蘭從中領悟到，自信發言的關鍵來自胸有成竹，這使她更堅定終身學習永不懈怠，期許自己飽學多聞足智多謀，自我精進。

趙小蘭常常提醒亞裔青年，華人講求含蓄低調，這在美國課堂上行不通，美國是多元化社會，勇於發言可以傳達熱忱與投入，「要積極主動爭取發言機會，還要言之有物、有說服力。」

她坦言，華裔家庭不重視口語溝通，因此剛開始時有些底氣不足，可是很快就發現，「學校是一個令人興奮的地方，於是學會了表達我的立場……這是難能可貴的機會。哈佛給了我非比尋常的教育，也讓我結識了一大群分散世界各地的朋友，是影響深遠的歷練。」趙小蘭日後以勞工部長身分受邀，返校擔任新生訓練講習主講人時，與台下九百名學弟妹分享她的心得。這次演講時間恰值安隆（Enron）醜聞、世界通訊公司（WorldCom）瀕臨破產，以及朝野倡議《沙賓法案》（Sarbanes–Oxley Act）財經改革措施之際。演講中，趙小蘭激勵企業領袖與高管需以德作則，恪守倫理引領社會行端坐正。

表達意見是溝通的敲門磚，溝通是各行業領軍人物最重要的基本能力。案例教學法可以訓練溝通能力，提升學生臨機應變、活學活用的綜合素質。人生本無標準答案，商場更是如此，最圓滿的解決方案都是溝通、協商與傾聽的結果。

「父親教我多問、多聽，訓練我要懂得傾聽、慎於發言。」這也是趙小蘭為何畢生致力於鼓勵亞裔族群，要在各個領域勇於發聲、表達想法的理由。每次演講，她也會提醒青年學子，多問、多聽、多了解，以免言談荒誕無理也搶著表達意見。

趙錫成一貫教導女兒「敏於事而慎於言」、「行勝於言」——做事須勤快，話不可亂說。如論語所言，「子入太廟，每事問」，多問、多聽，是用審慎態度先傾聽，一面聽一面觀察動腦做分析，汲取對方好的觀點、發現其缺失，這樣才是真正的溝通，才能在不同的立場找到共識。在美國，人人都有權利侃侃而談，但是信息爆炸之時，能靜聽後做出準確的甄選決斷，才是解決問題的正道。

業界領袖的格局與視野

第一年的暑假，趙小蘭在海灣石油公司（Gulf Oil Corporation）總部找到一份短期工作。總部在賓夕法尼亞州（Pennsylvania）匹茲堡（Pittsburgh），是趙小蘭從未去過的城市。託親戚幫她找了住處，與一名較年長的華裔美國女性合租一戶公寓，位於匹茲堡市郊的松鼠山（Squirrel Hill）。趙小蘭對這個陌生的城市相當感興趣，得空就好奇地四處探索。她迫切想增廣見聞，寧可走出舒適圈也不願閉門造車。

> “我們的國家是如此多元，令我們能不斷突破成為領導者的種種障礙與界限。——趙小蘭”

這份短期工作主要是分析美國籍船舶行業，需搭乘公司的油輪出海調查船隊，研究美國造船能力，做出一份報告，內容涵蓋了諸如船隊的規劃、管理與經營策略。她提出的報告面面俱到，海灣石油公司十分滿意，董事長邁克菲（Jerry McAfee）和總裁詹姆斯．李（James E. Lee）為此邀請她參加一場特別會議，討論她的調查結果。後來該公司採用她的報告組織船隊，成效卓越。

趙小蘭以企業領導層的格局與視野，全面審視問題，實地操演哈佛商學院的魔鬼特訓，短短暑假卻收穫滿滿。

兩年進修時光飛逝，畢業堪堪臨近之際，趙小蘭決定競選班代表，想挑戰能否領導這群卓越的同儕。班代表如同班級靈魂人物，一日代表終生領導，是凝聚同級校友團體力的關鍵人物。哈佛商學院永遠不缺少競爭，自然另有七、八位同學也躍躍欲試。趙小蘭靠著自己有遠見、有規劃、善解人意的特質，自製傳單請同學幫忙分發，努力自我宣傳，讓大家看到自己為人表率和服務校友的誠意。

趙小蘭的最強對手是班上的古巴裔女同學：聰明、美麗，人緣好，兩人競爭雖不激烈卻也有板有眼，十分認真。最後趙小蘭以百分之十九的最高得票數贏了所有參選人，君子之爭落幕，兩人友好如常。後來古巴同學移居挪威，結婚時趙小蘭

Class secretary named

Elaine L. Chao, daughter of James and Ruth Chao of 520 North St., Harrison, has been elected secretary and marshall of the class of 1979 at Harvard Business School.

As marshall, she will lead her class in the parade of graduates during this year's commencement exercises.

As secretary, she will help members of the class keep in contact and will be responsible for organizing the fifth reunion.

Miss Chao is seeking a master of business administration degree in finance. She received a bachelor's degree in economics in 1975 from Mount Holyoke College, South Hadley, Mass. and was editor of the yearbook.

She worked for a New York City ocean shipping firm before going to Harvard in 1977. Last summer, she was an associate in the corporate planning group of Gulf Oil Corp. in Pitts-

ELAINE L. CHAO
...named marshall

趙小蘭榮膺該屆哈佛商學院畢業生班代表及司禮官的新聞剪報。

還不遠萬里，特地飛去喝喜酒。

兩年研究所深造，趙小蘭不敢懈怠，課餘也把握時光勤奮學習，生活再簡單不過。除了週末與小美相聚，週間裡圖書館、食堂和宿舍三處是她停留最久的地方。宿舍臥室裡桌邊燈下總見她案牘勞形，埋首於成堆的案例檔案中，偶爾抬頭起身望向窗外、伸展一下筋骨，便又繼續專注工作。

但趙小蘭從來都不是書呆子。她懂得人際關係很重要，知道在哈佛商學院要多多拓展人脈、廣結善緣。憑著她清麗嫻雅又氣宇不凡的外表，與和善可親的好人緣，在校園裡很受歡迎。課堂上激烈的辯論交鋒，將她打磨得比以往更圓融。這些特質贏得眾人一致肯定，畢業時推舉她為司禮官（Class Marshal），率領應屆畢業生遊行校園；這個頭銜也代表在全班畢業後，她會是他們永遠的班級代表。

趙小蘭，持續創造精采。

畢業是更精采的起點

歷經哈佛商學院的訓練有如脫胎換骨，鍛造出此後四十年如一日的趙小蘭。她變得更有自信，表達力、溝通力與領導力皆更上一層樓。

「哈佛商學院兩年是我青春時最棒的兩年。它教導我如何思考、鑑別與解決問題，讓我有機會認識教授、同班同學、校友這些很棒的人。最讓我欽佩的是，同學們充滿內驅力，大家都想突破自我去實現人生更多的可能，並為社會做更多有價值的事。」

日後返校演講時，趙小蘭對學弟妹說：「當時我坐在你們現在坐的位子上，怎麼也想不到，我的人生與職涯會因此變得如此這般充滿樂趣、進取。」

六月驪歌響起，這位甜美聰慧的東方女孩率領七百多位應屆畢業生，恪遵哈佛的傳統遊行校園。欣聞長女完成學業，趙錫成夫婦把幾個妹妹都一起帶來參加畢業典禮。

想當初高中時壯志凌雲，以進入常春藤名校為宏願，如今得償所望，成了妹妹們的好榜樣。並不是妹妹們追隨大姊的身影，亦步亦趨，而是大姊示範了如何走向自己想要的人生志業，她們蒙受啟發，紛紛創造出各自的精采。

多年來，趙小蘭享有超級明星的令譽，是哈佛商學院廣受歡迎與尊敬的校友。她也和母校培養出長年的情誼，與歷任院長保持良好關係，包括約翰・麥克阿瑟（John McArthur）、金恩・克拉克（Kim Clark）、傑・萊特（Jay Light）、尼汀・諾

在趙小蘭畢業 14 年後，哈佛商學院頒發了傑出校友成就獎，趙小蘭是有史以來最年輕的獲獎者之一。

瑞亞（Nitin Nohria），以及現任院長斯里坎特・達塔爾（Srikant Datar）。趙家也因此與哈佛商學院結下長達四十餘年的友好淵源。

畢業十四年後，作為美國聯合勸募基金會主席兼CEO的趙小蘭榮獲母校頒發傑出校友獎，又一次成為獲獎年齡最輕的得主，同年獲獎的還有另外五位。多數傑出校友獲獎時都年過耳順，同時絕大多數都是男性。而僅畢業二十年後，趙小蘭就被延攬為院長委員會顧問（Board of Dean's Advisor），在這個由世界頂級領導人組成的諮詢委員會，為社會貢獻一己之力。

又過了六年，在趙小蘭任職勞工部部長期間，又應時任麻薩諸塞州（Maryland）參議員泰德・甘迺迪（Ted Kennedy）之特邀，加入哈佛甘迺迪學院政治學所高級顧問委員會（Harvard Kennedy School Institute of Politics Senior Advisory Board），而泰德・甘迺迪正是該委員會主席，意在紀念其先兄甘迺迪總統的遺志並將之發揚光大。當時，趙小蘭因出任部長而辭任了在所有營利及非營利機構的任職，也因泰德・甘迺迪亦身兼參議院要職，與勞工部有業務交集，因此這份邀約是經過白宮特批後，小蘭才正式接受的。

數載倏忽而過，趙小蘭收到了來自母校——哈佛商學院最核心、最高層次的顧問團：「院長顧問團」的邀約，希望她加入這個囊括了全球頂尖企業家、行業領袖的團隊，為學校建言獻策，也為社會發展的尖端議題貢獻己見。歲月流轉，當趙小蘭作為顧問、再度返回校園時，內心感慨萬千，命運的軌跡彷彿在此刻連點成線，畫成一個優雅完美的圓。

對趙小蘭而言，哈佛商學院並不是幫她鋪平了通往未來的康莊大道，而是賦予了她如何在美國安身立命、施展才幹的充足底氣。此後，她個人的生命歷程屢創歷史紀錄，不僅成為後輩亞太裔青年們努力看齊的標竿模範，更成為凝聚華裔乃至亞太裔社區共識的精神領袖。如果說締造趙小蘭的，是趙錫成與朱木蘭營造的深厚家族學養，那麼助推趙小蘭騰飛並最終突破天花板的，正是她在哈佛商學院磨練出來的不懈與信念：挑戰自我，愈挫愈勇，奮發不懈，勇往直前。

哈佛商學院為趙小蘭的人生指引了更寬廣的面向，也改變了她的生活。畢業之際，趙小蘭已蓄勢待發，準備好迎接下一個的挑戰。

第六章

甫入銀行界，一鳴驚人

——「你只要做最好的趙小蘭就可以了」，趙錫成對女兒的期待很單純。趙錫成總是鼓勵女兒們當有「鴻鵠之志」，不受當下有限條件的羈絆。

「你只要做最好的趙小蘭就可以了」

哈佛商學院著名的個案教學法，像打通了趙小蘭的任督二脈，從個案分析中，她鍛鍊出全方位的視野，對於如何應用經濟學知識，她遊刃有餘；對於實際的管理藝術，她也磨礪得周全犀利。二度踏出校園的趙小蘭煥然一新，亟欲在商界有所表現。

趙小蘭考慮過待在父親的公司，擔任他得力的左右手；她是長女，也知道父親一定樂於有她共事，一起打拚。然而沉思再三，她發現自己雖然對航運業有興趣，但內心始終有更強烈的嚮往，希望去外面的世界闖一闖。畢竟美國的商業活動居全球領導地位，天高海闊憑魚躍，趙小蘭渴望去探索更多不同的領域、拓展自己的視野。

作為父親，趙錫成自然有些不捨。大女兒自小就是優秀又善體父母的好幫手、妹妹們的好榜樣，為人處世、讀書進取……樣樣不讓人操心，而且自驅力極強，總是主動想要做到更好，給父母帶來許多意想不到的驚喜。得知趙小蘭想自己去勇闖世界，趙錫成並不擔心女兒的實力，只是難免惆悵與惜才之嘆。

趙小蘭理解父親的心情。孝順的她並不樂意見到父親困擾，於是找母親商量。朱木蘭倒是很快給了女兒一顆定心丸，要她儘管去做自己想做的事，並隨後對丈夫曉以大義。

嚮往開拓眼界與經驗的雄心，有女如此，趙錫成夫婦對女兒的期許，唯有她能不斷超越她自己。

多年後，趙錫成仍記得「當時親戚朋友都說我太傻，讓女兒去外面給別人做員工，太可惜！」但他相信妻子的遠見卓識——女兒還年輕，當去外面增廣見聞、歷練能力；即便有朝一日再回到航運業，也必能帶來新想法與新能量。再無疑慮，趙錫成與朱木蘭都全力支持女兒去闖蕩、追夢。

「你只要做最好的趙小蘭就可以了」，趙錫成對女兒的期待很單純。父母的信任與支持，是趙小蘭一路奮進，堅守「惟日孜孜，無敢逸」，樂觀向上從不放棄的堅實後盾。他們是虔誠的新教徒，信仰堅貞，相信神賜予每個人特殊的才能，人生在世就是要實現神所恩賜的天賦。趙錫成總是鼓勵女兒們視野要開闊，思維要宏觀，當有「鴻鵠之志」，不受當下有限條件的羈絆。

日後在公開場合，趙小蘭經常將自己的成就歸功於父母，「他們給了我無比的

中華民國七十一年四月三日　星期六　第七頁

世界日報

World Journal
EAST
No. 1887
(USPS 553-970)
發行者及承印者：世界日報社
社址：135-16 39 Ave. Flushing, N.Y. 11354
電話：編輯部(212) 359-0863
廣告組(212) 359-0860
發行組(212) 359-0862
紐約華埠辦事處：119-121 Lafayette St. New York, N. Y. 10013
電話：(212) 966-7750-1
零售：每份美金二角五分
訂閱：三個月美金十八元 六個月三十三元 一年六十元

Printed & Distributed by T: W: Wang Inc. Address: 119-121 Lafayette St. New York, N. Y. 10013 World Journal east published daily except Sunday & certain holidays. Second class postage rates paid at New York, N. Y. Postmaster: Send address changes to World Journal, 135-16, 39 Ave. Flushing, N. Y: 11354

工商服務

全心全意投入工作
趙小蘭漸出人頭地
哈佛畢業生任職花旗銀行
會獲數項榮譽前途被看好

傑出華人

哈佛大學商學院碩士，現任花旗銀行航運貸款部門（Ship Finance Department）資深代表的趙小蘭（如圖）連續兩年被花旗銀行選爲商學院碩士班畢業生MBA的楷模，代表該銀行到哈佛大學哥倫比亞大學等著名學院招考新人，特別是爲該銀行招募人才到亞太地區分行工作。

今年元月份，趙小蘭（Elaine Chao）應Self雜誌記者採訪，談到如何培養技能使自己成爲頂尖人物時說，對自己的工作做充份週詳的準備，是使工作有效率的基本條件，而勤奮工作，甚至犧牲自己晚間的時間來工作，有時也是必要的。

Self雜誌的這篇專訪，在訪問了數名傑出女性之後，歸納出成功的因素，除勤奮之外，爲人誠摯，與同事相處融洽，創作意識豐富（指遇到問題，可以擬出解決之道）等，都是必備的條件。

一九七九年六月，趙小蘭畢業於哈佛大學碩士班，在畢業典禮時，她被選爲商學院首席學生代表（Class Marshal），領導全體商學院畢業生入場，這是哈佛大學商學院有史以來第一位中國學生，也是第一位女性得到這項殊榮。

同年十月，趙小蘭當選美國傑出女青年（Outstanding Young Woman of America），表揚她在社區的特殊貢獻。

大學時代，在Mount Holyoke College（長春藤盟校之一）唸書時，趙小蘭曾任學校年刊主編，由於受家庭影響，趙小蘭非常喜愛中國哲學與文學，她曾利用大二暑假，在哥倫比亞大學選修中國文學與中文寫作課程。

長得秀麗端莊，一臉智慧模樣的趙小蘭，認爲中國人既承襲了中國的固有文化，在本質上就比美國人穩定，不容易受環境的影響而喪失自己，她認爲這是中國人最大的優點。

趙小蘭家中還有五個妹妹，妹妹們也都是學校的優秀學生，兩個妹妹已經分別在衛斯理、史密斯學院畢業。

受花旗銀行器重的趙小蘭，在短短三年的工作期間，已成爲船運貸款部門的資深代表，負責與世界各大航運公司連繫，解決他們的需要，在該銀行每五年輪調制度下，趙小蘭希望將來成爲該銀行遠東區代表，能爲香港、台北的同胞們服務。（本報記者江陵燕）

《世界日報》首度報導趙小蘭的新聞。當時在銀行界工作的小蘭獲選為白宮學者。

疼愛，也給了我無限動力，讓我勇敢踏出一方小天地，去探索外面的大世界。」

是錐子必能出頭

哈佛商學院的畢業生是就業市場的佼佼者，還未戴上方帽子就已經有大企業主動上門延攬。和大多數人求職不同，這裡的學生個個手握工作選擇權，是真正的事求人，而非人求事。看似天之驕子的好運，並非憑空得來，能進入哈佛商學院就已經是魚躍龍門、萬裡挑一，能從這裡畢業更絕非單純表面鍍金，而是歷經千錘百鍊、裡裡外外淬鍊成了真金。

面對眾多選擇機會，趙小蘭決定進入紐約的花旗銀行，因為銀行界的業務遍及各種產業，能讓她在最短時間接觸最多的產業別；其次，銀行的工作最能讓她實踐商學院的專業知識，實際操練全球市場經濟、顧客需求、產業環境種種分析判斷和預估，也能學習企業永續經營的竅門。

花旗銀行固定會給予新進員工三個月的培訓，以奠定專業金融經理人的基礎技能。結束培訓後，即使已經擁有哈佛商學院的商業管理學位，趙小蘭仍對金融與管理收穫了更多見解，「學然後知不足，知不足然後能自反」，父母的教誨總是能在現實世界不斷獲得印證。

接受刺激、知所不足，性格中的進取心態就會要求自己優化。趙小蘭從來沒有過「我想成為那個人」的偶像崇拜，在不斷學習新事物、永遠專注於挑戰自己的心態下，她樂在其中，無暇分心去羨慕別人。「你自己是獨一無二的，因此只要跟自己比就好」，也是趙錫成夫婦最常用來鼓勵女兒們的話。

在新進員工培訓課程期間，趙小蘭已經嶄露頭角，獲得高層注意。當時花旗銀行有個生產合成纖維的大客戶想申請融資，負責的經理要求新人們對客戶信用做評估分析。趙小蘭不光深入研究了對方的財務狀況，還考量了宏觀經濟的利弊因素，透徹剖析該公司的產業競爭力，從而判斷對方未來營收前景並不樂觀，最後建議銀行不應核准這項融資案。

初生之犢卻智勇過人。趙小蘭不以自己資淺年輕畫地自限，她本著商業良知誠實地做出評估。如她預期，這家企業不到兩年就關門大吉，花旗銀行眼光精準地採納了趙小蘭的分析報告與建議，拒絕核貸毫髮無損。趙小蘭以其準確的判斷與專業素養，一下成了各部門爭搶的資源，培訓期結束後大家紛紛爭取她到自己的單位。

趙小蘭看見，真本事總是可以讓自己擁有選擇權；本事愈厲害，機會愈多。

進入花旗銀行之前，趙小蘭已經對航運業有相當深入的了解。航運一度是個門檻高、不易進入的產業，不像現在的資訊業技術開放，人人都能從許多途徑學習其中門道。在哈佛商學院期間，趙小蘭曾在麻省理工學院修習航運課程，還寫了一本海運專書，將理論知識與在海灣石油公司所積累的實務經驗冶於一爐。這在銀行界也屬罕見的學養背景，花旗銀行高層如獲至寶，自然便指派她負責航運業務。

得知這件事的趙錫成一則以喜、一則以憂：喜的是女兒果然不負眾望，表現出色、受到重用；憂的是自家公司與該部門素有往來，應顧及利益迴避，終止與花旗銀行的業務關係。這麼做，對趙錫成與花旗銀行都是相當大的損失。

花旗銀行的解決辦法兩全其美：將趙小蘭調派到另一部門，讓她負責非耐久性消費品（consumer non-durable goods）客戶的金融業務，全是跨國性民生用品的知名大企業，包括寶鹼（Procter & Gamble）、雀巢食品公司（Nestle AG）、可口可樂（The Coca-Cola Company）、萊雅集團（L'Oréal）、耐吉（Nike）、百事可樂（Pepsi Co）、菲利普莫里斯國際菸草公司（Philip Morris International）、聯合利華（Unilever）、雅詩蘭黛（Estee Lauder）等。

趙小蘭對此調整相當雀躍，因為能接觸從未接觸過的產業，包括食品、飲料、化妝品、運動用品等，一邊工作一邊學習，正是她最引以為樂的生活方式。不想趙小蘭表現實在太優異，航運業務部門極力爭取她重回原單位，並恢復與趙錫成的一貫往來。銀行主管告訴趙錫成，趙小蘭正直清廉，做事循法秉公，而且並不負責趙錫成公司的業務，完全無涉利益衝突問題，要他毋庸多慮。

做好人貢獻社會

這時的趙小蘭在紐約曼哈頓租了一間小公寓，過起典型的上班族生活，週末有空便回家探望父母，參加家庭活動，偶爾還能跟家人一同出遊度假。以她的工作來說，朝九晚五是天上掉下來的禮物，都會生活的步調就是加班、體會職涯人際的酸甜苦辣……趙小蘭開始思考，自己真正想投入一生的志業會是什麼。

「一定要做一個好人」，自有記憶以來，趙小蘭就把父母說的這句話牢記在心，等她夠大了，兩人更常提醒「要待人仁慈慷慨，對社會做出貢獻」。她看著父母每一天都在身體力行這樣的人生觀，她相信有為者亦若是。

貢獻社會的其中一步，就是父女檔聯手開課：兩人受邀在紐約聖若望大學（St. John's University）教授航運與金融課程，趙錫成主講市場、行銷和營運知識，趙小蘭則深入探討金融、籌資貸款，都是實用價值極高的內容，非常受學生歡迎。

她也積極投身公益活動，參加公益團體、出任哈佛校友會榮譽董事，並在紐約哈佛商學院俱樂部擔任志工，閒暇時為紐約市一個昔日造船廠提供免費諮詢，該造船廠如今已轉作工業園區，也就是未來的樣貌。工作與公益於趙小蘭是雙軌並行，她從不以工作繁忙為藉口暫停公益活動，總是盡力兼顧，未曾偏廢。

工作之餘，趙小蘭也有活躍的社交生活。她是個丰采迷人的女性，和藹可親，除了在銀行內結交了很多朋友，還認識了紐約市區許多哈佛商學院校友，經常和大家聚餐。這些交流互動進一步幫助趙小蘭更深入理解美國這塊土地，接觸更多美國的主流文化和傳統。畢竟，她年方二十六，宣誓成為美國公民才不過七年，仍在熱切吸收關於美國的各方面知識。

趙小蘭在銀行的績效一向傲人，而按照行規，表現卓越的經理人可以申請調派到全球各分行工作。當時有好幾個分行供她挑選，譬如香港和倫敦，趙小蘭頗為動心。香港是亞洲金融中心，融合多元文化，又距離她的出生地台灣很近，她對那座有趣的城市懷有無限好奇。但繼而一想，香港實在離家太遠，倫敦也不近，她還捨不得和父母、妹妹們相隔那麼遙遠。

回想起來，當一個人年輕時，可能並無法完全理解這種決定的長遠影響，然而它們卻可能將一個人引往完全不同的方向。如果她當時決定隨銀行調派國外，生活肯定會大不相同。而她慶幸自己沒有選擇出國。

趙小蘭思考更多的是，是否就這樣一生當銀行家？心中有猶豫，就表示還有缺憾。

踏入職場以來，她注意到與民間企業進行融資交割時，手續很簡單，只牽涉四個方面：她自己、銀行家、借貸方，以及銀行與借貸方的兩造律師，交割手續在短短兩小時內就能完成。然而與公家機構往來卻不是如此。但凡經手過與政府擔保融資相關的案例，就能體會到這類項目不但可以耗時數月，而且卷宗公文浩繁，還要跟多名律師打交道。趙小蘭對於政府做事程序之複雜，常倍感不解。

> 她顯然只能接受自己做到最好。而她的最好就是最傑出的。趙小蘭氣質不凡。
>
> ——趙小蘭 Syosset 高中教師 Lydia Esslinger

趙小蘭跟父親一樣喜歡廣結善緣，每到一處都人脈很廣，熟人網絡四通八達，也勇於嘗試並充滿學習熱忱；當時，花旗銀行裡女性銀行家為數不多，但有一位女性高管曾擔任過「白宮學者」（White House Fellow），這位銀行家跟小蘭聊到了「白宮學者」研究員計畫，趙小蘭的好奇心一下被挑動起來，馬上抓住機會向她取經。詳細請教了對方的經驗後，趙小蘭立即著手研究起計畫的內容與申請手續。工作以來所建立的人脈，這時發揮了無價的助益。

白宮，是美國總統辦公的官署與官邸所在，也是美國最高權力的象徵。不僅趙小蘭，所有移民來到新大陸莫不都曾揣想過，那裡面究竟是怎樣的景況？

趙小蘭躍躍欲試，若能一探究竟該是多麼有趣的事！她的內心湧起一股想要成功的決心。她聽說白宮學者的競爭非常激烈，是萬中選一，而此時她毫無所悉自己將遇到什麼樣的全新挑戰。

出於無比的好奇和學習的渴望，趙小蘭準備敲開通往政府工作的大門，看一眼這神祕的世界。

第七章

萬中選一成為白宮學者

——一如她在爭取進入哈佛商學院時，趙小蘭毫不諱言自己的華裔背景，並視之為人生優勢，申請白宮學者的文件裡也處處可見她談及身為華裔給予自己的正面影響與價值。

走進華府，見識另一個新世界

「白宮學者」研究員計畫，是美國最負盛名的領導力和公共服務獎學金計畫之一，自一九六四年創立以來，提供傑出的新秀領導人在聯邦政府最高層工作的第一手經驗。白宮學者任期一年，期間擔任總統、副總統、白宮高級助手或內閣秘書的特別助理，負責做研究、準備報告和參加會議，以協助他們的上司制定與研擬公共政策。

白宮學者計畫申請不易，競爭非常激烈，申請者必須通過嚴格的選拔過程，根據其可觀的專業、教育和公共服務成果，以及未來是否有潛力擔任更高階領導職務，加以評選。

申請者不限黨派，也無年齡限制，但必須是美國公民並擁有大學學歷。趙小蘭入選時年僅三十歲，而那一年入選者平均年齡是三十二歲，顯見她年紀雖輕，已有優於他人的表現。

除了競爭者眾，評選標準嚴格，申請過程也非常漫長。趙小蘭當年從申請到通過決選花了一年時間。她在前一年的九月提出申請——該年申請截止日為十二月一日——入選後，起聘日為隔年九月一日至下一年度的八月三十一日。換言之，遞出申請文件後，審核過程耗時整整一年。

單單是最後遞交出去的申請文件，就多達二十六頁，裡面有三十餘個問題需要填寫。在回答「你為什麼想成為白宮學者？」這一題時，趙小蘭秉持她早期職涯一以貫之的利他精神，「身為移民，我想了解政府的運作方式，貢獻一己的經驗與專業來幫助人民，並希望這份獎學金能使個人成為國家更成功的領導人」。

此外，申請人還必須撰寫一份給總統的國策建言。雖然起草公共政策對當時的趙小蘭並不能說容易，經過再三思量，分析反思個人經歷後，她提出一份創新的海事計畫，建議國家提供遞延繳稅方案，以鼓勵美國籍海運公司多添購船隻，以壯大懸掛美國旗幟的船隊。

一如她在爭取進入哈佛商學院時，趙小蘭毫不諱言自己的華裔背景，並視之為人生優勢，申請白宮學者的文件裡也處處可見她談及身為華裔給予自己的正面影響與價值。

為了證明自己資歷和能力俱佳，申請者必須提供企業或社會顯達強而有力的推薦信。整個申請過程工程浩大，殫精竭力。趙小蘭窮盡所能從她當時的人際關係裡物色最具說服力的推薦者，並確保對方首肯給予推薦。雖然過程艱難繁瑣，不過對趙小蘭來說，世上本無坐享其成的事。對這個計畫的高昂興致，使她不畏艱鉅，重重障礙在日後想來，也彷彿輕舟行過了萬重關。

趙小蘭報名白宮學者那一年，共計有五萬五千人提出申請。人事管理局（Office of Personnel Management, OPM）會先審查申請者遞交的履歷文件、篩選出三千人，再由多位評審委員從中挑選一千一百一十二人，晉級複選。

過關斬將，出類拔萃

在複選時，每位候選人都要接受數個面試小組持續一整天的口試。每個面試小組由五名面試官組成，面試官會當場詰問入圍者各式各樣的問題，測試對方的臨場反應，候選人根本無從預料會被問到什麼樣的問題，尤其像趙小蘭這樣的局外人，更是毫無概念。趙小蘭的應考竅門無他，就是廣泛涉獵時事，蒐集她所學及工作經歷裡各方面的知識，融會貫通，綜合應用。

事實證明，對許多課題抱持開放的視野與觀點，比狹隘的專業更有助於她安然應對這些口試。

這些面試每個問題都很尖銳。「如果對自己所談內容沒有深入的見解，也沒有自信的話，當場就會被考倒，」趙小蘭說。那個場面比一般工作面試更隆重，「當然會緊張！」多虧了她性格中臨危不亂的一面，有效穩住了陣腳。

更為趙小蘭加分的，還有她儘管年輕卻從容大器的這項「軟實力」。還記得第一次打工，父親叮嚀她的「盡力而為，能學多少是多少」，趙小蘭用最充足的事前準備跟最平常心的表現，將口試視為一場場歷險、一扇扇能為她開啟嶄新美國人生的窗。與常人以為的「競爭激烈」截然不同，她享受在這個過程裡結識其他候選人，和大家交談、了解他們的背景與工作。趙小蘭對其他候選人友好與開放的態度，恰好是在美國備受推崇的特質，讓面試官們印象極深。

值得一提的是，趙小蘭甚至還和其中一位面試官成為了好友——當時擔任區域面試委員會主席的凱瑟琳．惠斯頓太太（Mrs. Kathryn Wriston）。凱瑟琳的先生沃特．惠斯頓（Walter Wriston）是花旗集團的董事長兼CEO（Chairman & CEO of Citicorp）。惠斯頓太太甚為欣賞趙小蘭談吐和舉止之間流露出的智敏、真誠與獨特的人格魅力，兩人之後結成了莫逆之交。

幾個禮拜過去，趙小蘭接到通知，她通過了第二回合也就是區域性選拔，成功晉級將在華府舉辦的決選。

與此同時，趙小蘭還必須接受個人背景調查並通過認可。白宮學者在白宮與各部會內工作，進進出出的維安問題非同小可，必須確保身家清白。

進入決選的候選人，將前往馬里蘭州的懷伊河會議中心（Wye River Conference Center）接受為期四天的考核評選。會議中心坐落於馬里蘭州東部一處森林，可眺望懷伊河，距離華府約九十分鐘車程，趙小蘭覺得自己第一次見到這樣集樸實無華與高雅於一身的地方。

候選人們住進會議中心，每天與面試官、其他候選人頻繁近距離互動。每個人有自己的一間獨立小木屋，簡單舒適，散置於林間各處。提供的美式餐飲也很豐盛可口。餐後趙小蘭會散步回小屋，對於能住在如此靜修的處所，感到身心愉悅。

「我從沒到過像這樣的地方。我喜歡有自己獨享的小木屋，喜歡在寧靜的林間散步，也喜歡在這麼清幽的地方參加面試、結識這麼多新朋友，而且一路上增長了不少見識。」這許多的第一次給趙小蘭留下永難磨滅的美好感受。

決選的評審團由「白宮學者委員會委員」（Commissioners of the White House Fellowship Commission）組成，他們本身就是各行各業的傑出領袖。

為期四天的考核過程，除了正規的面試時間，就連用餐和開會，面試官也都無時不刻對候選人進行評估，觀察他們在正規面試外的社交應對，以及彼此間的互動情形，就連閒聊也別有目的。趙小蘭一點也沒有壓力，反而顯得相當自在、享受。

除了本身實力堅強，趙小蘭還很有親和力，性格開朗不怕生，不論是委員或其他候選人，她樂於和每個人打交道，興致勃勃想了解他們的背景與經歷。「我太興奮了，根本不覺得有壓力，很開心能在這樣優美的環境裡參加甄選。」

如今，趙小蘭已很能體會父親趙錫成對所有女兒們的鼓勵：做事不論過程如何，都要能樂在其中，因為每件事不論成敗都是人生的一部分。在面試過程裡，趙小蘭展現的是她的好奇心而非焦慮感，像海綿那樣吸收眼前的一切，從中學到不足為外人道的經歷。希望當選是必然，但不論結果如何，能在這場長達九個月的甄試馬拉松跑到最後一刻，已為自己贏取了難能可貴的殊榮。

自在、隨和、友善、熱情，溝通力強、無所畏懼的領導風範，凡此種種皆讓面試官們日後仍記憶猶新。四天的動態甄試結束後，甄選出十三人，其中只有兩位女性，趙小蘭是其一，而且她是唯一的亞裔美國人。

競爭與挑戰，像是趙小蘭年輕時代的耀眼主旋律，其實「競爭有時非常令人生畏，但也是生活中不可避免的一部分。」趙小蘭這麼認為。她經常被問到的問題之一，就是競爭如此激烈時，可曾退卻？值得嗎？她則一貫回覆：「準備萬全就不怕競爭。」父親的建言「最重要的是，跟自己比，盡力而為，活出最棒的自己，不要怕競爭，要好好享受過程」，在她凡事全力以赴、盡其在我之際，就是在背景響起的隆隆配樂。

決選結束後，當選人被送回華府接受各部會首長面試，以決定工作崗位分派。趙小蘭豐富的工作資歷與堅實的業務專長大受歡迎，各部會主管都希望能爭取到她。最後，趙小蘭選擇在白宮內的「政策制定辦公室」（Office of Policy Development）擔任研究員，因為她申請白宮學者的初衷，正是想了解國家政策是如何制定。

那時趙小蘭無黨無派，也無任何黨政關係，更未真正通曉政黨之間的差異。她當時居住的紐約是民主黨大本營，在地人甚至都認為雷根要當選總統難如登天。

趙小蘭身懷豐富資歷與行業專長，進入國家權力的至高象徵，展開此生重要旅程，學習政府的意義與價值。她發現，研究員工作的單位與內容，可以說是完全迥異於他們原先的領域，甚至毫不相干。這絕對是一次嶄新的實務學習經驗。

感佩公僕的奉獻精神

六月「放榜」，八月底趙小蘭就搬到了華府，準備九月一日正式出任白宮學者一職。

九月一日上班的情景，趙小蘭永遠難忘。當日一架韓航噴射客機從美國起飛後，誤闖蘇聯領空。蘇聯空軍攔截這班客機，並發射空對空飛彈。民航機不幸中彈墜毀，所有乘客與機組員無一生還。機上乘客有四分之一是美國籍，其餘則是多達十六個國家的公民，舉世震驚。

白宮內，官員們處理此等涉及多國外交的重大傷亡事件，不慌不亂有條有理。這是她頭一次這麼近距離地觀察到，政府各部會長官的危機處理能力是如此效能卓越。她從中吸取著危機管理與危機領導的智慧。

當時政策制定辦公室的首長，是白宮顧問艾德溫．米斯（Edwin Meese）。作為在米斯工作團隊裡的初階職員，趙小蘭常有機會隨同她的各級主管出席許多會議，見到形形色色的人士與團體到白宮陳情問題與煩惱，觀察到同一個問題會有不同的觀點，在政府機關工作必須廣泛理解，才能找出最有利的解決方案。

此時趙小蘭雖僅是權力核心內資歷尚淺的員工，卻已經體會到政見說得漂亮很容易，落實與執行得漂亮很困難，堅持不懈才能眾志成城，好的政府不能空口白話，也不能多頭馬車，而且必須把人民的福祉視作當務之急。

白宮實務一年，勝讀十年書

白宮學者的一年任期間，趙小蘭以其做事明快、活躍的風格，簡直成了「效率高」、「產能高」的代名詞，倍受矚目與賞識，也與許多人締結了此後多年的好交情。

「沒有人主動來教我，而那時的我還是太靦腆了，對於在政府單位如何有效提問的藝術並不是很有把握，所以我就是觀察、學習。」趙小蘭回憶年輕時的自己。

「一年後，我收穫了滿滿新知識。認識新朋友、聽聞新觀點、見識新標準，提升並開拓了我的視野，在在令人耳目一新。」印象深刻的一次，是搖滾巨星麥可・傑克遜（Michael Jackson）造訪白宮，幾乎所有人都想爭睹巨星風采，「我覺得太有意思了，即使是在白宮這樣不乏名人進出的地方，大家仍難擋搖滾巨星的魅力。」

在白宮工作的這一年，趙小蘭也有機會拜訪國內各地城市與地方官員，諸如紐約市長郭德華（Ed Koch），還有活躍的社會人士、比方當時「彩虹聯盟」（Rainbow Coalition）的民權領袖傑西．傑克遜（Jesse Jackson）等等，這些拜會活動讓她得以從聯邦政府、州政府與地方政府不同的層面，建構美國主流社會與政府的更完整形貌。

白宮學者也會隨同各級長官考察中東。他們訪問過沙烏地阿拉伯、巴林王國、約旦、以色列和埃及，並拜會該國元首和政府高級官員。對中東的驚鴻一瞥，最讓她深思的是中東、美國和亞洲的女性身處的文化差異。

沒有政黨傾向，遑論從政念想的趙小蘭，此時只是專注地學習服務人民的技巧，了解美國政府的運作方式；對於每位主管，她進退有禮，對於每項交辦，她勇於任事但務實低調，對於同事，她謙和恭敬。

「我學到了很多關於政府的知識，」她在白宮學到的第一

> 我想我第一次接觸她，是她首次以白宮學者的身分來面談的時候。我印象非常深刻；她非常聰明，有出色的人際關係技巧並且求好心切。
>
> ——前美國勞工部長、運輸部長 Elizabeth Dole

件事是，沒有所謂的「一個」白宮。白宮由十五、六個不同的辦公室組成：政治辦公室，立法事務、公共聯絡、通訊、新聞、國內政策、經濟政策、國家安全委員會等。「所以，當聽到『白宮表示』時，要先問清楚是哪個單位。」趙小蘭解釋道。

其次，每個辦公室有各自的思維邏輯與不同的影響力，不能一概而論。舉凡政策舉措、新聞稿、演講等等公文，都必須經過層層關卡審查批示程序，才算取得白宮的簽署核可放行。

白宮一年，趙小蘭也因此熟悉了各個辦公室的布局、位置，以及它們與總統工作的橢圓形辦公室的親疏遠近。當時不會有人料到，她有日將入閣、出任部長，這些資訊都有助於她與總統、白宮工作人員做有效且高效率互動。

趙小蘭也領略到，民主有時會是混亂的，如何與不同的利益相關團體打交道很重要；這些團體通常各有觀點，無論是說話或提出要求都直言不諱。白宮一年，讓她懂得如何與其互動、如何傾聽，建立共識並相互合作。而這就是領導力。

就算遭遇難題，「我不會陷溺在那些事情上。爸媽教我要正面看待人事物。」遇山開路、遇水搭橋，人生總有阻礙，但永遠不會無路可行——這是父親趙錫成年輕時領航、乘風破浪得來的樂觀智慧，「看向光亮處，自有出路」，趙小蘭領略了，並受益匪淺。這一年，趙小蘭默默把自己培養成了一個更優秀、更強大的領導人，具備引領大規模複合型組織與複雜外部組織的能力。

與此同時，趙小蘭從未須臾忘記自己的根。除了白宮食堂（The White House Mess）的菲律賓裔服務生之外，她是整個白宮建築群裡唯一的亞裔。白宮食堂由美國海軍管理，這些菲律賓裔服務生都是入伍的軍人。在白宮裡，她多希望能向更多亞裔美國人展示她所看到的這個新世界，這也是日後她熱中參與亞裔社群活動的原因；她樂於主動、積極分享這個多數亞裔無緣得見的領域，希望能吸引、激勵更多亞裔投身公共事務。

「白宮一年，為我開啟了一個全新的世界，我想進一步深入了解這個絕少亞裔美國人了解的世界，向他們展現我能為亞裔族群做出的貢獻。」趙小蘭表示。

榮獲艾森豪獎，受邀訪台

白宮學者任期在八月三十一日告終，此時趙小蘭也榮膺「中華民國艾森豪獎金會」（The Eisenhower Fellows Association in the Republic of China）獎金得主，受邀來台訪問。自八歲赴美，如今她已是集優雅與成就於一身的三十一歲傑出女性，睽違二十三年，趙小蘭第三度返回出生地。

這趟返鄉之旅雖有父母同行，但趙錫成赴香港洽公，由朱木蘭陪同趙小蘭飛往台灣。返台期間，台灣政府安排兩人拜會政商各界傑出人士，行程天天滿檔。想結識她的各方人士與層級，與日俱增，包括交通部長連戰、經建會副主任委員王章清，中國信託董事長辜濂松等達官貴冑，趙錫成也趕緊來台助陣。其實，趙小蘭做事一向有備而來，即使沒有父親幫襯也絕無失態的可能，更何況朱木蘭是大家閨秀，自帶氣場，見多識廣也談吐不俗。

趙小蘭風采翩翩席捲了台灣媒體的版面，許多企業大老都很欣賞她的氣質與學養，甚至搶著幫她作媒；更多人看上趙小蘭的才幹，政府機關、金融業知道她將結束白宮學者的任期，競相延攬她。短短十天，趙小蘭有應接不暇的活動。

這次邀訪之旅，趙小蘭也抽空回到母校再興小學。學校創辦人朱秀榮校長安排兩位八歲的學生——正是趙小蘭離開台灣的年紀——身穿藍白色制服，在校門口列隊歡迎。捧著小學弟妹的獻花，趙小蘭走進穿堂，看到樓上樓下走廊露台上擠滿了學生，大家興高采烈地爭睹這位知名校友的風采。趙小蘭高舉手臂向每個露台致意，學生們也爆出熱烈歡呼，拚命揮手問好，場面歡騰，熱鬧萬分。

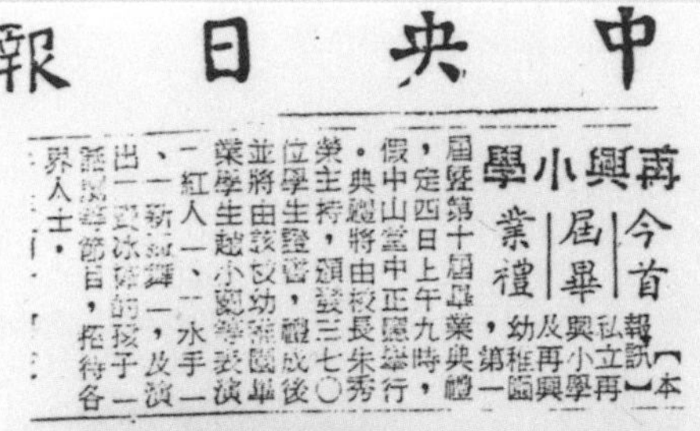

中央日報

再興小學 今首屆畢業禮

【本報訊】私立再興小學及再興幼稚園第一屆暨第十屆畢業典禮，定西日上午九時，假中山堂中正廳舉行．典禮將由校長朱秀榮主持，頒發三七〇位學生證書，禮成後並將由該校幼稚園畢業學生趙小蘭發表演「紅人」、「水手」、「新疆舞」，及演出「要你猜的孩子」話劇等節目，招待各界人士。

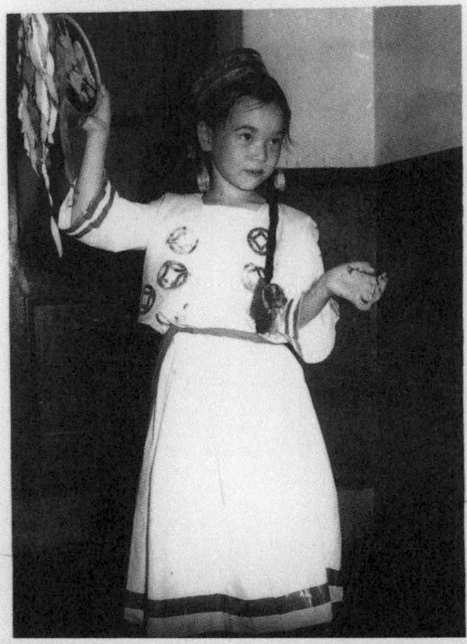

再興幼稚園每年的畢業典禮，會遴選一位代表上台演講，這屆由趙小蘭獲選，其演講及跳舞的照片還登上《中央日報》。朱木蘭把剪報寄給人在美國的丈夫，給獨自在他鄉異國的趙錫成帶來莫大的安慰。

接待室裡，朱秀榮校長拿出趙小蘭小學一年級成績單影本，各科總平均都在九十八至九十九分。為了迎接趙小蘭的到訪，校長與教職員讓各個年級準備了特別的合唱演出。滿眼的母校風物，熱忱的師生們精心準備的溫暖演出，一下像是喚醒了她遙遠的兒時記憶，趙小蘭覺得眾多情緒排山倒海而來：興奮、感動、慶幸、無處不在的祝福、滿溢的幸運，與自己何德何能，能擁有這美好得不似真實的人生，內心澎湃不已。她不常掉淚，但她覺得這一路走來，振奮與惜福的情緒已充溢眼底，連淚水都沒有生出的空間！

之後每次重返台灣，她都必定盡量安排時間返校探視師長，並給學弟妹們演講。

此行趙小蘭還撥冗遊歷了花蓮。她知道自己曾與父母造訪過花蓮，照片裡的趙小蘭是個小女孩，趙錫成還是船長，趁上岸休假帶妻子朱木蘭與小蘭、小琴闔家出遊。舊地重遊，一切卻又顯得那麼新鮮、陌生，花蓮秀麗的山色與原住民的熱情接待，讓她既驚又喜，滿心裝滿了回憶。

這是趙小蘭一次難得的旅行。雖然南來北往舟車勞頓，但收穫難以計數；面對各方企業的熱誠延攬，她直爽坦言還來不及細想。

擔任白宮學者是趙小蘭第一次進入政府工作，她看到政府如何治理、如何制定政策。然而，政府是通過選舉產生的，這是事實，也是在美國生活的她尚未經歷過的事。趙小蘭萌生念頭，想要一探這選舉制度和競選活動。

想一探究竟談何容易。競選團隊手握許多機密資訊，並不接納局外新人。趙小蘭費盡一番心思終於找到門路，而如此大費周章，也不過是為了入門當個志工。她對於達成目標堅持不懈，以過人的決心與動力，想為國家貢獻微薄之力。

第八章

競選總部開眼界與意外重返華府

——進入美國銀行不過一年半的時間，趙小蘭便已完成多筆動輒數千萬元的融資案，贏得「十全十美專家」的美譽。

雷根—布希正副總統競選總部的新手志工

想要一窺競選活動幕後，從來不是易事，想參與到競選團隊中就更難了，這是趙小蘭後來才發現的事。這無法透過申請或競爭取得名額，若不是靠擔任白宮學者所認識的友人牽線，根本不得其門而入。白宮學者一職為她創造了更廣闊的平台，她在任內結識了許多人，工作上也累積了好名聲，在探索政府與政治這門深奧的學問上，她幸運地手握了一些籌碼。「若不是有這些人脈，華府的雷根—布希競選總部是不可能接受我的，即便我只是當個志工。」這段人生插曲也是趙小蘭希望藉以激勵後進的故事：一扇門一定會因為有志者而打開，不要因暫時的困難而氣餒，要勇於不斷叩門。

趙小蘭幸運地進入華府總統競選總部擔任志工，負責找支援與資源給其他眾多志工，同時協助解決棘手問題——這是她的首要任務。一旦投入便是全心全意、認真盡責，即使是當個志工也願意披星戴月、不以為苦。

「生平頭一回參與競選活動，是嶄新的體驗，一切對我而言都很新鮮，耳聞目見都成為讓我學習受益的養分。」

就在趙小蘭擔任助選志工期間，一位將在未來進入她人生的重要人物也登場了：政壇出現一位明日之星，年僅四十二，名叫密契．麥康諾（Mitch McConnell），是來自肯塔基州（Kentucky）路易斯維爾郡（Louisville）的法官，將角逐該屆美國議員席位。他的競選口號令人過目難忘，創意十足又風趣，引起全國矚目，在政治史上留下鮮明的一筆。這些宣傳標語將麥康諾推上全國舞台，也為他贏得許多支持者和贊助，並讓首度競選參議員的麥康諾以些微優勢贏得選舉。

「當時只是聽說他智敏過人，實力堅強，即將嶄露頭角。」彼時兩人不曾打過照面也並不相識，緣分卻在數年後到來：兩人熟識相戀、結為連理，她對自己的丈夫非常敬重，「他寬容大量，能容忍不同意見。」盛讚麥康諾非常努力在兩黨的基礎上尋找共同點，一切以裨益國家社稷為重。

十一月大選底定，一如選前民調預測，雷根總統壓倒性地在五十州裡贏得了四十八個州。當晚，趙小蘭受邀參加慶功宴，地點在華府上西北區的歐尼肖雷漢姆酒店（Omni Shoreham Hotel），數百名支持者齊聚一堂，現場人山人海，迫不及待等著迎接最後的開票結果。

邀她同往的是當時在白宮擔任助理的艾爾絲（Betty Ayres），出身伊利諾州（Illinois）農莊，父母皆是雷根的支持者，所以她才有機會在白宮工作。

「她對我很友善，我們一直保持聯絡，互相幫忙。她告訴我飯店有個慶功宴，我們就去了，我好高興自己也可以加入。」艾爾絲當時是白宮政策發展部（Policy Development）的助理。

那個年代，新進工作人員根本無從知悉這些消息，不像現在一切資訊都是公開的，報章雜誌也會報導詳情細節，「那時候沒有網路，無法很快速找到這些資訊，必須仰賴認識的人脈牽線。」若不是有白宮學者的人脈關係，結識了艾爾絲，趙小蘭難有機緣一睹慶功宴熱鬧喧騰的場景。

「慶功宴那邊的人說內閣成員在三樓。」有人幫趙小蘭她們說好話，她們上了樓，可是到處都是警衛，沒人領路根本難以靠近。好不容易上了三樓，即使相隔一段距離，能近在咫尺地和內閣官員們在同層樓，趙小蘭還是難掩心中激動。那一刻她不可能想像，十七年後自己會成為美國史上首位亞裔美國女性閣員。

學習選舉制度如何運作

日後接受採訪，被問及在內閣做事與在白宮有何不同時，趙小蘭精闢回應，

「進入內閣工作，更具實質性，和議題直接相關，即使仍與核心有點距離。」換言之，內閣的工作旨在付諸實現，一切看成效優劣見真章。

白宮裡的工作人員是了不起的思想家，他們發想政策、擘畫宏圖、籌謀大創意，而內閣要實際去思考能不能行得通、能否通過表決立法、如何執行等等現實面的技術問題。

趙小蘭自認是實踐家，以成果為導向。她是經濟學者兼銀行家，專長是處理具體數字，不只理論在行，執行力更強。從經濟學家到銀行家，再從銀行家到白宮學者，反映了她勇於挑戰自我，擁有強大的學習動機，以及堅持不懈的一面——這點受父親趙錫成的影響甚深。趙家一門沒有人安於停在華裔圈，也無人待在舒適圈，他們個個勇於走向主流社會，熱切探索新事物。

所謂出人頭地，印證在趙小蘭身上，就是不斷突破自己的極限，永遠自我鞭策要更上一層樓。不斷自我提升的內驅力，和父母親根植在她內心的價值觀，構成了她穩定強大的精神內核，驅使她勇敢又從容地不斷攀登。令趙小蘭分外感恩的是，一路上有無數前輩提攜，朋輩相助，使她一路有所蔭蔽，並不孤單。不過，儘管有援手、有助力，趙小蘭從未引以為理所當然，更從未將之視為可走後門的捷徑。她深知，只有靠自己一步一腳印，穩紮穩打提升實力，她才會無愧於心，才會有能力以服務社會、裨益亞裔、貢獻國家。

結束了在雷根—布希競選總部為期兩個月的志工任期，趙小蘭收穫頗豐，然而此時的她志不在政府亦不在政治，她想回到金融界繼續施展身手。這一次，由於勝選的雷根來自加州，趙小蘭的好奇心引領她將目光投向了美西，想了解是什麼樣的環境，造就出雷根政府裡如此之多的領導人。

重返金融界的十全十美專家

大選結束，趙小蘭毫無懸念地選擇落腳美西加州舊金山的美國銀行，擔任其資本市場企業集團（Capital Markets）的副總裁。

加州是雷根與政府諸多官員的故鄉，而八歲時母親帶她搭乘貨船、踏上新大陸土地的第一站，就是洛杉磯港（Port of Los Angeles），但隨即取道巴拿馬運河（Panama Canal）前往美東，定居紐約、就學於波士頓。久居美東又一直在華府雷根政府述職，趙小蘭迫切想認識西岸的一切。

在加州、包括在美國銀行的工作，都是全新的體驗與挑戰。當時美國銀行在西岸並無聯貸部門（Syndicated Loan Department），趙小蘭憑藉自己在紐約花旗銀行的經驗，帶領兩個手下，赤手空拳創設了聯貸部門。

聯貸通常涉及鉅額融資，個別銀行往往無力也不願單獨承擔所有風險。因此它是由一家主辦銀行聯合多家金融同業，組成銀行團，以相同的授信條件、授信合約、統一授信文件，對企業提供融資額度，並由一家管理銀行負責統籌撥款、還本付息與擔保品等相關事宜。

趙小蘭手上的第一個「大」案子就是美國石油巨人雪佛龍石油公司（Chevron）。它是全球最大的跨國能源公司之一，總部設於加州，在全世界一百八十餘國都有業務。當時由於美國持續不景氣，石油需求銳減，雪佛龍意識到必須盡早防範以防金流出現破口，陷入破產險境，急需資金奧援。景氣不佳，美國銀行與其他同業多顧慮其信用恐將出現瑕疵，都不敢提供融資。那個年代企業籌款的管道不多，唯有向銀行借貸一途，可是利率高得驚人，借貸者十分吃力。

雪佛龍預計的資金缺口高達二十億餘，案子複雜棘手，這反倒激起了趙小蘭的鬥志。風險太大，單獨一家銀行不可能吃下，因此融資須由多家銀行分擔，每家承辦總融資額的一部分。

只是召集其他同業參與融資，雪佛龍的問題也不能解決，還必須採固定利率才行。倘若核貸利率高，雪佛龍償債壓力大，但若調低利率，銀行無利可圖，便沒有興趣參與計畫。此案要能辦得成，必須找到雙方的最佳利率平衡點，既可分散借方還款風險，又可保貸方銀行利益。

清楚梳理出問題所在，趙小蘭毫不遲疑採取行動，在短短兩週內就說動四十四家同業組成銀行團，以聯貸方式融資了二十九．七億美元（2.97 billion）給雪佛龍。趙小蘭一向謹慎，並非僅憑一股救亡圖存的義氣，或是一時的匹夫之勇。她事先仔細研究分析雪佛龍的企業體質，多方溝通後冷靜找出解決方案，並充分取得營運、管理與財會資訊，才踏出下一步助雪佛龍度過危機。

藉著膽大心細，趙小蘭一戰成名，之後又接二連三打破紀錄，進入美國銀行不過一年半的時間，她便已完成多筆動輒數千萬元的融資案，贏得「十全十美專家」的美譽。表現

> 如果你只想到自己的晉升、自己的成功，你很快便會失去動力。但如果我們相信比自己更偉大的事物，這種動機就能生生不息。 ——趙小蘭

出類拔萃，為剛過而立之年的趙小蘭換來超過十萬美元的優渥年薪。追求獨立自主的趙小蘭拿出漂亮的成績單，寬慰了雙親，也證明自己有能力闖蕩天下。

對趙小蘭來說，加州的一切與她從小長大的東岸是如此不同。這裡亞裔人口眾多，他們從事各行各業：醫師、護理師、郵務員、店員、教師，什麼工作都能見到亞裔人士的面孔，與東岸截然不同；當時美東的亞裔人口並沒有在加州如此高的「可見度」。

回顧自己的職涯，「我想我確實有冒險精神。找到一份工作只是下錨靠港，可是沒有很多人敢於橫越美國、西遷到舊金山，還是在連半個人都不認識的狀況下。」小蘭身上確實流著父母勇於冒險的血液，而他們也是推動她勇敢探索的最大助力。

迎難而上，勇敢冒險

歲月在忙碌中倏忽而逝，趙小蘭不斷在業界創下佳績，兩年半前在華府總部參與競選工作、更久以前的白宮學者職位，都跟她人生中其他重要又美好的回憶一樣，收進了內心深處。正因為兩年半前的她心不在從政，對政治任命（political appointment）也一無所知，遑論熟悉政治管道了，所以當她在四月的某天接到電話，得知白宮將任命她為美國運輸部轄下的航運署副署長時，她著實驚訝萬分。

「這份工作真的令我很動心，因為它會是一次更深入探索政府運作方式的絕佳機會，而我很希望能為社會做出更多貢獻，特別是在我自己術業有專攻的領域。剛好當時我也很想念東岸的家人，能搬回東岸對我很有吸引力。」

於是趙小蘭回到熟悉的美東，這次卻直接住進了華府，迎接另一個嶄新的城市、全新的工作內容。

能為官署效命令她雀躍，這次她有機會更進一步地了解美國政府單位的運作方式。從白宮學者位置轉進內閣部會，不再是提供建言的幕僚，而是實踐者，正是趙小蘭喜歡也最得心應手的事。況且新上司就是她仰望的典範：美麗優雅又卓然有成的運輸部長杜爾（Elizabeth Dole）。

「以前我可能只有一、兩次機會跟她說話，只能遠遠地看著她。她是和平時期軍事部門（即海岸防衛隊）的第一位女性首長，在很多方面都令人印象深刻。」能成為杜爾的手下，趙小蘭自然欣喜不已。

「大家說白宮就像是一個公關機構，所以必須多方了解公共關係，了解政治或政治互動。我對政策更感興趣。我喜歡運輸政策。與白宮相比，（內閣）可以更多接觸到各部會實質性、物質面的議題。」

「但白宮的吸引力無可爭議。很多年輕人想去那裡，因為它太令人興奮了。」

而雷根總統之所以挑中趙小蘭，正是因為她在美國銀行的傲人表現。「我在美國銀行擔任副總裁時負責資產銷售——重新打包和處理不良貸款然後轉售出去。我被徵召來擔任聯邦航運署副署長，主要也是要來做這樣的事。」趙小蘭笑道。

這份新工作讓趙小蘭在企管、金融和銀行等不同領域的專業知識，與白宮經驗巧妙結合起來。她說，父母教導她要成為學科領域的專家，而不僅僅是「看熱鬧」的業餘愛好者。「其實，嘗試所有這些不同的學科領域，需要莫大的勇氣，才能將學到的各種經驗全部結合到往後的工作上。」

美國銀行對趙小蘭自是萬分難捨。單位主管向全體同事發送了一份內部公文，告知大家這個消息。「帶著百感交集的心情，一方面惋惜公司失去一位勤勞能幹的專業人才，但另一面也很高興她將進入聯邦政府，接受極有意義的挑戰。」

漫漫長路通往更廣闊的公共服務職涯。充滿冒險精神的趙小蘭此時想的是：嘗試新事物、吸收新知，體驗未曾有過的體驗。而且公僕是真正在做事、讓政策付諸實現的人，這比白宮學者又更吸引她了。

第九章

航運銀行家棄商成公僕：
聯邦航運署副署長走馬上任

——雷根政府需要的人才是航運銀行家，而趙小蘭是萬中選一的高手。她有航運經驗，也有銀行經驗，是跨界的複合型人才，技能獨一無二。

三月底，趙小蘭滿三十三歲。生日這天，她如常上班。

成年後的趙小蘭不怎麼慶祝生日。這天也是母難日，應該是感謝母親的日子，不論工作有多忙，她一定會在生日這天給母親朱木蘭打電話。對物質享受不感興趣的她，也從不期待生日賀禮。

沒想到隔月初，上蒼就給她送來一個喜出望外的大禮：雷根總統任命趙小蘭為美國聯邦航運署（U.S. Maritime Administration, MarAd）副署長（Deputy Administrator）。

兩年多前，作為白宮學者的趙小蘭還只是一位走馬觀花的局外人，而如今，她即將邁步走入政府決策核心。這項任命讓趙小蘭正式告別商業領域，開啟了公僕之路。

「初入政府時，我的主要目標只是想積極貢獻社會。作為移民，我對政府的運作方式非常好奇，我想從內部了解政府如何才能在為民服務這塊做得更好。」她承認，自己從未奢望過被任命這麼高的職位。

趙小蘭向美國銀行提出了辭呈，好整以暇準備搬回東岸。新職辦公地點位於華府，報到前她利用週末去找住處，一天就相中水門大廈的一戶公寓，隨即便飛回舊金山打包行李。

走進決策核心

航運署是美國運輸部轄下的十一個單位之一，負責促進、鼓勵美國海運業（指懸掛美國國旗的美國籍船艦）。和平時期，它專為美國國籍的船隻爭取更多商業便利；若遇戰爭，則負責徵召美國籍商船以為後備支援。每個國家政府都希望船隻能掛上自家的國旗，不過在全球化經濟時代，民間船公司大多註冊為外國籍船舶，以便提升國際化與競爭力。

航運署副署長長期由男性接任，員工也泰半為男性，確實形成了自己的辦公室文化；一開始，他們對這位初來乍到的年輕女主管存有疑慮，但隨著工作逐漸鋪展，假以時日，大家有目共睹的是趙小蘭充沛的學識和旺盛的精力，精明強幹又朝氣蓬勃的趙小蘭不僅成功融入這個群體，更為航運署帶來了新氣象。作為機構成立以來的第一位女性副署長和第一位亞裔副署長，趙小蘭正在書寫歷史。

趙小蘭獲得選任並非出於幸運。

航運署的業務涵蓋美國籍商船航運事務，而趙小蘭就讀哈佛商學院時，曾於暑期在海灣石油公司實習，針對美國造船能力及美國籍船舶做過深具影響力的分析報告，被該公司沿用為國內船隊策略；在哈佛商學院二年級時，又到麻省理工學院修習航運課程，畢業後則在花旗銀行擔任航運銀行家。之後，在白宮學者職務期間，她為政府處理運輸相關事宜，並代表白宮會晤過所有美國籍船隊運營商、工會、美國造船廠等。

相較之下，趙小蘭的資歷簡直漂亮得不像真的。

白宮總統顧問米斯和運輸部長杜爾女士都很賞識趙小蘭。「從白宮學者開始，我就對她印象深刻。」米斯說。趙小蘭是絕無僅有的雙重專業人才，出任副署長簡直不做第二人想。杜爾部長表示：「我需要一位學有專精，通曉航運和銀行業務的副署長。趙小蘭有著可靠、勤奮、認真的名聲，動作迅速做事仔細。因此，我把她推薦給雷根總統。」

雷根政府需要航運家。

政府還需要銀行家。

一九八六年，美國爆發船舶融資鉅額呆帳。業者援用《聯邦船舶融資計畫第十一章》（Title XI Financing）取得政府背書的融資，卻違約達十九億美元留下爛攤子。《第十一章》法案本是針對深水船舶所做的融資專案，為了扶植原油與天然氣產業並增加美國造船廠就業機會，前任政府積極擴大資格與財務條件，並開放內陸河運船舶、海上鑽井船、補給船、石油勘探平台申請融資，甚至提高放款金額。

結果，這為不合常規標準、財務或信譽不佳的航運業者大開了貸款大門。當經濟從榮景轉變為蕭條時，透過融資計畫取得資金的海上鑽油船與補給船紛紛宣告破產，牽連了美國政府計畫違約——因有法條規定有美國政府作保背書，美國造船廠得以公開發售低至國債利率的公募債券。一旦借貸者無力還款，就會要求政府出面擔保還款，從而為政府帶來大量現金支出和呆賬後果。

問題十分棘手，雷根政府需要的人才是航運銀行家，而趙小蘭是萬中選一的高手。她有航運財務經驗，也有銀行經驗，對資產出售相關業務再熟悉不過，是跨界的複合型人才，專長獨一無二。

解決難題，不憚其煩而已

愈是棘手的問題，趙小蘭愈是鬥志堅強，像拿到魔術方塊的孩子那樣聚精會神又得心應手。甫上任，她就展現了航運與金融專業兩項硬實力。

抵押給政府的船隻擔保品數量龐大，趙小蘭很快抓住了問題的輕重緩急：這些資產勢必要出售，但又不可同時大批售出，以免市場供過於求導致價格過低，使得資產「賤賣」帶來進一步損失。斟酌思慮再三，她決定分批出售以期賣得好價錢，將納稅人與銀行雙方的損失降到最低。

那時《美國航運雜誌》（*American Shipper*）曾針對民間航運界人士做了非正式調查，發現許多業主都對趙小蘭稱讚不已，一致形容她「睿智、專業，且平易近人」。

「她給人的第一印象深刻強烈，無人能比。」紐約花旗銀行航運融資部資深副總裁紐鮑（John Newbold III）在訪問中說道。在趙小蘭任職花旗銀行四年期間，他當過她兩年的上司。

外人不了解的是，本著愛國主義，趙錫成一直想讓公司旗下船舶註冊為美國籍。但是趙小蘭接連在美國政府擔任包括航運署副署長、運輸部副部長等職位，為避免給女兒製造利益衝突，趙錫成不得不遠離美國籍船舶業務。既然趙家的船舶都不屬於美國籍，也無法航行於美國境內，就連停泊在美國海岸碼頭時，也不歸屬航運署和運輸部處理管轄，一些攻訐他們有利益輸送之嫌的說法顯然是完全不了解美國法律。反過來說，倘若趙家企業的船舶隸屬美國籍，那才真的可能造成利益衝突。

嚴以律己，今日事今日畢

獨自住在水門大廈，趙小蘭過著和許多三十三歲單身上班族一樣的日常。選擇水門大廈為住所也是出於安全考量。趙小蘭仍是單身女性，面容姣好，不乏來自世界各地的愛慕者想認識她，甚至跟她求婚。有些愛慕者會在她的住家外等候，也有很多人寄送禮物給她。趙小蘭的公務層級還不至於配置隨扈，必須住在有門禁警衛查核訪客、簽收包裹信件的居所，以確保她個人的隱私與安全無虞。

別人朝九晚五，週末放假休閒購物，她常黎明即起夜深方歇，即便週末也勤懇工作從不虛度光陰。

每天早上起床後，趙小蘭便開始收看新聞接收各種資訊，並閱讀五份報紙，包括與航運業相關的貿易報導，外加《紐約時報》、《華盛頓郵報》和《華爾街日報》這類全國性報紙。

進辦公室後，就迎來接二連三的會議，接著與航運署長、同僚及下屬、業界會商各大議案，協調、溝通、下決定。美國是民主國家，在公部門裡，「民主」必須落實在每一件事情上，也要求凡事周全仔細，顧及各種觀點。

公務機關的行政要求，和商業世界注重效率與將本求利的做法大相逕庭，趙小蘭卻顯得轉換自如。她有父親趙錫成教導的中國儒家哲學與士大夫素養，奉行信德公義的傳統思想。身為公務員的基本職責無非「博施於民而能濟眾」，趙小蘭認為自己只是謹守分際而已。

下午五點鐘，員工幾乎都下班了，趙小蘭這才有一天裡真正屬於自己的時間，開始辦公，寫報告、批公文、準備演講內容。當夜幕低垂，她再提著一袋公文返家，繼續在家裡展開第二輪辦公時間。有時，她也會準時下班參加聚餐和社交活動，讓自己有更多機會認識更多華府人士，不過只要當天的工作沒有做完，趙小蘭一定會在吃完飯後返家埋首案牘。

今日事，今日畢，趙小蘭自律如是，宵衣旰食亦不辭。

「除非遇到難以決定之事，我一定在二十四小時內批完公文。」這嚴以律己的超高效率，當然與趙小蘭自幼所受的家教有關。父母趙錫成和朱木蘭就是如此身體力行，不拖沓才能為自己留有餘裕。同時，趙小蘭深知她作為決策層的一員，相關人士都要等她作決定，她不願成為拖慢別人進度的一環。

外人見趙小蘭平步青雲，常以為這一切皆賴「好風憑藉力」，一路上有那麼多好機會自動向她敞開大門；實際上，這些人何嘗不是「無事不登三寶殿」，想藉趙小蘭的長才、解燃眉之急？機會主動敲門，是為了她的可貢獻價值，是她長年累積的真材實料，以及任事誠信、有為有守的品格。

接任聯邦海事委員會主席

在航運署任職的兩年，趙小蘭表現可圈可點，更有效協助政府大幅打銷呆帳；兩年後，聯邦海事委員會（Federal Maritime Commission, FMC）主席突然離世，政府亟須熟悉海運業務人士接任，以期在聯邦海事委員會開始審查一九八四年《航運法》時能迅速掌握修法方向——這是美國國會的重大任務之一。雷根總統認為趙小蘭是當下的不二人選，隨即拔擢她升任聯邦海事委員會主席。

> 我剛進入職場時，女性或亞裔美國人都不多。因此在我從事過的各種工作中，我幾乎都是「第一個」。但與眾不同給了我不同的視角，一種局外人的視角，讓我成為一個更有同情心、同理心，更強的領導者。
> ——趙小蘭

海事委員會是一個獨立的監管機構，負責監督國際郵輪貿易。趙小蘭再次拓展了守備範圍，也再次締造美國歷史的紀錄：她成為首位在聯邦政府中領導獨立機構的亞裔美國人——是美國史上又一個里程碑，也是一座歷史性的里程碑。

趙小蘭從此晉身美國主流社會，接下來等著她的，是精采可期的一頁頁歷史新局。

【後話】

人生妙趣在於，往往轉過一個山頭，就會發現草蛇灰線，伏延千里，令人恍然意識到，命運的種種安排似乎早有深意。三十年後，當趙小蘭再度官拜部長，履新運輸部時，她不禁感到自己的使命之一就是保護並維護航運署。故事在此刻連點成線，彷彿螺旋上升時飛越過原點。

每當新任政府上任，首要任務之一便是由管理與預算辦公室（Office of Management and Budget, OMB）制定新預算，而在趙小蘭二度入閣時，預算辦公室提出的方案是將航運署主要職能自運輸部轉至國防部管轄。若如此改制，航運署實際上會成為一個空殼機構。幸而新任運輸部長是趙小蘭，她不會讓航運署落入這樣的命運。

改制的源頭並非因為航運署無足輕重，只是這個單位亟需有航運業專長的人帶領，否則其重要性很容易被忽略。作為運輸部歷史上第一位有航運業界經驗的部長，趙小蘭深知航運署對美國籍船隻發展、促進的重要性，更別說她對這裡是如何感情深厚了。儘管新舊政府交接時間緊迫，但在趙小蘭斡旋各方、據理力爭之下，終於贏了「預算之戰」——不僅為航運署爭取到白宮背書、支持留在運輸部，更力保航運署的預算方案僅被削減百分之十三，比同時期其他機構預算削減的比例要低得多。

二〇一七年，颶風「厄瑪」和「瑪麗亞」（Hurricanes Irma and Maria）席捲海岸線，波多黎各（Puerto Rico）尤其遭受重創，災後重建所需的許多物資則需自美國本土出口到波多黎各的小島上。波多黎各作為美國領土的一部分，根據《瓊斯法案》（Jones Act），只有美國國籍的船隻才能完成運送補給物資之任務，救援和重建成本驚人，因此能源行業和《瓊斯法案》的反對派立刻藉此大舉抨擊該法案。如果此時的運輸部長對美國航運業及美國籍船隻的重要性了解不夠深入，極容易屈服於輿論壓力，進而同意廢除法案。趙小蘭又一次挺身而出，為美國籍船隻的權益而戰，她的做法是同意暫時放寬法案以利救災重建，不過堅持瓊斯法案的存續，成功捍衛了美國籍船隻的長遠權益。

此外，在趙小蘭擔任航運署副署長期間，她曾面臨六所美國國立海事大學的訓練船隻過於老舊，亟需建造新船以利訓練教學之用的問題。遺憾的是，光是建造一條新船就要耗資千萬美元，預算款項遲遲難以撥下，當時「初出茅廬」的趙小蘭也愛莫能助。這個問題被擱置了三十一年，直到趙小蘭作為運輸部長重返部會，終於能有所作為。

一艘訓練船的造價高達三．一五億美金（315 million dollars），運輸部長能有裁量餘地的專項資金為三億美金（300 million），趙小蘭毅然將這三億資金全數劃為海事大學建造新船之用，所打造的第一艘新船，便是紐約州立大學海洋學院的訓練船。不僅如此，她還首次領導制定了以商業化固定價格合約的形式，來開展這些需要政府預算買單的項目，以最大程度避免稅金被浪費，保護納稅人的權益。

「前人栽樹，後人乘涼」，在趙小蘭離任運輸部兩年後，這條由她力主撥款，全新打造的全國首艘海事大學新訓練船，紐約州立大學海洋學院「帝國大廈號」，終於在一個風和日麗的秋日裡迎來了出塢下水。儘管趙小蘭已卸任部長，但她為這艘新船所做的努力有目共睹，紐約州大海洋學院的校長及師生們由衷感謝趙小蘭的幫助，校方特邀出席新船下水典禮。在典禮上，校長感慨：「我一定要感謝前任運輸部長趙小蘭閣下，是她不遺餘力地支持，並切實確保了預算，才使我們今日有緣得見這艘美麗的大船下水！」新訓練船可容納多達六百位學員，以及一百位船員、職工和長官，不僅如此，新訓練船在災時更可容納多達一千位救災工作人員或需要轉移的受災居民，功能強大，前所未有。在此之前，訓練船都是用二手貨船或退役軍用船隻改造而成。若非趙小蘭的慧眼決斷和強力保全，使得三億美金的資金得以善盡其用，這條全新訓練船將無從面世，遑論另外幾所國立海事院校的一系列訓練船的後續建造項目。

如今，航運署的許多僚屬都將航運署歷經改制風波卻能屹立不倒，歸功於趙小蘭的英明領導。國際海員工會（Seafarers International Union）主席邁可．薩科（Mike Sacco）高度評價趙小蘭的作為：

「於公於私，我都對趙小蘭十分感佩，特別是她常常百忙中擠出時間，親自登上懸掛美國國旗的各類船隻，關懷美國籍船員們。我曾有幸與她在這些場合近距離接觸過，顯而易見她對我們美國船員和工作人員那種真切的關心與關懷。她全心全意希望我們的人成功，不遺餘力地想要促進航運業新科技的誕生和長足發展，希望我們的海員、船廠員工和碼頭工人們都與時俱進，以確保美國航運業始終能位於世界前列。只要和她交談，就能感受到她切實提升美國籍船隻市場競爭力，確保美國籍船隻優勢地位的決心。」

航運署副署長一職成為趙小蘭強力支持美國籍船隻及航運業的根源，她將這種支持與熱忱貫徹數十年，始終不忘初心。

第十章

聯邦獨立機構迎來首位亞裔長官

——趙小蘭接下聯邦海事委員會主席一職，意義非凡。她不僅是首位亞裔美籍主席，同時也是華裔美國人第一次獲得聯邦獨立機構長官的委任，確實史無前例。

趙小蘭接下聯邦海事委員會主席一職，意義非凡。她不僅是首位亞裔美籍主席，同時也是華裔美國人第一次獲得聯邦獨立機構長官的委任，確實史無前例。而這也是她成為公僕以來，第一次出席參議院的提名聽證會。白宮幕僚團隊照例代為準備了一份厚達十幾公分的報告，裡面詳列該部會當前最重要的工作及白宮立場，趙小蘭必須事先仔細閱讀、融會貫通，以便在聽證會上應答如流。

不能選總統，可以做部長

趙小蘭的提名已先經過參議院商務委員會（Senate Committee on Commerce）審議。委員們都很讚賞她的學經歷背景、航運專業，以及在航運署所表現的行政能力，很快便批准資格審議；提交參議員全體大會表決，也獲得一致通過。

通過國會聽證會確認後，時任總統的雷根在一次白宮集會上特別點名趙小蘭，予以嘉獎和鼓勵：「（最近）趙小蘭已確認為聯邦海事委員會主席，她是有史以來首位擔任這一職位的亞太裔人士。」這不僅是對她這些年努力的最崇高肯定，擔任聯邦獨立機構的首長，更是華裔美國人不曾踏足的高度。趙小蘭正在書寫屬於她、也屬於全體華裔族群的歷史。

這是趙小蘭生平第一次接受國會聽證確認。宣誓就職那日，趙錫成伉儷與趙小蘭的妹妹們，還有趙小美的夫婿黃蔚祺，都從紐約前來華府參加她的就職典禮。這是趙家的傳統，慶典、喜事，一定全家團聚、助陣打氣。這也是趙小蘭非常堅持的事，因為她始終將自己的成就，歸功於父母茹苦含辛的教導。

就職典禮在白宮舉行，由副總統喬治．布希主持。觀禮的亞裔美籍人士超過兩百五十人，他們來自紐約一帶、加州和美國其他地區。香港航運家董建成與妻子溫子華也特地飛來參加盛會。趙小蘭視每一個重要的公開活動如華人的年節慶典，總是隆重以對，樂於與家人親朋同歡。而對這些賓客來說，他們許多人都是生平第一次進入白宮，這次不但見到時任副總統老布希，還見到了紐約州參議員達馬托（Alfonse D'Amato）、加州眾議員莫爾黑德（Carlos Morehead）等人。如今，趙小蘭想要邀請這類大人物並不困難，但在當年要敦請副總統主持宣誓就職儀式，並邀請美國參議員和國會議員出席，都需要費心安排。趙小蘭的好人緣與工作、專業上的好名聲，也令許多政要樂意接受她的邀請。

儀式中，趙錫成手持《聖經》，趙小蘭左手放《聖經》上、右手高舉，一字一句唸出誓詞。趙家與一眾親友人人神色含喜，專注盯著這位年僅三十三歲的美國聯邦機構主席。幾個妹妹眼神充滿仰慕，看著大姊努力達成榮顯父母的最高目標。

老布希副總統在典禮中，大為表揚趙小蘭在航運署副署長任內的豐碩成果，以及她認真負責的工作態度，並對其航運專業知識信心十足，深信她適才勝任。老布希同時讚揚趙錫成與朱木蘭夫婦堪為移民表率，培養優秀子女對國家社會多所貢獻。

趙錫成和朱木蘭脈脈含笑，內心十分欣慰。趙小蘭知道，此時此刻父母和自己同樣憶起了移民來美之初的千辛萬苦。「回首來時路，山高無坦途」，但登高後視野開闊，人生境界不再庸庸碌碌。

趙小蘭猶記得，曾和父親說想進入政府、為民服務，趙錫成鼓勵她說：「你並非美國出生，不能選總統，但不要氣餒，你可以做部長啊！」父親對女兒能達到的不曾設限，倒是趙小蘭當時無法想像，只覺得遙不可及；結果，最後還是被父親說對了啊！十幾年後，趙小蘭不但入閣，後來還連任兩屆勞工部長與一屆運輸部長。

山高無坦途，白雲深幾許

這份差事非同小可，可謂美國經濟的守門人。

美國聯邦海事委員會成立於一九六一年八月，是聯邦政府轄下的一個獨立機構，主司美國國際海運體系，以利益美國進、出口商與美國消費者。

簡言之，海事委員會要負責維繫海運供應鏈的公正性，並平抑「運費同盟」（Freight Conference）所公告之航運市場價格。海運非常專業。「運費同盟」是由貨櫃航運公司聯合構成的組織，以公定價格為特定航線提供定期運輸服務，防範外國航運公司削價或壟斷市場，損及美國籍船舶和海運業者利益。對違法犯紀的承運商、代理商，聯邦海事委員會有權提出訴願進行調查，並將調查結果移交美國司法部偵辦，依規章舉辦公聽會、審判是否違法。

委員會共有五位委員、一位主席。主席雖然有最終裁決權，但趙小蘭希望大家都達成共識，同心協力推進工作。在任的四位委員都是年逾花甲的白人男性，個個來頭不小：一位退役海軍中將，一位陸軍少將，一位曾擔任參議員，還有一位是當時一位如日中天的麻州民主黨眾議員的表兄弟。形成鮮明對比的，不僅是趙小蘭的亞裔身分，她的年齡幾乎比這幾位委員整整小了一輩。儘管如此，趙小蘭在海運界的經驗閱歷與專業智識，讓她的出身與年紀完全不成問題。

趙小蘭憑藉著能力、專業和學識，很快獲得了四位委員的認可與敬重，也十分支持她的領導，而她的待人接物有理有節，也令他們印象深刻。其中一位委員，曾擔任波特蘭（Portland）市長的伊凡西（Frank Ivancie）甚至在參加完趙小蘭的宣誓就職典禮後，專程寫信給她的父親趙錫成：「您應該為您女兒的傑出成就和她所受到的總統表彰而自豪！您有一個美滿的家庭，並且，我相信正是像您這樣的家庭令美國變得更強大。」

集眾思、廣眾益

當時，委員會的頭號任務，就是評估一九八四年《航運法》的有效性，而國會也限期它完成這件任務。

趙小蘭的能力確實眾所周知，雷根政府正是看中了這一點。不過，趙小蘭要穩坐主席的位置並不輕鬆。她設立了一個由業界領袖組成的「藍絲帶委員會」，要協同其他機構和委員會，共同審查《航運法》對美國經濟及業者的利弊，以及是否有任何窒礙難行之處。

她對自己的溝通能力很有信心，態度上不矜不驕、不卑不亢，事事向這些前輩請益，分寸拿捏得宜。軍人最強調團隊合作精神，與趙小蘭的信念也不謀而合。她不居功擅權、時時表揚感謝委員的辛勞與真知灼見，加上誠懇真切的態度，為自己贏得實在的友誼與信任——這些也都是趙小蘭從父親身上學到的智慧。雖然去職多年，幾位委員甚至他們的下一代，至今仍與趙小蘭交好。多年後，當時擔任委員的退役上將凱利將軍（James Carey）致信趙小蘭，讚美之詞仍溢於言表：「感謝您為我們國家所貢獻的一切！我向您致上敬意！」

父親的謙沖低調，養成了女兒們不自誇自大的性格。趙錫成的以身作則，也向女兒們展現了他不言而喻的處世之道：「汝惟不矜，天下莫與汝爭能，汝惟不伐，天下莫與汝爭功。」步步虛懷謹慎、淡泊低調，自然能消弭他人的戒心與排斥。

趙錫成曾形容趙小蘭對人感覺敏銳，很有同理心，做事極為認真，但也像傳統中國人那樣，富有人情味、重視人際關係。「人與人的相處很複雜，卻是人生最重要的課題。」趙小蘭很清楚，人際關係往往是做事成敗的關鍵。

專業認真之外，趙小蘭也從不以私害公，對案件絕對秉公處理。

比方有些貨櫃船停泊美國港口後，卻開始招攬不同名目的業務，對美國籍船舶的生計造成威脅，而不管是哪個國籍的商船，只要接獲訴願，趙小蘭都會馬上處置。同樣地，如果海事委員會發現有美國籍船舶在外國港口遭受不平等待遇，她會第一時間會同國務院，與外國政府交涉，要求貿易友邦給予尊重。

現任海事委員會委員黛依（Rebecca Dye）高度評價趙小蘭的政績，特別是趙小蘭在任內所執行的多項關鍵性改革，並且，趙小蘭還有效嚴懲違法犯紀的船舶，樹立海事委員會的威信。當時有兩艘專營太平洋貿易的船隻嚴重違法，趙小蘭鐵面無私，各處以二百五十五萬及一百二十萬美元的罰鍰，創下歷來最高罰金紀錄，也顯示鄭重其事的態度。

趙小蘭還制定政策，統一美國鐵路、公路、船運的貨運運費。使用者可以根據哪種交通工具最便捷、最適合輸送自家貨物做不同選擇。這個政策延續許久，加強了美國運輸業的競爭力，也間接裨益美國進出口的競爭力。

首位受邀附議美國總統提名人的亞裔美國人

一九八八年，已連任兩屆的雷根總統功成身退，老布希副總統出馬爭取大位。在共和黨全國代表大會裡，老布希競選團隊邀請趙小蘭上台發言，支持總統提名人老布希副總統，令她受寵若驚。在此之前，從未有過亞裔美國人受邀附議美國總統提名人，趙小蘭再次創下紀錄。

那一整個週末，趙小蘭都在寫演講稿。她沒什麼名氣，位階也不足以找人幫忙撰寫，但重要的是自己因為能力而雀屏中選，她也對自己寫的講辭非常滿意！毫無例外，這次趙小蘭同樣邀請了父母和妹妹們一同參加共和黨全國代表大會。

時間終於到了大會這天。共和黨全國代表大會在紐奧良一處恢宏的禮堂舉行，有近兩萬人參加了這次大會，可以想見場面之壯觀。只有三人受邀上台發言附議（Second）總統提名人，趙小蘭便是其一，她深感光榮，而這個機會也讓很多人開始注意到這位年輕亞裔女性官員的潛力。

致詞附議的三人被安排在禮堂一樓大廳的不同區域，為活動增加亮點。那天是八月十七日，仲夏夜晚上九點半，趙小蘭拿到麥克風，一開口便鏗鏘有力地打動所有聽眾，「美國承諾為所有人民提供機會，這也是今晚我們齊聚在此的原因。」

趙小蘭的發言內容真誠樸實，毫無政客的巧言花語輕浮油滑；她口齒清晰語氣穩健，娓娓訴說著她附議老布希副總統的理由。

「老布希代表著對家庭的熱愛、企業家精神，以及追求卓越的動力，體現了亞裔美國人的價值觀，也體現了美國之所以偉大，正是這個價值觀使然。」

帶著驕傲與興奮，當大螢幕上前一位講者的發言甫結束，趙小蘭就接著開始講話。事先演練純熟，趙小蘭自認表現不錯。可是當她離開禮堂大廳會場、回到自己座位時，一位亞裔美國朋友告知，大家在大螢幕上都看不到她的臉。數日後，趙小蘭才明白發生了什麼事：顯然她或許太求好心切，沒等前面講者結束後、攝影機轉向她所處的大廳位置並重新聚焦於她再開講——以致大螢幕只拍到了她的後腦杓！

這項失誤讓趙小蘭自責了好幾個星期，覺得讓父母和家人失望了。這是她在全國觀眾面前發表演講的一次重要機會，她卻搞砸了。事實上，在演講結束、趙小蘭回到父母和家人身邊時，他們只是不斷祝賀她，並沒有像虎爸虎媽那樣責備、那怕是第一時間提醒她做錯了什麼。因為他們也很清楚，趙小蘭比誰都在意自己犯下的錯，總是積極內省、反思發生的事件或問題，以及將來應如何改善。從此往後，只要在公共場合講話，或需要出現在電視上時，她學會了更謹慎——要注意看攝影機在哪裡。

堅定前行不言退

華府生涯處處驚喜，超乎趙小蘭的想像，而她欣然照單全收。認識新朋友、解決新工作的挑戰，好的壞的，都不影響趙小蘭的心情。「不以物喜，不以己悲」，她的從容自若深受母親的淡定自在影響：父親出海遠行不常在家的童年，是母親獨自一人照顧她們三個孩子，無論生活上再多波折，小蘭都記得母親那波瀾不驚的優雅與鎮定。

長女與母親的關係總是格外不一般，母親的正面態度往往是長女最初也最嚮往的模範。朱木蘭性情中恬靜沉穩的一面傳承給了趙小蘭，進一步成為她闖蕩世界的「柔軟鎧甲」，在長期男性掌權的政界裡，發揮難能可貴的安定力量。

「一定要走出舒適圈！我在共和黨大會上演講，緊不緊張？當然緊張。就任新職位緊不緊張？當然緊張，」趙小蘭連連自問自答，接著給出了她從海員父親身上所領悟到的「破浪者哲學」——「但你一定要勇往直前，而不是選擇退卻。」

趙小蘭從父母身上學到，時代巨輪不斷往前，安於現狀或閉門造車很容易落得明日黃花，因此，一定要努力進取。而「能者多勞」這句話印證在她身上，就是有太多需索她的力量，驅策她不斷前行。

她樂在其中。年輕或許讓她一開始受到冷遇或質疑，但經過勤奮向學與自學累積廣泛的知識，靠著努力不懈、謙沖請益，逆轉他人的偏見誤解並非奢求。尤其，在男性主導的社會裡，人們的注意力常更放在女性的「美麗」，而非她的真實能力，忽略外貌底下的真才實學，趙小蘭除了加倍努力證明自己貨真價實的能力，別無他法。

「年輕，又是女性，還是少數族裔，假如我一直囿於這些標籤帶來的刻板印象，就什麼也做不了。」趙小蘭如此相信。別人給我們貼標籤，撕都來不及，何苦還用力往身上按？母親朱木蘭很了解自己的女兒，始終鼓勵趙小蘭做自己，只要問心無愧，不必在乎他人的閒言閒語。

「人在公門好修行」，趙小蘭懂得逆境是淬鍊自己能力的契機，既然決定從政，就要有一番作為貢獻社會國家，不辱沒父母、亞裔。

> 我有一張父親家鄉的照片：茅草屋頂的小屋、放養的雞和豬。我看著照片想，如果我父親能以那樣的出身，克服萬難，作為他的女兒我一定可以做到。
>
> ——趙小蘭

「我從來沒有遠大的夢想，只是做好眼前的工作，」趙小蘭平靜表示，「小時候別人看低我的父母，我想有所作為，讓別人尊敬我的父母。」少年時的內在動力驅使著趙小蘭，終於為家門和族群都帶來了分外榮光。

有沒有挫折？當然。「但一下子就過去了，而且再難過也從沒想過要放棄，」趙小蘭淡然一笑，「家人永遠給我最大的支持與安全感，不管發生什麼，我都有個溫暖又安穩的家可回。」家人的愛、鼓勵、支持與包容，給了她無與倫比的勇氣，永遠能內心充盈，笑對挑戰。

無所畏怯，胸懷磊落，自能昂首前行。

第三部

青史留名

第十一章
晉任運輸部副部長，救援現場的震撼教育

——美國職場盛行「玻璃天花板」的說法；此刻趙小蘭竟然衝破了大家心目中不可能突破的藩籬，出任運輸部副部長，對華裔社群的鼓舞不言可喻。

當老布希副總統爭取共和黨提名參選總統時，在全國代表大會上，趙小蘭上台附議支持，台風穩健口條清楚，鏗鏘有力的發言讓現場群眾為之動容。當時許多人開始推測，趙小蘭即將會得到重用。

隔年二月十七日，老布希就任總統未及一個月，便宣布任命未滿三十六歲的趙小蘭擔任運輸部副部長——執掌美國運輸部的二號人物，也是美國歷史上首位亞裔女性聯邦副部長。根據美國憲法，聯邦政府的部長級官員被提名後，都必須通過參議院表決，才能正式獲得任命。趙小蘭將第二次赴參議院聽證會接受質詢。由於參議員們都覺得趙小蘭的提名毫無爭議性，這次理應該出席的二十位參議員只來了四位。

整場質詢短短三十分鐘內就結束了。

參議院在兩個月後正式批准這項任命，趙小蘭升任聯邦內閣副座，消息見報，整個亞裔與華裔團體皆歡欣鼓舞。中華公所內的趙氏宗親會立即著手籌辦慶祝大會，全美各地六十多個分會也起而響應。

趙小蘭的任命正式通過後，運輸部長史基納（Samuel K. Skinner）便公開稱許自己的副手，表示很高興能有趙小蘭這位學識豐富的航運銀行家一起共事，相信以她的才幹必能勝任愉快。

突破職場天花板

六月初，就職宣誓儀式在白宮舉行，由老布希時期的副總統奎爾（Dan Quayle）主持。這是莫大的喜事，一如往常，父親趙錫成率領家人歡喜出席，就連趙家眾多親友都紛紛前來共襄盛舉，聲勢浩大。對於趙小蘭攀登榮耀、為全世界的亞裔爭光，莫不感到驕傲。

美國職場盛行「玻璃天花板」的說法，意謂女性和非白人族群難以晉升管理高層，因為受到有形或無形的歧視；此刻趙小蘭竟然衝破了大家心目中不可能突破的藩籬，出任運輸部副部長，對華裔社群的鼓舞不言可喻。

山高無坦途，攀升之路披荊斬棘。但登高絕對會改變一個人的視野，心胸更為開闊宏觀。

美國造船協會執行副主席[3]亞伯特．梅（Alberte May）先生說：「我們很難找到一位高階長官像趙小蘭這樣，擁有廣博的航運知識與經驗。」

紐約最大的港口公會主席史特龍伯格（Eric Stromberg）稱讚趙小蘭誠實富責

任感，是擔任運輸部副部長的最佳人選。

踏入公部門以來就接掌高階管理工作，這讓趙小蘭領悟到，領導力就是影響力，影響組織或個人心悅誠服地接納意見與改革。身為家中長女，自幼勤學、帶領妹妹們，為父母解勞，趙小蘭懂得「以德服人，天下欣戴；以力服人，天下怨望」的道理，也早已在公職崗位上得到印證。

看著趙小蘭晉升迅速，平步青雲，有一位來客打趣說：「小蘭被提拔得這麼快，我們參加慶祝活動都要趕不及了！」即便趙小蘭職級不斷提高，她和她的家族從未忘記他們的來時路——亞裔社群。他們一直樂於與更多亞裔美國人分享一路以來的收穫，期待給更多亞裔帶去激勵與動力。

而此時，就在正式任命與宣誓就職之間，趙小蘭甫上任的震撼教育已經開始，有個她必須實際「踏入泥濘」，才能解決的重大危機：阿拉斯加港灣漏油事件。

港灣漏油事件

四月才通過正式任命，趙小蘭就接獲部長急召，立刻趕往前線救災。

前一個月午夜時分，埃克森公司（Exxon Corporation）所屬的瓦迪茲號油輪，於駛往加州長灘途中，為避開冰山而駛離預定航線，不幸在阿拉斯加的威廉王子灣（Prince William Sound）觸礁，承載的原油汩汩流入大海，總計近一千一百萬加侖，造成難以估量的生態大浩劫。

這相當於把超過十二億四千罐普通鐵罐裝的可樂倒進海裡。然而和可樂不同，原油十分黏稠，覆蓋海平面隨浪潮海流推向岸邊，汙染礁石、海鳥、魚類、浮游生物……所經之處無一倖免，而且難以清除。

全球環保人士大為震怒，志工們湧向事發現場努力救援，自發收拾殘局。見到無數海洋生物沾滿原油氣息奄奄，環保團體對石油與石化產業展開口誅筆伐，指責石化產業長期以來對自然環境的各種傷害。

當時，隸屬於運輸部的美國海岸警衛隊擔任此次危機的聯邦現場調停官，負責調停埃克森公司與各類當地組織及聯邦各機構間的協同工作。

急難時刻，趙小蘭臨危受命，需盡快評估現場實際情況、各方反應及救災進

3 American Shipbuilding Association, ASA，由全美前六大造船企業組成，為非營利組織，沒有設置主席一職，執行副主席就是最高負責人。

展，以便即時向運輸部長回稟；一個月後，她的報告也被部長用在了呈遞給總統的報告中。當時，她立刻吩咐秘書康妮幫她去海岸巡防隊後勤單位取來一雙靴子，因為她必須實地勘察，走過覆蓋原油的海岸；又請她打包冬裝，因為氣溫已經低至冰點以下，還要細心裝好需要批示的公文。康妮至今記憶猶新，由於事發突然，「上面只給我們四個小時做準備。」

抵達阿拉斯加時夜色已深，趙小蘭將近半夜兩點才得空簡單梳洗歇息。一大早六點鐘，她準時起床，第一件事便是拉開窗簾望向海邊。微茫的晨曦中，她能遠眺到平日雪白的海灘一片烏黑，她立刻感到一種事不宜遲的急迫，轉身收拾妥當便趕往戰地醫院的檢傷分類中心。

檢傷中心的工作人員此刻正忙進忙出，原本是救治傷兵的急難中心，暫時成了動物醫院，裡裡外外瀰漫著刺鼻的油氣味。海邊小動物皮毛和海鳥羽毛上沾滿黑漆漆黏答答的原油。渾身覆滿原油的鳥兒飛不動，只能蜷縮在海灘上，工作人員和志工們全員出動，到海灘把牠們帶回檢傷中心清理。

一般肥皂根本洗不掉這些油汙，而一般清潔劑、洗潔劑又有二次汙染之虞，美國大廠牌的清潔劑、洗碗精公司這時也成了義勇軍，接二連三提供各類清潔產品來試用。

趙小蘭看著一隻身上沾滿原油的水獺被送進動物醫院，工作人員盡全力地拯救這種不討當地漁民喜歡、會吃掉漁獲的動物；救助一隻水獺需要四個工作人員與志工，一個抱著水獺，一個往水獺身上噴溫水，一個幫牠清洗頭部，一個吹乾牠的皮毛。之後，水獺會待在黑暗房間裡的床上休息，聽著安撫情緒的輕柔音樂。拯救一隻水獺大約需要四萬美元，大部分費用都由埃克森支付。企業在表達關切上並不是很積極，也不想認罪，因為在美國，認罪就表示必須面臨大大小小的訴訟，畢竟這塊土地的原則是「在被證明有罪之前都是無辜的」。這樣的文化與東方相當不同，東方人傾向承認、懺悔以求取寬恕，希望得到較輕的懲罰。

隨著時序進入九月中旬，阿拉斯加逐漸入冬，天氣變得愈來愈惡劣，一切清潔和救災工作都要抓緊加速。

在停留期間，趙小蘭舉行了市政廳會議，傾聽居民的擔憂與需求，看看能提供哪些協助；她會見了當地官員，了解聯邦政府應如何協助基礎設施方面的長期修復。

這是美國截至當時最重大的環境汙染事故，原油汙染了長達一千五百英里的海岸線，成千上萬的海鳥與野生動物死亡，也重創當地漁業，不少漁場不得不關閉，漁民們則遷往別處或另尋謀生途徑。隔年春天，趙小蘭回來，看到花了那麼多錢來清理的阿拉斯加海岸線和島嶼上的許多海灘都被沖刷了一遍。大自然有它自我清潔的方式。此次漏油事件對阿拉斯加地區的自然環境帶來的深重創傷還需時日加以恢復。災情發生後，美國國會通過了一九九〇年的《石油污染法案》，要求所有新造油輪和油罐駁船均採用雙殼結構，以加強此類事故的預防措施。

美國海岸警衛隊在這次救災過程中的表現可圈可點。經歷此次海灣漏油事故，人們更加意識到海岸警衛隊需要精進在環境保護方面的專業知識；這也多少影響了總指揮官的選擇條件——下一任指揮官，上將威廉．基姆（William Kime）的入選原因之一，是他在環境科學方面擁有豐富的專業知識。

每次出手都是硬拳

當時運輸部旗下有十一萬名員工，趙小蘭負責監管三百億美元的龐大預算，統理美國陸海空運輸系統，提供全球最安全、最高效、最現代化的運輸系統，確保人員和貨物得以安全、高效流動，以服務美國人民和經濟活動。

美國部會只設一位首長，搭配一位副手（台灣至少有三個副部長〔次長〕），外加一名政務次長與兩名常務次長協助部門工作），因此作為副部長，趙小蘭要管轄部內所有事務，從政策執行、管理到組織協調都包含在內，還要負責對外與平行部會的聯繫工作。另外，副手必須概括承受首長交辦的所有相關公務。

可以想見，副部長雖是二把手，但權力不小且責任也很大。這幾年美國並不太平，除了阿拉斯加油輪漏油事故，各種意外事件頻傳，地震、墜機、波灣戰事……都和運輸部脫不了關係。趙小蘭除了份內既定的部內事務，還要隨時做危機應變。

雷根政府當政的最後一個月，聖誕節的第二天，從西德飛往美國底特律的泛美航空一〇三號（PA103）班機，途中停留英國倫敦，再起飛時於蘇格蘭洛克比（Lockerbie）上空爆炸墜毀，機上兩百四十三名乘客和十六位機組人員全數罹難，飛機殘骸散落英國小鎮洛克比各處，造成當地十一位居民喪生，史稱「洛克比空難」。經過調查，發現班機前貨艙內有一只手提箱內被事先放了炸彈，證明這是一起預謀的恐怖攻擊事件。悲劇也影響了泛美航空，間接造成其三年後的破產倒閉。

當時美國處於新舊任總統交接的敏感時刻，空難發生在英國境內，美國只能調派數名飛安專家趕去，協同美國籍乘客家屬處理後續，而趙小蘭則是當時訪問洛克比的最高級別美國政府官員。

隔年四月趙小蘭正式接管工作，六月便飛到蘇格蘭繼續處理後續問題，包括領取美籍罹難者物品帶回國內歸還家屬。

空難的慘況，事隔三十多年趙小蘭仍歷歷在目。她描述，當地法務人員和工作人員把散落各處的飛機殘骸一片片撿回來，在一個大停機棚裡仔細拼回去，希望找出爆炸的蛛絲馬跡。在機庫臨時辦公室的大公布欄上，釘著罹難者的身分證，每一枚都是為了提醒工作人員，他們面對的是真實的人，而非冰冷的罹難數字。機身殘骸前面也擺放了字卡，標誌罹難者姓名，提醒大家不止是要找出肇事原因，更是在為一個個人主持正義。「有了人性，就不再只是機械性工作。」趙小蘭說明。

接著趙小蘭又被帶去另一個停機棚，「那裡排列了兩百五十九個大型瓦楞紙箱，每個紙箱上各寫著罹難者的姓名，每當搜索人員找到可能屬於罹難者的物品，就分別放入箱內。」她形容，整個搜救工作對往生者充滿敬意。

孰料，在老布希政府剛接掌白宮的第一年十月中旬，舊金山又添了一批傷心人。十月十七日，太平洋時間下午五點多地動天搖，北加州舊金山附近發生六．九級大地震，高樓搖晃得令人心驚，灣區有座大廈應聲坍倒，水管、瓦斯管、油管多處嚴重受損，市區內處處熊熊大火卻無水可救災，景況宛如世界末日。

當時正值下班尖峰時間，舊金山往來柏克萊的海灣大橋上，雙層橋梁滿是車輛，地震突如其來劇烈搖晃，橋梁瞬間崩塌，上層的車輛落至下層，造成難以計數的人車傷亡。

地震過後數日，多處公路、橋梁、機場仍然關閉，電路中斷，全區幾乎處於停電狀況，電腦無法運作，交通號誌停擺，路上車輛動彈不得，所有正常工作和生活跟著中斷。

斷垣殘壁打先鋒

這場天災造成六十三人喪命，三千餘人受傷，財產損失逼近三十億美元。震央所在的聖塔克魯茲（Santa Cruz）遭到嚴重破壞，地震導致土壤液化，史稱洛馬普里塔地震（Loma Prieta earthquake）。

運輸部長當日就連夜趕赴舊金山視察災情，趙小蘭則留

> 我一生都在為那些非主流人士奮鬥。我想代他們發聲，並確保他們獲得公平的待遇。
>
> ——趙小蘭

守華府，管理並領導運輸部執行救援與重建任務。當務之急是評估運輸系統的基礎建設損失，並籌辦修復工作。人是移動的動物，有走路、坐車、開車、搭飛機的需要，陸海空不論交通工具和路線，都歸屬運輸部管理，況且舊金山是北加州與灣區的核心重鎮，更是文化、商業與重要的金融中心。

趙小蘭從內部資料和電視報導上看到，交通幹道被摧毀了，自己曾經居住過的美麗之都舊金山震後滿目瘡痍，數以千計的災民無家可歸，只能借宿朋友家或棲身於政府的臨時收容所。那在舊金山美國銀行工作近兩年的經歷，令她看著熟悉的街道巷弄竟感駭然。救難隊穿梭大街小巷，在瓦礫堆中搶救受困者，急難工程隊忙著搶修橋梁、道路，緊急拆除危樓、修復水電管線。

她當即召開會議，帶著事先蒐集的相關資訊，與部門高階官員們共商急救與長程復建計畫。當時總統老布希打算在震後第三天訪視舊金山，趙小蘭必須迅速將災區狀況回報白宮，提供總統參考並裁奪如何賑災、快速重建基礎設施。趙小蘭表示，在美國官署做事，每個層級都非常重視幕僚作業，不僅賦予重任，也給予十足的信任。

管理學的大師彼得·杜拉克曾說，領導人的工作不是提供能量，而是釋放能量，說話能釋放能量，遣詞用語要具啟發性，能帶動改變。神色沉穩語氣鎮定，專注無私指揮若定，都能釋放正向能量感染他人。

「她能在火線保持冷靜（Calm under fire）。」曾任運輸部高級法律顧問的布雷迪（Phil Brady）如此形容。擁有這項特質的人不少，然而趙小蘭之所以令人印象深刻，是因為她當時年僅三十六歲。

領導人的言行眾所矚目，尤其是在急難時刻，必須思路清楚冷靜以對，才能有效安撫人心鼓舞士氣。趙小蘭過往處理危機四平八穩，遇事總能處變不驚，而且成果輝煌，朝野上下一見到她出馬往往都倍感安心。

戴著天鵝絨手套的鐵腕

除了有超齡的穩健內斂，趙小蘭也深諳中國官場「執事不諉上，不爭功諉過」之道。中國人常說，「是非只因多開口，煩惱皆因強出頭」，趙小蘭顯然深自引以為戒，尤其時時提醒自己是官署代言人，言行都代表政府，要保護政策、同仁，也要維護人民。特別是在面對媒體時，她更是謹言慎行，凡事都先對上、對內說明清楚，公開發言時再三斟酌、深思熟慮，以確保自己所傳達的訊息準確無誤。

在趙小蘭擔任運輸部副部長的年代，美國政府絕大部分由白人男性主導。她不但是女性，還是亞裔女性。一開始，有主管稱她「Affirmative Action Girl」，意謂她是憑藉平權法案優惠性別條款而上位的女性。數個月後，趙小蘭的領導力與行動力令所有人心悅誠服，再無人敢提那個輕蔑的綽號。

「沒兩把刷子，影響不了任何人。」當時趙小蘭在運輸部副部長任內的顧問馬提（Marty Fiorentino）表示，運輸部管轄的業務裡，陸海空各領導高層都是男性，整個部會裡也以男性居多。每次開晨間會議，趙小蘭都是會議桌上唯一的女性。但她在航運公司、銀行界、白宮學者的歷練，一直也都是男性占多數的環境，經驗告訴她，傳統以為要發揮女性魅力，靠外貌或性感爭取認同，根本行不通。想在商界或政界有一席立足之地並贏得敬重，惟有表現與成果。

知道自己擁有雙重弱勢的身分，驅使趙小蘭比任何人都努力發揮才幹。她要撕掉標籤，扭轉弱勢為優勢，證明自己只有身分上是弱勢，但並不孱弱無能，更不是花拳繡腿。

趙小蘭並不仿效男性特質，她穿著保守套裝，裙長一定及膝，若是著褲裝，長褲都略寬，上衣不論長袖短袖大都是正式的西裝外套，「我說話直來直往，公事至上。」不隨意與人調笑，舉止服裝永遠端莊得宜，這也是身處男性世界最佳的明哲保身之道。

討論起公事，趙小蘭理路清楚犀利明快，永遠一針見血。馬提形容她「該怎麼做就怎麼做，鐵腕外面戴了天鵝絨手套」。

她不但不要女性特權，就連副部長得以動用的特權，也是能不用就避免。運輸部自家有三架專機可供部長與副部長差使，但開會、視察各地設施等一般例行活動，她幾乎都搭乘民航客機。唯有的例外是十萬火急的事故，例如舊金山大地震和阿拉斯加洩油案，她才乘坐專機以便第一時間趕到急難現場。

作為副部長，趙小蘭必須長年維持百分之百的機動性，隨時勝任臨時被交辦的工作。有時候被通知兩個小時後代表部長發表演說，她也能毫無失誤，完美演出。其實趙小蘭對演講十分重視，在例行繁務之中，仍總是殫智竭力花費數日撰稿、思考、做資料，就算是臨陣上台演講也能言之有物。趙小蘭將之視為自我磨練，正好給自己機會練習如何好好發表演講。她聽說雷根總統是傑出的溝通高手，便反覆觀看他如何演講。雷根總統在對大批群眾演說時，聽眾會覺得好像他是在直接對你說話；她也觀察到其他人在發言時，可以不帶小抄，泰然自若地長篇大論，流利無比。趙小蘭因此訓練自己演講力求口語化，也不看小抄。

有一回，運輸部長在最後一刻因事未能出席活動，趙小蘭臨陣頂替，需要向記者們做運輸部全體預算年度簡報。時間緊，任務重，她卻完美達陣，因為舉凡部門事務，都在她不懈研讀、學習與準備的範疇，她時刻準備好自己，代部長執行任務，以求完美扮演最佳二把手的角色。

秘書康妮說，趙小蘭在辦公室總是預備著三套正式服裝，「接獲指令，她從無怨言，更衣著裝就出門辦事去。」

還有一回，運輸部長應邀赴歐洲參觀高鐵設施，因事突然無法成行，便讓趙小蘭代表出訪，接獲指令不到一天就要出發。即便手上事務繁多，出訪十天無疑更加重工作負擔，趙小蘭依舊銜命飛往德國、法國，一路觀摩對方的高鐵，對建造、設計等解說樂在其中，絲毫不以為苦。

孰能逆料，數十年後趙小蘭晉升美國運輸部部長大任，此次旅程所獲取的資訊，對她制定高鐵政策多所助益。

一九九〇年八月，伊拉克軍隊進犯科威特，推翻該國政府並宣布科威特「回歸」大伊拉克共和國，完成統一大業。

老布希政府歷經六個月的談判交涉，取得聯合國授權，以美國為首組成多國部隊，在隔年元月中旬對伊拉克軍隊發動代號為「沙漠風暴行動」的攻擊，重創伊拉克軍隊，獲得決定性的勝利。最後，伊拉克接受聯合國安理會決議，從科威特撤軍，將和平還給波斯灣。

波斯灣烽火照高台，運輸部肩負重任。這時趙小蘭才接掌運輸部副部長職位第二年，就遭逢越戰後最大規模的一次後備動員，而這正是運輸部副部長當仁不讓的職責所在。她必須在最短的時間內以最有效的方式，調度民航機、船舶，協助運送兵員，以及輸送大批民生與戰略物資。事關重大十萬火急，她如常鎮定，對同仁信心喊話：「這個任務不難，民航公司很好溝通，因為政府會提供補助，只不過我們要去好好溝通，給足夠的時間去調度航班、與工會協調機組員，讓它們重新安排班機給旅客。」

從處理環境污染事故、重大天災到緊急後備動員，上任以來，趙小蘭不斷從各種突發事件中升級自己的應變、管理與領導能力，這些考驗在在將這位年輕女性推上眾所矚目的風口浪尖，也給予她機會回饋社會、以公僕的方式向同胞伸出援手。

在接受「女性觀點」播客節目訪問時，極少自誇的趙小蘭這樣陳述自己的特質。她說，剛踏入社會工作時，職場幾乎沒什麼女性，更沒有亞裔，「我幾乎是所任職的每一份工作的『第一個』。但與眾不同給了我不同的視角，讓我用局外人的觀點看事情，使我成為一個更富有同理心、同情心、更強大的領導人。」

視角愈全面，視野愈廣闊

縱然已身居高位，趙小蘭仍時時不忘反躬自省：猶記在舊金山巡視地震災情時，高架橋倒塌壓倒下層路面，州政府說兩日後就可清除，「那時我相信了，但現在我確定沒有那麼快。第一時間得到的資訊不一定正確，你必須確認再確認。」

美國是聯邦制國家，運輸部統理全國海陸空跨州流通大動脈，因此地方民意常常比中央的想法更重要，政策要顧及輿情與政治經濟勢力。趙小蘭緊跟時事，特別關注與交通行業有關的信息，每天早上至少花超過一小時看完四份全國性報紙、三家電視台新聞。部裡每日早晨還會例行製作地方報紙的相關新聞剪報，供她和高級別官員們閱讀。她從不自限於只是副手而已。為了隨時替首長分憂代勞，她必須擁有首長的宏觀視野與才幹，不僅要能管理眼前的事，還要能望向遠方，未雨綢繆擘畫未來。

正所謂視角愈全面，視野就愈廣闊。站得愈高看得愈遠，趙小蘭內心有愈發強烈的自我激勵，驅動她不斷學習、精進所能，以便攀上更高、更遠的山峰。

開路先鋒通常很孤獨，但趙小蘭披荊斬棘樂此不疲。即便所經所歷或許艱難，或許沉重，趙小蘭始終莫忘「來時路」——亞裔社群。在運輸部副部長任期內，她活躍於參加各類亞裔社群活動，分享自己的經驗心得，提供鼓勵和支持。歷任多個要職的她，已經在處理危機和災難方面積累了豐富經驗。

疾風知勁草。困難磨練了趙家這朵蘭花，也造就她更全面的能力和智識；她逐漸嫻熟於公門之道，游刃有餘並樂在其中，而這一切過往都成為她日後承擔部長重任的序章與前奏。

【後話】

「洛克比空難」三十年後，在阿靈頓公墓舉辦的泛美航空一〇三號空難的三十週年紀念儀式上，時任運輸部長的趙小蘭發表致辭，數百位當年空難罹難者的家屬和親友們參加了紀念儀式。致辭中，趙小蘭回憶起當年她在現場所目睹的種種細節，許多人是第一次從一位部長口中聽到如此個人的敘述，在場者無不動容。大廳裡鴉雀無聲，只有趙小蘭的聲音迴盪在每一個人的心頭。致辭畢，她還走入人群，與哀悼逝者的家屬和親友們交流，回答他們的個人問題。整個儀式結束後，她感到自己的情緒彷彿過載，不過這一切萬分值得，對趙小蘭來說，這可以算是她職涯中最有價值的經歷之一——能夠幫助他人從她這裡了解到洛克比空難應對工作的種種幕後故事，並為他們內心的傷痛畫上一個句點。這便是她踏足公共服務領域的初心：助人。

第十二章

蘇聯解體，共創世界大同：第十二屆和平工作團團長

——趙小蘭的經濟專業與臨危不亂、面對危機能有效處理的性格，以及柔軟卻堅定的職業操守，再一次吸引了老布希的目光：趙小蘭是最適任的領導人。

初夏的南加州晴空萬里，趙小蘭時任運輸部副部長，參加了老布希總統出席的一場戶外集會活動。彼時趙小蘭並沒有料到，在這樣一個世界變局的歷史階段，總統會委任她為「和平工作團」（Peace Corp）團長。

是年早在年初，已有蘇聯即將解體的傳聞。

八月十九日到二十一日，史稱「八月政變」在蘇聯爆發，時任蘇共總書記兼蘇聯總統戈巴契夫（Mikhail Gorbachev）在別墅度假時遭到軟禁。最後政變失敗，蘇聯總統戈巴契夫在聖誕節當天辭職，最高蘇維埃上議院宣布蘇聯正式解體。在成立七十年後，前蘇聯正式成為過去式，這座全球最大的帝國走入歷史，自二戰之後長達半世紀的東西方陣營冷戰亦隨之結束。

蘇聯解體直接重塑了全球政治秩序，十五個國家先後宣布獨立，對後冷戰時代的地緣政治、區域經濟和國土安全產生深遠影響。這些新獨立出來的主權國家都亟需建立屬於自己的政治、經濟和社會體制，任務艱鉅且重大。

重視外交的老布希已然預見，解體後的前共和國將難避免經濟轉軌的陣痛，美國和西方國家需伸出援手，幫助對方度過困境，以利維護世界穩定與和平——他需要值得信賴也能幹的專家，來幫助這些新晉的獨立主權國家，完成從前蘇聯經濟體向市場經濟體制轉變、並重新融入世界大家庭的平穩過渡。

這位總統著手調動聯邦政府的一切資源，和平工作團自然也在其中。當時的和平工作團團長正準備辭職，返回故鄉喬治亞州（Georgia）競選參議員。團長一職虛位以待，而趙小蘭的經濟專業與臨危不亂、面對危機能有效處理的性格，以及柔軟卻堅定的職業操守，再一次吸引了老布希的目光。老布希總統相信，趙小蘭是最適任的領導人。

這項任命非同小可：年方三十八歲的亞裔女性，真足以駕馭這般大規格的國際發展重任？

華裔子弟散播美國價值

和平工作團是由美國政府培訓並派遣志工的獨立機構，對發展中國家給予國際性社會與經濟援助服務，至今吸引無數美國青年加入，總計超過二十萬人，被派遣至全球一百三十五個國家從事國際發展服務。

和平工作團志工的平均年齡為二十八歲，多數是大學剛畢業的青年，在派往海外服務前會接受三個月訓練，課程內容包含當地語言、風俗文化、英語教學等等，住房免費，每個月可領定額津貼，一般在當地負擔中產階級生活綽綽有餘，而且，為期兩年的服務屆滿後，返國還能領到大約一萬美元的安家費用，也可以請領研究所助學貸款。

作為獨立的聯邦機構，和平工作團團長一職經總統提名人選後，亦須經美國國會參議院確認通過才能正式生效。九月十七日，老布希總統提名趙小蘭為新一任和平工作團團長，隨後閃電速度，十月四日趙小蘭就完成了參議院聽證會確認並通過了她的任命。這無疑是趙小蘭已在華府立定腳跟，才幹與領導力名聲在外的明證。此時的趙小蘭在華府人眼中，已有著敏於行事、樂於助人、多智善謀的好風評，咸信她的領導才能更是此刻和平工作團面對世界變局中的使命時所亟需的。

通過任命和平工作團團長後，趙小蘭收到老布希總統的一封信。一張並不多見的藍色調總統專用信箋，上面淡淡蓋著美國總統的印鑑，隨信寄來的還有一個藍色的淨水器保溫瓶。總統在信中感性地寫道，「我想你可能會想把它送給一些和平志工，他們在需要留意水質的地方做服務工作。」握著淨水保溫瓶，趙小蘭感受到美國想傳遞出去的溫度與善念。

她很感動。自己出生於開發中國家之一的台灣，而台灣在一九九一年底已經大翻身，經濟成長率年年超過百分之十，躍升亞洲四小龍之首。這一年人類的歷史出現重大轉折，趙小蘭自己也走向個人生涯史的轉捩點：她將代表美國站在世界舞台上，從事重大的國際發展工作。

安排在十二月二日的宣誓就職典禮由副總統奎爾主持，包括住房及城市發展部部長在內的多位高級官員、議員等列席參加，場面盛大。當然，趙錫成和朱木蘭又一次作為與有榮焉的父母親前往觀禮，妹妹們和眾多亞裔美籍人士社團的朋友，也都歡喜同往。趙小蘭在就職演說中除了分享趙家的美國移民經驗，更大篇幅陳述了她的出生地台灣。她仍記得幼時罕有玩具，不像如今雞蛋隨處可得，價格也可負擔，當年在台灣，他們只能偶爾吃上鴨蛋，雞肉是只有過年時才會出現在餐桌上的珍饈，牛肉根本絕跡於廚房，因為在台灣牛是耕作的夥伴，十分寶貴。

「童年成長於發展中國家的經歷，讓我對發展經濟所需應對的挑戰有更深刻的認知；更重要的是，我是帶著對和平工作團志工們服務對象的深刻理解，來就任團長職位的，我能夠切身感受到，這些人民期待創造更好經濟前景的夢想與追求，以及他們對美國伸出援手的熱望。我的使命就是創造更多機會，去幫助世界各地的人們過上更美好的生活。」

改造組織文化，量身打造服務內容

上任後，趙小蘭很快就確立自己的願景，是把美國的服務精神帶到全世界。

通過任命後一個月，一架機身漆著美利堅合眾國字樣的軍機，在凌晨五點四十五分從安德魯空軍基地（Joint Base Andrews）升空，飛往保加利亞（Bulgaria）的首都索非亞（Sofia），機上是代表美國總統的代表團，前去參加中歐與東歐第一所美國大學落成典禮。代表團團長正是和平工作團團長趙小蘭。晚上十一點二十五分，飛機降落，美國大使與保加利亞外交部代表親自到場接機，隨後兩天，美國代表團拜會了保加利亞總統與政府官員們。十一月一日這天是美國大學的落成典禮，天色陰暗寒風刺骨，戶外典禮在一幢翻新的共產黨總部大樓前舉行，這裡如今也是新大學的所在地。保加利亞總統和新大學的託管人喬治．索羅斯（George Soros）都出席了。

典禮上，趙小蘭和保加利亞總統並肩而立，當保加利亞和美國國旗同時冉冉升起之際，數千民眾興奮歡呼，趙小蘭手持一封來自老布希總統致保加利總統亞哲列夫（Zhelev）的賀函，發表了一場動人的演講，並在結尾處引用了哲列夫總統的話：「有人曾說……一個國家領袖所能留下的最好的遺產，就是教育良好的未來領袖。勇氣可嘉的保加利亞人民是當今世界變局中一個強力的信號，並將成為全世界人民的精神激勵之源。」看著台上這位代表美國、充滿自信的年輕女性如此落落大方、侃侃而談，誰能想到，這是三十多年前才離開台灣、曾對英語隻字不識的小女孩呢！

老布希總統也在事後致信趙小蘭，「感謝你呈報保加利亞一行的近況，你所陳述的落成典禮令我感動萬分。有能幹代表如你，萬分榮幸。」

代表團裡一位老布希的友人格萊姆斯（David Grimes）返美後修書總統，對於趙小蘭讚譽有加，「趙小蘭在保加利亞的各方面表現均出類拔萃，請盡可放心，不論走到何處，這位女士都將象徵著您內閣的成就。」

副總統夫人瑪麗蓮・奎爾（Marilyn Quayle）也去信趙小蘭，表示欣聞和平工作團在保加利亞成立辦事處。副國務卿伊格爾伯格（Larry Eagleburger）則寫道：「很高興你同意出任代表團團長。我們出席落成典禮是支持保加利亞民主轉型的重要象徵。總統的代表表現傑出。」

趙小蘭明白老布希總統希望將自由世界的價值，帶到剛剛鐵幕才捲起的俄羅

和平團團長趙小蘭與波蘭總統華勒沙（Lech Walesa）在華沙活動中會晤。

斯、烏克蘭、東歐及波羅的海等國。為了達此目標，她需要招募新人並進行組織改造。

按理說，這樣的目標不至於招來反對。美國是民主自由國家，尊重每個人的話語權。然而，和平工作團慣常將百分之四十的資源投注於非洲，改革引起許多前志工群起表示異議，擔憂此舉將影響非洲的經費與人力資源。

趙小蘭也必須重新打造志工服務項目。志工平均年齡僅二十八，大多剛踏出大學校門，以往接受的訓練多半是英語教學或健康知識，對於剛獨立的前蘇聯共和國亟需的重建市場經濟課題，並不敷應付。

和非洲、拉丁美洲與南亞不同，前蘇聯各國並不缺水，也無需建造廁所或幫助建設營利性質的農業魚產孵化場。這些新獨立的國家最需要的，是有利市場經濟發展的基礎建設，以及創業、會計、管理、領導，商業、行銷等等資本社會技術。

與此同時，還需要進行組織文化大改造。解體後的前蘇聯國家人士大多具備一定專業基礎，但需要自主創新能力，需要會計師、創業顧問和經理人，而各國需求又略有不同。有賴美國人樂於冒險的天性，招募志工消息一出，反響熱烈，美國青年看到前蘇聯解體種種改寫歷史的變化，熱切想參與其中，為改革作出貢獻。

在宣布進駐前蘇聯國家的消息之前，和平工作團每天會接到大約兩百五十通踴躍報名志工的電話，而在消息宣布之後，這個數字立刻跳至每天七百五十通，熱線鈴響不斷，高峰時期，一天會有一千四百餘通電話打進來。「想到前蘇聯國家當志工的人數，遠遠超過和平工作團以往的紀錄。」趙小蘭說。消息宣布四個月期間，每天有千餘人申請成為志工，遠超以往的召募名額；而這批新志工的平均年齡是四十一歲。

平均而言，和平工作團每年做海外服務的志工大約有七千人，如今多了七百多人前往東歐服務。隔年五月五日，趙小蘭在美國「國家新聞俱樂部」（National Press Club, NPC）發表階段性總結報告，並重申和平工作團首度派遣志工到前蘇聯共和國進行服務的重要歷史使命，強調這正是在實踐創辦人甘迺迪總統的願景——將和平志工送進鐵幕之後。

「這些新進志工的專長不同於以往，他們相對而言更年長、有更豐富的社會歷練，更加練達老成，也具備實際的商業技能，都是商界人士、行銷專家、業務或財務高手，也有會計人才、律師、中階經理人和系統工程師。而且他們每一位都滿懷熱忱，想為幫助前蘇聯人民重建主權國家這一歷史任務，貢獻己力。」趙小蘭侃侃而道。

和平工作團的成果立竿見影。

趙小蘭規劃在俄羅斯、波蘭、波羅的海、烏克蘭等國設立中小型商務中心，現場志工都能立即回答問題、傳授IT技術，商務中心還提供管理學與領導力的實用培訓課程。聯合國更特別撥款在波蘭舉辦了一場和平工作團講習會，專題探討如何創設中央銀行體系。與會多達七十位專家，個個都是資深銀行高階經理人、財政部代表、銀行公會會員、銀行儲蓄部專家……都具有數十年金融財務經驗，也都義務提供專業知識共襄盛舉。「各個方面，包括建立地方稅制，我們都得從旁協助。」時任團長趙小蘭的幕僚長奧爾森（Jody Olson）回憶道。[4]

不過趙小蘭並未因致力協助東歐及前蘇聯國家，而忽視非洲與中南美洲國家；事實上，她從宣誓就職開始，便積極奔走國會，尋求更多預算，並真誠承諾對前蘇聯國家的新設項目絕不影響到既有國家權益，致力奉獻前蘇聯共和國是歷史任務。任期內，趙小蘭也信守承諾，對所有志工一視同仁，不曾重東歐和前蘇聯國家

4　二〇一八年，奧爾森在時任運輸部長趙小蘭的舉薦下，由時任總統川普任命為和平工作團第二十任團長。

而輕他國志工。

趙小蘭和前任團長們都很不一樣。出訪海外國家時，國外領導人見到她往往都很驚訝，一是她以亞裔身分代表美國政府，二是她還如此年輕，三則是她的女性身分。趙小蘭站上世界舞台，等於向國際社會宣示，美國是一個充滿機遇的國度，它的文化和族裔都在變得愈來愈具有多元性。一位旁觀者有如是評論：「美國對少數族裔展開雙臂，對世界更是展開友誼的雙臂，歡迎所有人登上經濟發展的階梯，踏上愈走愈寬的康莊大道。」

走馬上任，馬不停蹄

承諾絕不重前蘇聯、輕其他國家志工，趙小蘭言出必行，在宣示典禮之後便出訪尼泊爾和斯里蘭卡；新年伊始，趙小蘭又遠赴非洲，前後造訪了獅子山共和國、尼日共和國、象牙海岸和加彭（Gabon），訪視志工與他們執行的專案。在獅子山，正值紅色沙塵暴季節，陸路交通受阻，無法從機場搭車前往首都自由城（Freetown），只能改走水路，路途遙遠但眾人安之若素。

到了尼日共和國，趙小蘭在大使陪同下訪視了首都尼阿美城（Niamey）外的一個遊牧部落，當地牧民高大威武，身著傳統服飾騎馬列隊歡迎趙小蘭一行的到訪，並熱誠款待，奉趙小蘭為貴賓，村中長老還致贈了一頭山羊，以及一條漂亮的手工編織毯，上面交織著黃、綠、紅、黑四種極具非洲本土代表性的顏色，「根據美國政府的規定，所有這些禮物都由和平工作團的志工隊保管，官員不得自行留用。」趙小蘭解釋道，「當然，山羊也勢必帶不回美國。」

訪問尼日期間，村民和一群小男孩總是跟前跟後，圍繞在趙小蘭身旁。尼日位於撒哈拉沙漠以南，也是個沙漠地帶，水資源匱乏，這群小男孩渾身上下都被黃沙覆蓋。從尼日首都尼阿美城出發，趙小蘭又在象牙海岸最大城阿必尚（Abidjan）停留一夜，因為非洲各國之間並無直達飛機，在非洲進行跨國旅行並不容易。就這麼走走停停，最後飛到西非中部的加彭共和國，才從這裡返抵美國。

上任五個月，趙小蘭便已夜以繼日訪遍二十個國家。她不要求任何特殊安排，輕車簡從，在地人怎麼休息，趙小蘭就怎麼休息，人家怎麼吃，她也就怎麼吃。在加彭，主人用各式野生動物招待客人，趙小蘭也入鄉隨俗，她至今記得有一樣少見的珍饈：羚羊肉。幸好主人是在她吃完之後才告訴她的，不然她實在無法對如此美麗優雅的動物下口。

趙小蘭喜歡聽志工講述各自的背景、經驗。她天性敏感纖細，常聽出一些弦外之音，就牢記在心，作為改進和平工作團的寶貴參考。見到團長這麼年輕又沒架子，志工很容易和她打成一片。「她年輕又討人喜歡，懂得體諒人，自然有魅力。」秘書康妮跟隨趙小蘭多年，非常熟悉她的為人，「她是領導人，也是啦啦隊。」

出訪全球各地帶來的豐富見聞，亦使趙小蘭成為一位更加有同理心的領袖。在南亞尼泊爾，平民人家大多沒有廚房，煮飯做菜都在室內用油點火，經常引發火災意外。當地孩童幫忙做飯是日常，因此燒燙傷時有所聞。趙小蘭在加德滿都訪視一間簡陋小屋時，隱約見到牆角躲著一個小女孩。

端詳之下，她才看清楚，原來小女孩因掉進爐火坑而灼傷，鼻部嚴重受損，醫師為了重建她的鼻子，取了一塊頭皮補上，導致傷口癒合期間長出了毛髮，看起來就像是象鼻。趙小蘭特意蹲下身來與小女孩四目相交，溫柔又安撫地對她說：「我很高興見到你。你一定會好起來，也一定會有美好的前途。相信你會抱持希望與勇氣去度過難關。」曾經，趙小蘭總是克制自己的感情，不輕易用語言表達對他人的鼓勵；如今，她逐漸學會了如何在適當的時機，以合適的方式來傳遞希望和鼓勵——這也是她學到的領導力一環——原來，她的隻言片語可以為困難中的人們帶去那麼可觀的激勵。

在尼泊爾，趙小蘭還見到了自己的好友，當時正擔任美國駐尼泊爾大使的張之香（Julia Chang Bloch）。在尼泊爾頗孚眾望的張大使在自己的府邸設宴歡迎趙小蘭，邀來許多尼泊爾官員參加，現場冠蓋雲集，趙小蘭也深感榮幸。

在斯里蘭卡的首都可倫坡（Colombo），她被安排來到一所為年輕女性設置的裁縫訓練教室。趙小蘭驚訝地發現「她們年紀都非常小，本該在家享受無憂無慮童年」，而令人感傷又痛心的是，這些學員全都是人蛇集團販賣人口的受害者，被營救出來後家人引以為恥，不見容於家鄉，無家可歸。和平工作團開辦職訓課程，正是要協助她們重建新生活。

見到人蛇集團造成的傷害，也使得日後她榮任運輸部長時，對制裁人口販賣的齷齪勾當毫不容情。

在象牙海岸，趙小蘭會見了一位部長，這位部長告訴她，自己曾經被當成文盲，直到和平工作團的志工意識到，他只是近視、需要一副眼鏡而已。他感慨道：「和平工作團不僅改變了我自己的生活，也改變了我的家庭和國家！」

國際合作共創大同世界

趙小蘭任內與多國達成國際服務協議，卓然有成。正因為有了這些協議，和平工作團才能以國與國的對等關係，派遣志工團隊進入對方境內執行促進發展的工作。

然而，簽約本身就不是一件易事。舉例來說，上任隔年二月初，趙小蘭陪同副總統奎爾搭乘空軍二號，從安德魯空軍基地出發，運送人道救援物資，並與剛脫離蘇聯的波羅的海國家立陶宛、拉脫維亞和愛沙尼亞，簽署一系列援助計畫。前蘇聯共和國急於在新世界求取生存的一席之地，卻苦無資源，尤其凜冬降臨寒風刺骨，亟須救命的能源和物資，還有足以抵禦嚴寒的食物。

這不是一般的外交訪問。由於美國的安全部隊不信任立陶宛、拉脫維亞和愛沙尼亞三國足夠安全，因此代表團選擇每天都回到赫爾辛基過夜，隔天早上再從赫爾辛基起飛前往其中一個國家，晚上再搭空軍二號飛返赫爾辛基。

抵達赫爾辛基後隔天首日的行程是拜訪愛沙尼亞的塔林（Tallin），接著是拉脫維亞的里加（Riga），結束行程後返回赫爾辛基過夜。第二天又從赫爾辛基飛到立陶宛的維爾紐斯（Vilnius），結束行程再返回赫爾辛基。

趙小蘭至今記憶猶新。波羅的海諸國與西方世界隔絕多年，當空軍二號降落在維爾紐斯白雪皚皚的冰冷跑道時，迎接與載送他們的是蘇聯時代的老舊箱型車和各式各樣的拼裝舊車。與趙小蘭想像的不同，她原以為立陶宛應該會安排最好的設備來歡迎美國副總統。很難想像，迎賓車隊如此，那普通百姓的生活會是什麼景況？

副總統奎爾在維爾紐斯的一處大廣場發表演講，現場湧入數千立陶宛民眾。趙小蘭看見許多人因為副總統帶來的整整兩飛機人道救援物資而感激涕零。「在他們恢復獨立的第一個冬天，我們送來了暖暖的關懷。這些民眾知道自己在掙扎建立新國家時，他們並未被人遺忘。」

趙小蘭永遠記得這樣一個場景：人群中，有位民眾走近她，感謝她專程來到立陶宛，並奉上了一個長約六英寸的手工雕刻木娃娃，木娃娃身著立陶宛傳統服飾，樸拙可愛。這位民眾就是千千萬萬身處轉型時代，貧困無助的立陶宛百姓的縮影，然而他卻內心豐盈到願意盡己所能、聊表寸心，表達自己的感恩與感謝。趙小蘭深受感動，至今保留著這個珍貴的木娃娃。

隨後，趙小蘭與手下一行和副總統代表團分道揚鑣。他們在立陶宛轉機，飛機一再延遲，大家在機場枯等十個小時。這時，機場經理興匆匆跑來問大家能否教他英語，趙小蘭爽朗地一口答應，當場開起即席英語課。

同年五月六日，老布希總統與烏克蘭總統克拉夫朱克（Leonid Kravchuk）在白宮東廳（White House East Room）簽署了第一份和平工作團國家協定，同意美國向烏克蘭派遣志工。六月十七日，美國和俄羅斯在國務院簽署了和平工作團服務協定，儀式由國務卿貝克（James A. Baker）與俄羅斯外交部長科濟列夫（Andrey Kozyrev）共同主持，趙小蘭與俄羅斯代理總理蓋達爾（Yegor Gaidar）簽署了這項歷史性協議。

十天後，趙小蘭又在華麗的國務院外交廳，與亞美尼亞總理巴格拉強（Hrant Bagratian）簽署服務協議，讓美國前進亞美尼亞。

「在各種資源匱乏的國家，美國的幫助對他們至關重要。」趙小蘭一有機會便宣揚美國的博愛人道主義精神，也宣揚達成共識與善的循環，是推動世界和平莫大的助力。旅途的所見所聞，點點滴滴她都牢記在心，並靈活運用於和平工作團的相關工作或宣傳上。

從事海外服務工作，最擔心國際局勢轉瞬風雲變色。作為領導人，趙小蘭更是首重志工的安危，必須隨時保持警覺、機動調配團隊。一九九一年，原本工作團要前進南斯拉夫執行服務計畫，不料該國爆發內戰，趙小蘭明快地即刻喊停。

另一次是獅子山共和國發生政變，為了志工安全，趙小蘭與美國國務院及當地的美國大使館密切合作，反應迅速，即時召回全體駐在志工。作為團長，趙小蘭自認有責任確保他們安全，讓他們的家人放心。

簽署多項歷史性服務協議後，向來不坐享其成的趙小蘭再度整裝出發，趕往東加群島、斐濟和美屬薩摩亞訪視志工與專案進度。這當中還有一件喜事：她挪出一點空檔，專赴紐約尼亞加拉大學（Niagara University）與父親趙錫成博士父女同台，同時領取榮譽博士學位。

尼亞加拉大學位於紐約州的尼亞加拉市，這是父親和女兒第一次同時獲得榮譽博士學位。趙小蘭熱愛分享，她認為唯有分享才會有真正的快樂，舉凡任何喜慶場合，她都必定與家人、朋友一同共享，而喜樂也因此散播、擴大出去。「我沒有什麼了不起，都是因為父母教育得當。」趙小蘭認為自己所獲得的賞識與榮銜，全都屬於父母，她只是「代」父母領取而已。她甚至認為，自己所得到的肯定，應該屬於所有華裔與亞裔美國人共享，因為這正是她努力奮鬥不懈的動力。

玉柱琤瑽餘音繞梁

老布希總統對趙小蘭的表現讚賞有加。一九九二年六月，總統又任命趙小蘭代表總統與美國，率領代表團出席菲律賓總統羅慕斯（Fidel Ramos）的就職典禮。

當時菲律賓政局動盪，為維護美國官員的人身安全，在馬尼拉當地，趙小蘭全程由超過三十五名執法人員組成的安全小組陪同。被警衛團團包圍並不好受，但趙小蘭對客觀處境總是抱著隨遇而安的心，即使稍有不便也不以為忤，因為她是那樣全神貫注於自己的工作和任務。

就職典禮後，趙小蘭會晤了羅慕斯總統，還與代表團參訪蘇比克灣（Subic Bay）。菲國議會認為冷戰既已結束，應該關閉位於蘇比克灣的美軍基地。蘇比克灣曾是美國境外最大的軍事基地，美軍駐防在此將近百年，間接維持了當地良好治安。這一年十一月，美軍正式撤離了蘇比克灣。當然，她也沿途造訪了和平工作團在馬尼拉的辦公室，和派駐在菲律賓的志工們共享了一場歡迎她的美妙慶祝儀式和美味佳餚。

七月，趙小蘭飛去巴拉圭拜會該國總統，但這趟旅行她史無前例錯過了航班，在飛抵巴拉圭的阿森松（Ascension）時遲到了。會議只好在行程中臨時重新安排，趙小蘭為此感到非常過意不去，但這個意外事件也提醒了她：步調需放緩，行程不要排得如此密集。儘管忙碌，她非常喜歡在全球各地會見志工們，了解他們與偏遠地區人們一同生活，推動地區經濟發展的故事。

回顧這段歷史，如今美國能與波羅的海諸國及東歐地區維持良好密切的關係，維護了世界局勢大範圍內的長期穩定，都要歸功於許許多多如趙小蘭這樣魄力非凡的領導人，在面臨阻力時力排眾議，倡導並推進了像和平工作團這樣的項目。當年由趙小蘭主持破土典禮的保加利亞美國大學，已經歡度了三十週年校慶，那時種下的小樹苗，如今枝繁葉茂、綠蔭蔽空，校友更是在東歐各行各業出類拔萃，有些校友還繼續來到美國深造。

> “她有一種和諧、安靜的自信，知道自己相信什麼、代表著什麼，也清楚自己的原則。同時她也明白，要達成任務，必須仔細聆聽、與他人合作。
> ——前美國參議員 Chris Dodd 與和平隊歸國志工”

當時由趙小蘭擘畫或執行的波羅的海及前蘇聯專案，仍延續至今，生生不息。比方說，和平工作團在烏克蘭設立的女性領導人培訓班，一開始便同時延攬了烏克蘭當地學員當種子教練，他們參與整個過程、了解來龍去脈，即使工作團後來離開，種子教練也不受影響，持續授課。

不止給魚吃，還同時教導他們如何釣魚。

在任期尾聲，老布希總統由衷讚嘆趙小蘭：「你以優秀的領導技巧和智慧指導了和平工作團。尤其令我振奮的是，在你的出色領導之下，和平工作團在前蘇聯解體後的這些新國家順利開展了工作。你強大而全面的領導力為和平工作團的志願者們賦能，進一步提升了和平工作團在全球贏得的良好聲譽。你將帶著我的欽佩和感激離任。」

如果對和平工作團的組織改造，成就了她職涯中一段美好的際遇，接下來趙小蘭要迎接的，是與慈善有關的更艱困改造，與更耀眼動人的豐盛旅程。

第十三章

危機領導：美國聯合勸募基金會總裁兼執行長

——聯合勸募基金會代表了美國的核心價值。眼看它深陷如此重大危機，孰能袖手旁觀?!「這是一個非常需要幫助的機構，我將全力以赴。這是我無法拒絕的使命。」

正當趙小蘭埋首於啟動中歐與前蘇聯新獨立國家的和平隊專案，急於在寒冬降臨前派遣和平隊志工前往服務之際，美國第一大私人慈善機構與非營利組織「美國聯合勸募基金會」（United Way of America）爆發了不堪醜聞。

這起醜聞占據媒體報導大幅版面，是當年最大的新聞之一。同年二月，在任二十多年的該會總裁被指控貪瀆，他挪用捐贈公款，花銷於私人豪奢旅行、度假，甚至買屋購物致贈多名情婦，其中一人還年僅十七歲。百分之六十五的美國人都耳聞過這樁聯合勸募基金會的醜聞，以及該任總裁貪瀆不法的行為。負面報導引發捐款人信心危機，危及基金會募款與運作；該總裁被迫辭職，基金會的理事會因此成立遴選委員會，尋找新的總裁兼執行長。

專司追查善款的「美國慈善協會」（American Institute of Philanthropy）負責人博羅霍夫（Daniel Borochoff）說：「美國聯合勸募基金會是非營利世界的領導者，這對整個行業造成不良影響。」

這一刻，美國聯合勸募基金會找上趙小蘭。

社會改革責無旁貸

「美國聯合勸募基金會」創立於一百零五年前，[illegible]善募款的中介機構，由一千八百多家非營利募款組織組成，[illegible]眾募款，再加以統籌[illegible]配給社會福利團體。聯合勸募基金會的[illegible]整合所有在職場進行募捐的組織，以便在一年當中某個時間，一[illegible]一組織進行募捐。

基金會理事們與獵人頭公司一[illegible]唯有仰仗趙小蘭的能力與魄力[illegible]重拾清譽，因而「六」顧茅廬，想盡[illegible]打動她。

康妮至今仍清楚記得，獵人頭[illegible]次來電時只說「請問趙團長在[illegible]？我要找她。」一面對陌生人來電，秘[illegible]制式應對方式一概是——「趙[illegible]不在，我是她的助理，請留言，我會[illegible]

對方要求親自和趙小蘭講話[illegible]。」接連數次都未透露身分。[illegible]連續來電第六次，這位仁兄才表明[illegible]司，受聯合勸募基金會委託，希[illegible]和平工作團團長趙小蘭一晤：基金[illegible]她擔任基金會總裁與執行長一職[illegible]

「我以為他們要我推薦人選，[illegible]屬意的人就是我。」趙小蘭說趙小蘭確實聽聞了聯合勸募遭遇的危機，對於出手相助、重建搖搖欲墜的基金會，她並無任何疑慮。財務危機？她很擅長。重整組織？她經驗豐富。這裡面最難的，恐怕是重新建立崩塌的內部與外部人員信心。這點，她有極富優勢的人格特質：誠懇踏實、能同理同情，而且言出必行、說到做到。評估這並非攀不過的高山，趙小蘭願意全力以赴。

趙小蘭也曾是聯合勸募基金會的志工。此刻基金會正面臨有史以來最大危機，事關生死存亡，她不願意有朝一日回顧今日此時，明知可以出手幫助這個偉大的美國機構，卻不曾挺身相救。「我從小就是志工，跟隨父母捐款給慈善機構。慈善文化是美國的核心價值。聯合勸募基金會代表了美國的核心價值。眼看它深陷如此重大危機，孰能袖手旁觀?!」趙小蘭表示：「這是一個非常需要幫助的機構，我將全力以赴。這是我無法拒絕的使命。」

趙小蘭同意會見負責選任新人的任命委員會成員們。會面的這天，身體微恙的趙小蘭準時赴約。進入會議室後，她並沒有馬上走到對方為自己安排的位置上坐下，而是特意繞場一周，逐一與到場的任命委員會成員握手，甚至連坐在一旁的工作人員都不落下。雖然此刻趙小蘭還沒有正式接受這份邀約，但她已經正式向在場的人們釋出善意與親和的領導風格。誰都能看出來，她必定是基金會眾望所歸的領導人。

趙小蘭能高業精，素有廉聲，又有橫跨非營利、商業界和政府的豐富工作經驗，任命委員會簡直不敢相信他們能找到如此完美的人選。聯合勸募基金會的總裁就應當是這樣一位廉名遠揚，且熟稔於與非營利、商界和政府這三個不同領域的領袖們協作的領導人。更不用說，趙小蘭的從容與幹練，以及她對慈善界熱忱的奉獻精神，都給任命委員會留下了深刻印象。

相談甚歡，趙小蘭允諾接手聯合勸募。

消息尚未公布前，共和黨已經著手籌辦全國代表大會，老布希總統之前便再度徵召趙小蘭在大會發表演說；從一名局外人到如今受邀出席美國總統尋求連任的大選活動，擔綱演講，這是難得的殊榮，顯示了趙小蘭的重要性。

然而聯合勸募基金會的理事們不希望她出現在共和黨的全國代表大會上，為特定政黨總統候選人站台。基金會擁有數以百萬計的捐款人、志工、受雇員工與被捐助人，涵蓋各方政治組織，不願見到未來的新任總裁與執行長有明確的政黨立場。因此很遺憾地，趙小蘭必須推辭演講邀約，保持中立。

推辭大會演講縱有遺憾，趙小蘭知道人生總是充滿抉擇，選定一條路就勇往直前、努力達成目標。名譽很重要，但得失無須看得太重，更要緊的是所作所為對社會國家有沒有貢獻。

危機領導大破大立

聯合勸募的理事前前後後面談過不下六百名人選，有志一同都屬意趙小蘭是他們的不二人選。這群平均年齡超過六十歲的理事，在八月二十六日於維吉尼亞州亞歷山卓市（Alexandria）投票通過，正式任命趙小蘭為該會總裁兼執行長。當時趙小蘭還不到四十歲，可見基金會也頗有世代交替、追求現代化的魄力。

聯合勸募成立於一八八七年，採加盟模式，平均可在美國募得三十二億美元，在全球擁有一千兩百個在地組織，總計一百五十萬名志工。

美國的大型企業是聯合勸募基金會的主要援助者。與其讓許多不同的慈善機構在職場募款，不如在聯合勸募基金會底下，組織一個統一管道，統一收受捐款並分發給其他的慈善機構，像是童子軍、女童子軍、紅十字會、救世軍，以及在台灣享有盛譽的基督教青年會（YMCA）和基督教女青年會（YWCA）等。捐款的勞工將從各自的雙週或每月薪水中直接扣除善款。除了員工捐贈外，公司還會加捐善款，甚至鼓勵員工協助地方的聯合勸募基金會募款。

基金會的理事會（Board of Governors）由美國五百大企業的執行長與主要工會領袖組成，因此是美國最負盛名的私人慈善機構，向來德高望重，頂尖的領導人都熱切希望能加入這個理事會。

公益白紗蒙塵引爆信心危機

經過三年調查及審判，前任總裁因貪腐及逃漏稅等二十三項罪名，遭求處七年有期徒刑定讞。

自事發以來輿情譁然，將近六成五的美國人對基金會感到憤怒、懷疑，地方組織紛紛退出，甚至有機構公然撕毀善款卡及會員證書以示抗議，全國捐款數額呈現斷崖式下滑。聯合勸募基金會的總預算是以各地機構所繳會費為基數，這樣一來，基金會的預算不得不砍掉三分之一，也就意味著有三分之一的工作人員將被裁員。

由於基金會採加盟方式運作，總部無權制止地方機構退出，眼看素來公信力卓著的百年公益基業分崩離析，總部甚至面臨薪資發不出來的窘境，長久以來的理想——透過嚴謹專業審查、督導與稽核，公開整合社會愛心資源，合理分配各大小社福團體，具體改善弱勢處境——蕩然無存，機構內人人同感羞憤。

聯合勸募基金會某位前領導人表示，趙小蘭以自身的廉正可靠與名聲，在聯合勸募基金會最需要之際，為基金會掛保證，拯救了它。

助人，始終是趙小蘭的職業生涯裡無可迴避的選擇，如果能發揮所長又能助人為樂，還能從中學習、有所收穫，就是她夢寐以求的完美工作。助人的熱忱與樂於奉獻的精神，讓趙小蘭毫不猶豫地挑起最沉重的那副擔子，她從來沒想過「為什麼這麼麻煩的事又落在我頭上」，只有「正因為它複雜，所以他們想到我、相信我能伸出援手」。俗話說，有的人總是低頭看著水溝，有的人卻時時抬頭仰望星辰。看著星辰的人才會永懷希望，相信一切會更好。

聯合勸募的理事們和歷任會長都是白人，外界見到還不滿四十歲的亞裔女性要空降到這個全美最有影響力的慈善機構，多數都不看好，有人惡言酸語，更多人不滿竟找來一個局外人。趙小蘭並不多費脣舌，她一貫的經驗是拿出實質成果，證明自己就是那個對的人。

就任第一天，她見到有員工在啜泣，因為總部爆發公信力危機，快要彈盡援絕，發不出薪水。趙小蘭沒有遲疑，第一件事就是向銀行周轉三百萬美元，發放薪水，平撫員工的不安。「必須盡快止血，沒有時間和精力可供虛度。」趙小蘭接受雜誌訪談時言簡意賅。

這天她召開了一次全體員工會議。當時的氣氛異常低迷，員工們悲傷又失落，覺得基金會背叛了他們。趙小蘭向員工精神喊話，動之以情。她說，基金會正經歷一次永垂青史的時期，他們將是未來的歷史人物。她要大家一起踏上歷史性的旅程，改革他們心愛的組織，恢復它的聲譽。

「希望諸位與我並肩，參與此歷史的一刻。希望有朝一日你們回顧今日，能驕傲地告訴自己的子孫後代，自己曾參與復興聯合勸募基金會，為此搖搖欲墜的組織締造光明嶄新的未來，為非營利組織業界開創了更上一層樓的規範。」這也是趙小蘭勇於接受挑戰的真心話。她認為能力挽狂瀾、解救聯合勸募於水火，是眾人齊心能創造的最大榮耀。

趙小蘭的呼籲令人振奮，成功鼓舞了人心。眼前的挑戰仍然艱難，但趙小蘭承諾會與大家攜手共度難關。

身正不怕影子斜

面對幾乎夭折的預算，趙小蘭以身作則撙節自律，首先砍掉自己的薪水。前總裁年薪高達三十九萬，外加豐厚福利。她只拿半薪，也不要配車、專屬停車位——「我從來不愁找不到停車位，因為我總是最早上班的員工。」趙小蘭打趣道。從此以後她也年年婉拒加薪，不要額外的福利或更好的退休金。

就連出差，不論遠近，趙小蘭一律搭經濟艙、以計程車代步，沒有隨從，自己和秘書各自提著公事包，住普通旅館、經濟客房。

「有一回我們到舊金山出差，隔日要開會，旅館將會議現場布置得非常奢華，鮮花、香檳、魚子醬不一而足，她馬上要求旅館全部撤掉，午餐改吃三明治，會後也不招待大餐。」秘書康妮回憶道。趙小蘭特意要與前任做切割，給眾人傳遞「公益組織的總裁不是企業總裁，不可揮霍捐款人辛勞所得」的明確訊息，以正視聽。

趙小蘭也致力於聯合勸募基金會的組織更新。她出身普通家庭，從不以簡樸節省為苦，也覺得勤儉都是高尚的美德。所謂「上行下效」，父親趙錫成做事一直都奉行「嚴以律己」的鐵律，他的事業成功證明這套管理哲學很管用。

中國俗語也說，「人正不怕亂世」，起初慣於前朝排場的人當然會有怨言，久而久之，合則留、不合則去，趙小蘭的作風慢慢導正了基金會的風氣。

比較棘手的難題是，除了貪腐醜聞重創正常募款，當時的大環境亦值劇烈變動，傳統經營模式迄待革命性創新改革，營利組織如此，非營利組織亦如是。和產業界淵源甚深讓趙小蘭一直保有敏銳的經濟嗅覺。

她意識到，長達八年的經濟成長開始走下坡，也導致人們減少捐款。企業募款單位發現，一開始捐款員工會告知今年手頭緊不能捐，後來遇到經濟不景氣，加上貪腐醜聞，大家連通知都省略了。

危機時刻更需要宏觀

然而，並非所有的公益機構都面臨募款困難。當時《商業周刊》（*Business Week*）報導，有兩個新興慈善事業的年度捐款不減反增一成。趙小蘭認為，這表示聯合勸募有大幅改革空間。做慈善捐款不論企業或個人，都可兼顧行善與減稅，因此在各國都是高度競爭的項目。

趙小蘭發現問題所在。有許多捐款人不滿聯合勸募作風強勢，高高在上。有些捐款人希望指定受贈對象或專款專用，有些人則希望能公布善款用途。在那個沒有網路的年代，大家特別希望公益募款機構的運作方式能更公開、透明。

趙小蘭馬不停蹄，在上任的頭四個月跑遍全國，親自訪視了三十五個聯合勸募基金會的地方機構，會晤六千五百多個不同類型的利益相關者，包括地方機構的員工、捐款人、其他慈善組織與志工們。第一年任內總計走遍了三十六個州，和地方機構一起研議改革計畫。除此之外，趙小蘭也積極拜訪捐款大戶，聽取他們的意見。

她召開志工或普通捐款人大會。許多人認為貪腐案背叛了眾人，在會中直接開砲，也對總部老是高高在上的姿態忿忿不平。「不要緊，生氣表示他們關心，我最怕的是大家漠不關心。」趙小蘭表示。

趙小蘭親自露面也親自宣示了新組織、新做法，以及絕不重蹈覆轍的決心。「樹立團隊新觀念、新作風，創造不同以往的明天，造福全民，與大家齊心合力，因為我也是聯合勸募的一員。」趙小蘭堅定承諾。

基金會百廢待興，趙小蘭要求大家一起投身改革大計，並運用了最新的管理思維，條理分明付諸實行。首先，全面採行系統化改革，而非片面改革。其次進行組織再造，新規則不能裝在舊框架裡。再則，中央權力要下放，以捐款人與志工為組織核心，聯合勸募基金會的責任是支援地方機構。為此，她讓地方機構的會長加入全國治理委員會，參與議事，讓地方的聲音能直達總部，溝通無障礙，也消弭往常總部虛假的大權在握之感。

權力下放，地方機構有了自主權，不再只是總部做決策、地方聽命行事。「這樣一來，每個地方組織都能積極追求卓越，總體才更有效率。」

聯合勸募基金會的理事會從三十六人擴編為四十五人，地方代表也有了席位。此外，基金會還成立了六個新的理事級委員會，以在聯合勸募基金會的方方面面提供地方更多的投入與參與度，以及問責制和透明度。總體而言，新的管理架構將全美國近一百一十位各地聯合勸募領導人都囊括其中，成為工作中有實際影響力的一份子。

在趙小蘭任內，聯合勸募基金會還由員工自主組成倫理委員會，並發布一份長達八頁的倫理守則，內容由員工和經理級委員每年進行審查增修。員工必須遵守守則，並勇於舉報違反守則的人。

這份倫理守則涵蓋四大項：一、個人行為：尊重事實，偶爾代表組織並負責提高慈善機構的社會地位。二、追求專業卓越：開發員工潛能，定期徵求分支機構的意見，尊重分會意見。三、員工必須全力以赴實現目標：絕不能參與或容忍欺詐、濫用權力、濫用資源（組織品牌）。必須正視困難、解決困難，尊重少數民族的意見。四、追求效率，勇於承擔責任：必須對捐助者透明、公開和公平，並提供相關信息給捐助者。

「我們最高目標仍是要追求整個國家裡的社區健全，而且希望把聯合勸募基金會打造成非營利事業的模範。」趙小蘭心中早有清晰願景。

美國每年都有一萬個慈善組織立案創設，聯合勸募的公益業務也愈來愈龐雜，最重要是：善款該幫助誰？如何能盡最大效能？基金該如何運作，才能達成這些目標？

趙小蘭與地方機構通力合作，調整善款使之分配更公平，並加強地方建議的專案。此外，她強化與捐款企業的深度互動，基金會人員不再只在募款季節才現身，會更積極幫

> 我在聯合勸募時的目標是創建一種對正直嶄新的崇敬，以及對捐款人的尊重。——趙小蘭

捐款企業規劃社區計畫。重視教育的趙小蘭還贊助員工培訓計畫，利用午餐時段，大家一人一份野餐袋，邊吃三明治邊上課，聽專業導師分享如何為子女選擇幼稚園，或者面對職場壓力。

她的親和深具感染力。員工很欽佩她和誰都能打成一片，不論是面對大企業總裁或董事會大人物，趙小蘭都沉穩自在，不卑不亢。

組織再造重建信心

趙小蘭從不輕易接受媒體訪問，但為了聯合勸募基金會她打破這項堅持，頻繁受訪，希望讓社會大眾認識基金會洗心革面的新氣象。每次受訪，她便根據基金會改革的進程如實報告，並一再重申，公益慈善是美國核心價值，「請再給我們一次機會，我們一定會改進，」並藉機陳述基金會組織改革計畫，希望將她的願景、宏觀視野，呈現給美國公眾，重建大眾對它的信心。

「她期許不止再造美國聯合勸募基金會、駛上康莊大道，更期許基金會成為美國慈善事業的標竿，」美國《職業婦女》（*Working Woman*）雜誌寫道。趙小蘭是基金會的形象，也是公眾重新賦予該組織信任的象徵。

趙小蘭在任期間，曾經退出的地方機構重新加入，有些區域還成立了新組織，捐款數額也逐漸回到醜聞爆發前的水準。時值美國經濟大環境不景氣，這樣的成果完全是捐款人對聯合勸募恢復信心所致。

趙小蘭的確留名在美國公益事業史。她在聯合勸募基金會的改革，也改變了美國公益慈善事業，許多公益機構發起再造運動，強調自清、公開、自律、公平。這些正是趙小蘭樂見的善循環，「大家都以我們作為標竿！」她當然也引以為傲，因為成為標竿不容易，但表示自己的標準普遍受到肯定。

就任第四年的八月，新婚兩年的丈夫麥康諾要競選第三任參議員。聯合勸募基金會為其涵蓋兩黨，或無黨無派的捐款人、志工、員工與被捐助人，必須保持政治中立，倘若她要出面幫麥康諾助選，勢必不能繼續留任。這是麥康諾婚後的第一次尋求連任，選民希望能看到參議員的妻子，期望見到趙小蘭。

隨著聯合勸募基金會改革已臻於完善，趙小蘭決定請辭，全心全力為夫婿助選。基金會理事們基於她的卓越貢獻，提出致贈她二十五萬美元以為嘉獎，趙小蘭還是毫不遲疑地予以婉拒了。人在其位，盡忠職守而已。

坦蕩磊落，是趙小蘭成為公僕與進入非營利組織業界以來，不變的初衷，也是實踐不辱沒父母劬勞的基本孝道。

在離職致詞中，趙小蘭表示：「近四年前，我來到這裡是幫助一個深陷危機的組織。今天，聯合勸募基金會是一個轉型成功的組織。隨著新的改革已經到位，並完成了二十一世紀組織新策略計畫，我的任務如今業已完成。」

時間倏忽而逝，在趙小蘭離任數十年後，擔任聯合勸募新領導人任命委員會主席的福里斯特博士[5]對趙小蘭說：「我個人要格外感謝您在當時非常困難，幾乎可說是不可能的情況下，為聯合勸募奉獻出色領導。您當時加入時，聯合勸募深陷亂局且存亡堪憂，然而當您離開時，它已經恢復如初，甚至更上層樓。如今，聯合勸募財務狀況良好，且有戰略計畫以穩步發展。想當年，您在如此短的時間內雷厲風行，重塑整個組織，實在令人欽佩！」

聯合勸募基金會理事會主席認可了趙小蘭作為總裁兼執行長所發揮的關鍵作用，「趙小蘭對改變聯合勸募基金會至關重要。她在基金會的歷史關鍵時期擔任領

5 Thomas F. Frist, Jr.，為財富五百強公司美國醫院公司（Hospital Corporation of America）董事長。

導職務。她的奉獻精神，加上她的領導力和同情心，使聯合勸募基金會重新贏回大眾的信任和信心。她的表現可圈可點。

「趙小蘭任內的成就，使美國聯合勸募基金會成為公共問責制和誠信的典範。憑藉在商業和政府方面的豐富經驗，趙小蘭建立新的財務和管控措施，對恢復大眾信心影響甚鉅。而且她致力於提高會員和籌款規範，穩定組織的財務狀況，並幫助聯合勸募基金會進入下一個世紀，應對未來的挑戰。聯合勸募基金會理事會感謝趙小蘭在過去四年的奉獻服務、不懈努力及其重大成就。她留下的改革成績奠定了堅實的基礎，我們將在未來數年受用無窮。在此謹希望各位與我一同感謝趙小蘭多年來代表本會無私服務，以及她所取得的眾多成就。」

當年，時任第一夫人希拉蕊．柯林頓曾力邀趙小蘭作為美國代表團的一員，出席在北京舉辦的第四屆世界女性大會，希拉蕊寫道：「恭喜你在聯合勸募的成功履任，以及你為扭轉聯合勸募在慈善界領導地位所發揮的關鍵作用！」

趙小蘭履任聯合勸募時力挽狂瀾，「事了拂衣去，深藏功與名」。數十年時光流轉，趙小蘭又接到了邀約，邀請她成為世界聯合勸募基金會[6]全球理事會的一員，致力於引導和培養全球各地的新一代慈善界領袖。

6 美國聯合勸募基金會如今演變為世界聯合勸募基金會。

第十四章

執子之手：一加一大於二的練習

——趙小蘭的確喜愛競選活動。她說，跑遍肯州一百二十個郡，剛好讓自己有機會徹底認識新家鄉和鄉親們。趙小蘭真心喜歡認識眾多肯州州民。

經過趙小蘭領導的四年整頓改革，美國聯合勸募基金會已然休養生息、恢復活力，而這一年也是她與麥康諾婚後，丈夫的第一場連任參議員選舉，如果趙小蘭還肩負慈善界職務，就難以麥康諾夫人的身分出席各大小場合，公開幫丈夫競選。

麥康諾儘管是多年議員、競選老手，可是肯塔基州的選民對參議員的新婚配偶並不熟悉，因此她要向肯塔基州的選民介紹自己。通常，選民都會對領導人物的家庭很感興趣，尤其是像趙小蘭這樣一門卓爾有成的傑出家庭。她的助選對麥康諾意義非凡，可謂如虎添翼。

趙小蘭過去也在總統大選活動中幫忙過，不過這次是在家鄉的個人私領域助選，情況大不同。她喜歡助選活動，這是讓她有機會了解丈夫故鄉，並深入了解美國民主政治在參議員選舉這塊的運作方式。而她也是個最佳助選員：精力充沛、熱情洋溢且風采迷人，喜歡廣結善緣，而且天生平易近人，跟每個人都能相處融洽。

選戰分秒必爭，這使得趙小蘭的行程表緊上加緊，每個月至少有十三天都在往返華府與肯州。麥康諾對趙小蘭果決辭職為他的三連任助選，既驚喜又滿懷感激，兩人配合默契，既是夫妻檔，又是合作無間的最佳隊友。

初為人妻，趙小蘭自認有許多要學習的新課題，但幫助另一半成功是她自小就耳濡目染的事，因為父母正是這樣同心協力打造出趙家基業。不僅趙小蘭有著夫妻一體的傳統觀念，趙家每個女兒也都如此。而且從母親朱木蘭的身教上，趙家姊妹都很清楚，為人妻不論為了家庭做什麼選擇，都是貢獻而非犧牲。而且，趙家尊崇儒家思想，也認同孔子「君子之道，造端乎夫婦，及其至也，達乎天地」的理想。

證諸趙小蘭，她辭職助夫競選的確做出莫大貢獻，不但幫了麥康諾，更使自己真正融入丈夫家鄉，受到州民肯定是道地的肯塔基人。

新嫁娘新生活新挑戰

初來乍到肯塔基州，趙小蘭就愛上了這裡，幾乎是等不及要認識、融入這片土地；前半輩子，她在美東、紐約與加州長大、成熟，婚後，肯州就是她的家了，她已經把自己當成肯州人，迫不及待想了解、汲取這裡的生活方式、文化與風俗民情。

肯塔基以農業立州，傳統上被視為南方，其實地處美國東部中央位置，是南來北往、橫貫東西最理想的交通樞紐，距離四面八方各大主要商業重鎮，平均距離只需五百英里，相當便捷，難怪美國聯合包裹公司UPS（United Parcel Service）將派發中心設在此處的路易斯維爾；依傍著阿帕拉契山，水質尤佳，所生產的威士忌入口滑順，散發香草氣息與迷人奶香，名聞全球，也唯有產自肯塔基的威士忌能冠上「波旁」（Bourbon，今多譯波本威士忌）這個淵遠流長的法國王朝名號。

肯塔基州有著獨特的鄉村風情，趙小蘭樂此不疲地參加許多當地特有活動，比方每年五月的第一個週六，在路易斯維爾的邱吉爾園馬場舉行的賽馬盛會「肯塔基德比」[7]，「這是美國純種馬賽，也是全世界知名的錦標賽，非常刺激好看。」「培育純種賽馬是肯塔基州的重大產業之一。世界各地的專家都會來這裡選購純種馬。已故英國女王伊莉莎白二世和中東諸國的酋長及皇室成員等，都是來肯塔基州選購賽馬的常客。贏得賽馬冠軍，能讓出租馬匹參賽的馬主賺進數百萬美元獎金。光是出借馬匹配種一次，要價也不菲，能有超過數十萬美元的進帳。」喜愛運動的趙小蘭很快就愛上第二個家鄉，對它的種種如數家珍。

或是在肯塔基州西部的花式農場（Fancy Farm）所舉辦的美國最古老政治野餐會：野餐會始於一八八一年，在八月的第一個週六假聖傑羅姆天主教堂（St. Jerome Catholic church）舉行。驚人的是，這個常住人口不足五百人的小村子，野餐日能湧入一萬五千人，大家齊聚烤肉，邊吃邊聽肯州所有主要官員發表政治演講，有時甚至吸引來全國官員、政客爭相到場。野餐日場面熱鬧喧譁，民眾會對支持的候選人吶喊加油，對反對的候選人報以噓聲。野餐日為肯州選舉季節正式拉開序幕，是絕無僅有的肯州傳統。

趙小蘭倒是沒想過，丈夫也會參加這樣熱鬧的聚會，但一回生、二回熟，她很快便愉悅地融入其中。

肯州迥異於華府和紐約，這裡是個民風保守的農業州，州民單純良善心胸開闊，絕大多數都是虔誠教徒，週日大家都會去教堂。趙小蘭對一些選民來說是新面孔，但她的親切有加、爽朗開放和友好善良，在亞裔美國人並不多見的肯州農村地區廣受歡迎。選戰一開始，對手就緊咬趙小蘭的華裔身分做文章，大放煙霧彈，渲染麥康諾一旦當選，勢將與中國建立友好關係，將屬於美國人的工作崗位都拱手賣予中國；民主黨敵方陣營也讓金髮碧眼的候選人配偶站上講台，配上標語要選民把

---

7 Kentucky Derby：始於一八七五年，歷史悠久因此傳承了許多特有文化，譬如舉行賽馬期間要飲用薄荷茱莉普（Mint Juleps），這由波本威士忌加上糖、水、碎冰與新鮮薄荷葉製成的雞尾酒。另一個傳統是女性要穿上鮮豔服裝、戴上滿是裝飾的禮帽觀賽。美國三大賽馬活動總稱為「三冠賽」（Triple Crown），以顯赫、規模和聲望來看，皆以肯塔基德比居首，其次是普利尼斯賽馬（Preakness Stakes），第三個是貝爾蒙特賽馬（Belmont Stakes）。肯塔基德比所有比賽在一天內完成，約有十至十二場競賽，而集中所有賽馬賭注的壓軸大賽在當天傍晚六點五十七分才開始，最激動人心的部分僅僅兩分鐘，也因此美國人戲稱這是最刺激的兩分鐘運動競賽，或最快速的兩分鐘體育活動。

「真正的美國家庭送進華府」。這類遊走在種族歧視邊緣的言論，似乎有意惹怒趙小蘭與麥康諾，把選戰導向惡性競爭。

柔軟身段主動遞出橄欖枝

對這樣的惡意操弄，趙小蘭聰明地選擇冷處理。她只是帶著一名助理輕裝上路，勇闖人生地不熟的城鎮鄉郊拜會選民。為了盡可能握到每一雙手，趙小蘭和麥康諾分工合作，各有不同的行程表。很多人或許以為，大多時間必須單打獨鬥、獨自面對種種可能的難題，會讓這個新婚妻子感到孤單或消耗；但事實上，有機會用自己的眼睛、深入觀察肯州這塊土地，只讓趙小蘭感到摩拳擦掌、躍躍欲試。

「我知道人家看到我可能會不好意思，所以一定先主動自我介紹，跟他們閒話家常。」趙小蘭熱切地說。中國人常說見面三分情，不熟的人只要互動一下，就很容易打開僵局，多聊兩句心裡話。

「我讓大家看到我本人是什麼樣子，讓他們自己認識我這個人。」這個方法無往不利。一見到趙小蘭天生的招牌甜美臉龐、熱烈友善的微笑，再生份的人也很快就放下心防。肯塔基州原本就民風熱情友善，很快地，趙小蘭便贏得了選民們的廣泛歡迎。

除了農業，肯塔基州也曾是美國的煤礦大州之一。鄰近阿帕拉契山脈周邊的山腳區域，採煤業盛極一時，只是當煤礦遭受環保人士抨擊為空氣污染源後，鄉鎮經濟漸漸凋敝，加之其他複雜的社會經濟因素，逐漸衰落變成美國最貧窮的地區之一。

趙小蘭走訪山區僻壤間，目睹州民窘困，總要多停留一些時間，聽居民抱怨批評，了解民情。很多居民見到聯邦官員下鄉，又如此友好、滿懷熱忱，自然深受吸引。大家七嘴八舌傾心相待無話不談。趙小蘭的助理曾開玩笑抱怨說，每次活動打開話匣子愈說愈投機，經常把後面的行程延誤了。

趙小蘭素有博聞強記的本領，見過的人聽過的事能牢記不忘，州民再次見到她，聽到她直呼自己的名字，甚至記得前一回對話的結論，無不欣喜異常，都拿她當自家人。

她不曾須臾遺忘山區僻壤州民的困窘，日後擔任勞工部長時，致力於為失業工人開創替代的就業機會，並制定新計畫，由政府補助培訓失業工人習得新技能，更鼓勵雇主到當地設廠開公司，增加就業機會。

傳聞中各種對趙小蘭的攻訐誣衊，就這樣一點一點消弭於無形。趙小蘭幫自己與亞裔在鄉村肯州重塑爽朗鮮明的新面貌，更因此幫丈夫成功贏得選票。一場辛苦的選仗，最終交出了亮麗的成績單。

這場選舉麥康諾大獲全勝，從此奠定了麥康諾在政壇屹立二十餘年的根基，日後成為美國史上任職時間最久的肯塔基州參議員，以及史上任職最久的參議院領導人。此後，在趙小蘭助選下，麥康諾更連續創下六連勝紀錄。二〇〇六年，麥康諾被同仁選為共和黨參議院領導人。

對於趙小蘭的輔選有成，麥康諾從不吝惜高調讚揚妻子的貢獻，「她此前有其他任職在身時，受法令限制只能參加很少數的競選活動。她辭去作為機構執行長的職務、為我助選，是勝選的大功臣。」

地方報《列星頓先驅報》（*Lexington Herald*）在一九九六年曾刊發一篇有關議員候選人配偶們的專題報導。撰稿記者明白形容，在整個競選期間，趙小蘭是那個更為神采奕奕，也更熱中的人，她大無畏地投入人群，代表丈夫溫馨問候選民「嗨，我是小蘭（Elaine），麥康諾的太太！」話一出口手也伸了出去。

毫無疑問，趙小蘭的確喜愛競選活動。她說，跑遍肯州一百二十個郡，剛好讓自己有機會徹底認識新家鄉和鄉親們。拋去選舉的壓力不說，趙小蘭真心喜歡認識眾多肯州州民。

而肯州民眾也以充分接納回報了趙小蘭，並處處以她為榮。二〇二二年，趙小蘭被選為「年度女性領導人」，這個肯定僅是肯塔基人給予她的眾多獎項之一，也為她畢生無數榮銜再添一道閃耀的光芒。

另一種角度的豐富人生

和尋常夫妻沒兩樣，「我和密契（Mitch）獨處時，最常談論的不外乎誰去倒垃圾，誰打電話找師傅來修東西等等，諸如此類的事。就是普通一般人家常要做的事。」趙小蘭笑得很甜。婚姻生活裡的瑣事莫非如此，細微但卻是構築安穩生活不可或缺的關鍵。夫妻從小所受的生活教育就是謹守「灑掃、應對、進退」，如普通百姓人家一樣，家裡沒有傭人，舉凡能自己做的絕不假手他人。

他們一起逛超市購物買菜，倘若晚上兩人得空，要不到附近小館子吃飯，要不簡單在家吃外送，因為都太忙，無暇下廚做飯。麥康諾議員出身平民家庭，行事樸實親民，趙小蘭很欣賞丈夫這種務實作風，與她致力服務人群的理念不謀而合。

平日週間，趙小蘭偕同丈夫住在華府國會山莊附近的宅邸，方便麥康諾議事，而她也需要處理自己辦公室的事務。仍擔任美國聯合勸募基金會領導人時，趙小蘭經常旅行全美，會晤地方附屬機構與捐款人。每個禮拜兩人的秘書都得互換行程表，想盡辦法擠出雙方都有空的時間，常常直到最後一刻還在改來改去。要圓滿達成不可能的任務，唯一訣竅就是雙方部屬必須經常互動良好，才能溝通無礙。

此外，新婚妻子還要以議員夫人的身分，拜訪其他眾議員與國會議員，以及大家的另一半。少不了的，還要不時拜見柯林頓總統伉儷，以及柯爾副總統伉儷。趙小蘭形容，她踏進了一個嶄新的世界，「一切都新奇又有趣，我充滿好奇，非常興奮，而且我總希望能帶其他亞裔美國人和我一起參加這些活動，讓他們也能眼見為真身歷其境。」她把每一次生涯轉換都視為新的學習機會，也為其他亞裔美國人開闢新道路。

> 「她為這個國家做出非凡的貢獻，多次為政府服務。而我希望，她向各位證明了（美國）的確是一片機會之地。」
> ——前美國副總統 Mike Pence

抱持接受新挑戰的心態，那麼失敗或成功根本不重要，因為「每一次的失敗，都是成功的契機。」這是父親趙錫成常說的話，趙小蘭覺得受用無窮。她自小親眼見證父親的經歷，當然深信不疑並且身體力行。

每逢週末趙小蘭與麥康諾一定返回肯州，出席眾多活動，遍訪全州深入每個角落，親近民情。與之前在聯合勸募基金會的公務不同，如今議員夫人趙小蘭可以趁偶有空閒，享受丈夫老家的鄉間閒適。趙小蘭與麥康諾尤其喜愛到好友船屋共度週末時光，這也是肯州人普遍的週末活動。肯州一共有三個人工湖，離他們最近的是坎柏蘭湖（Lake Cumberland），從路易斯維爾開車約兩個半鐘頭車程。他們會將船停泊在某個湖灣邊過夜。趙小蘭覺得，人在其間完全沉浸於優美寬廣的大自然懷抱中，身心靈無比舒暢，也深刻體會到人類何其渺小，中國哲理裡的敬天謝天、惜物愛物之心油然而生。

若要問趙小蘭如何經營婚姻，她說其實沒有花招也無祕密可言，「就是給對方最大的空間，並支持對方發揮所長」。

趙小蘭眼中的麥康諾是一位非常支持她的丈夫。她稱他是一位「低維護丈夫」，意謂他在生活上相當自立自強，幾乎不勞煩妻子。維持單身很長一段時間的麥康諾習慣了自己操持家務事，衣物髒了自己洗烘，餓了自己下廚；每年平安夜，他還會準備豐盛大餐，連南方招牌菜色玉米布丁、焗烤鮮蠔都能做出職業水準。

「我的母親廚藝超群，在她的薰陶下我也很會做菜，但少有閒暇下廚。」趙小蘭笑得開懷，顯然很滿意也很得意丈夫的好廚藝，慶幸自己得此良婿，因此毋須忙裡抽空舞刀弄鏟。

另一個令趙小蘭覺得很幸運的是，一般來說美國婦女婚後都要冠夫姓，但她的丈夫和妹婿們都對妻子維持娘家姓氏表示尊重。由於不冠夫姓，許多人一直都不知道趙小蘭的另一半原來是美國政壇舉足輕重的大人物。

趙家女兒不冠夫姓，不仰賴夫家。這般鮮明的女性形象，即使在華人社會裡也相當引人矚目。趙小蘭與妹妹們憑著自己的努力不懈出人頭地，樹立了前所未有的現代華裔女性新形象，僑界與全球華人十分引以為榮，視為典範。

與麥康諾結縭後，夫婦倆也多次代表美國，率領代表團出席邦交國的活動或是出差海外考察，例如香港回歸大典，幾乎跑遍整個地球。期間，趙小蘭也因此得空與父親回到台灣省親，還陪同父親遊歷中國、香港、日本，共享家族天倫之樂。

數年前任職和平工作團，曾代表美國運送物資與義工，造訪蘇聯解體下的東歐諸國進行援助，相隔多年再度重返這些共和國，見到它們有了長足的進步，趙小蘭心中的感動無可言喻。

每一個選擇都創造新價值

對於婚姻，趙小蘭相信緣分。吾家有女如此，在趙小蘭大學畢業後，更是數不清的華裔傑出人士與富商家族主動與趙錫成結識，積極求親。趙小蘭不排斥認識新朋友。她熱愛中華文化，也知道相似的背景有助於連結兩個聯姻的家庭，只可惜都不曾擦出火花。

日子一天天過去了，工作幾乎讓她無暇思索自己的感情世界，開明的父母也從不給她壓力；兩個妹妹超車結婚，趙小蘭甚至開開心心當了兩個妹妹的伴娘。趙錫成相信，遵循傳統也要顧全人性，否則就是食古不化。何況，「小蘭每天都在高壓的工作環境裡忙得不可開交，不應該再承受任何無謂的壓力。」

趙小蘭很清楚，看著父母鶼鰈情深、和樂美滿的婚姻，她是嚮往能有這樣的情感歸宿的。

「生活上有個伴是很重要的，只不過我不需要任何人在生活上支持我，我自己就能照顧好自己。」趙小蘭坦言，人生最難得的是靈魂伴侶，像父母那樣互為對方的精神支柱，可以分享深刻的價值觀、人生觀，且互信互敬互愛。

許多傑出女性都會遇到類似的狀況。趙小蘭不著急，不覺得需要做任何妥協。在運輸部擔任副部長時，頂頭上司伊莉莎白・杜爾三十九歲才結婚，「所以我不覺得有什麼壓力，因為傑出知名如杜爾部長都到三十九歲才結婚！」

眼看三十九歲的門檻逐日逼近，趙小蘭開始愈來愈期盼能在四十歲之前把自己嫁出去。但，靈魂伴侶何處尋？心靈相契談何容易?!

日子在忙碌中過得特別快。趙小蘭期盼的靈魂伴侶遲遲未現身。篤信基督教的趙家向來認為神一定有安排，而且神的計畫一定是最好的安排。

《聖經・詩篇》這樣寫著：「我的心哪，你當默默無聲，專等候神，因為我的盼望是從他而來。」神的旨意其實早在冥冥之中埋繡了千絲萬縷。早在將近九年前，趙小蘭與麥康諾的緣分便由神巧妙布局穩妥。

姻緣早有巧安排

姻緣線從天際悄然落入人間，只是當事人毫無察覺。麥康諾年輕時在國會山莊當助理時的好友，後來成為美國首位亞裔駐外大使的駐尼泊爾大使張之香不經意拾起這條紅線。離婚多年的麥康諾是國會山莊備受歡迎的黃金單身漢，但他從未動心。他過著獨立平靜的生活早就習以為常，洗衣做菜樣樣精通，對於感情不想將就。頗有「雖弱水三千也未必要取一瓢飲」的況味。

有一回麥康諾頗有感觸地致電張之香，提及美麗的女子比比皆是，可惜無一令他覺得言談有味。張之香理解麥康諾心儀才智雙全的女性，馬上想到了活潑靈動又能幹聰慧的趙小蘭，於是居中穿了針引了線。張之香不光與麥康諾有二十多年交情，也認識趙錫成夫婦多年，自然當起了邱比特。

第一次約會，麥康諾攜趙小蘭出席沙烏地阿拉伯駐美大使的筵席。班達爾．蘇爾坦（Bandar bin Sultan）親王在維吉尼亞州大城麥克林（McLean）官邸設宴，這是一場小而隆重的餐會，主客是當時的副總統老布希。

「那是令人難忘的一夜，」趙小蘭猶記得晚宴邀請了著名的非裔美國歌手蘿貝塔．弗萊克（Roberta Flack），演唱當時的暢銷金曲〈輕歌銷魂〉（*Killing Me Softly with His Song*）。晚宴氣氛優雅不俗，賓主盡歡。

「第一次見到麥康諾前，早已聽說他是個真誠有原則的人。在很多方面，他很美國作風，坦率直接，如果你求助於他，能做到他一定幫忙，假如他做不到，必定坦誠相告，絕不拐彎抹角，浪費你尋求其他辦法的時間。」如今即使婚後多年，提及夫婿趙小蘭一如初見，讚賞有加。

成功撮合這對佳偶的紅娘張之香說，能結縭的神仙眷侶必定擁有相同的核心價值。這番注解證諸趙小蘭與麥康諾半點不假，其實用來形容趙家父母趙錫成與朱木蘭同樣貼切。

趙小蘭和麥康諾有著截然不同的背景。趙小蘭出生於台灣，麥康諾出生於阿拉巴馬州（Alabama）的普通平民人家，後來搬遷到肯塔基州，然而兩人卻有著許多共同點，比方說童年時期都在不斷搬家中度過，因此都理解重新適應新環境、從頭結交新朋友的難處。

麥康諾兩歲時罹患小兒麻痺症，導致左大腿無法靈活行動。時值二次大戰期間，他的父親遠在前線參軍，他的母親不辭艱辛獨力養育，天天為他按摩雙腿，長達兩年之久，不讓他行走以養好腿力。後來麥康諾左大腿終於康復，高中和大學時參加各種體育活動，行動自如，沒有一項難得了他。為此，麥康諾非常感念母親持之以恆的無私奉獻，始終侍母至孝。

「麥康諾和一般美國人不同，不多話也不夸夸而談，安靜保守，和亞洲人很像，是個謹慎細心的傾聽者。」日後趙小蘭分析，自己喜歡的中華文化特質，麥康諾都有，而且他篤樸真誠、謹言慎行，也重視家庭，都是趙家格外注重的人格特質。

由敬生愛主動求親

當兩人關係逐漸穩定，麥康諾就告訴趙小蘭，自己每個週末都要返回肯塔基州老家，而且每個禮拜天一定和母親共進午餐。麥康諾服務家鄉選民盡心盡力，趙小蘭相當敬佩，也非常欣賞他如此孝順母親。趙小蘭相信，盡孝之人必是可靠的良人，可是，認真交往幾年下來，對方卻遲遲未採取進一步行動。有一天趙小蘭坦誠直率地告訴麥康諾，「一直這樣約會毫無意義，假如沒有結婚的打算，我覺得我們不應該再往來。」

麥康諾確實不曾計畫再婚。可是，眼前的趙小蘭是個千年一遇的理想伴侶，簡直挑不出缺點。他實在不願如此聰慧靈動的女子捨他而去。知道必須作出抉擇的那一刻，他毫不遲疑向趙小蘭求婚。

求婚後，一向慎言溫和的麥康諾遠赴紐約趙家登門拜訪——遵照華人習俗。

趙家明白麥康諾來訪是慎重其事。直到吃完甜點，麥康諾才切入主題，當著趙家女兒們的面，請趙錫成夫婦允准他迎娶趙小蘭。語罷引爆哄堂大笑，因為大家都忍著等著，明知麥康諾此行的目的卻不知道他究竟什麼時候才要開口。

就這樣，麥康諾結束黃金單身漢的生涯，趙小蘭如願在四十歲之前把自己嫁掉。或許一如趙小蘭做任何事都有堅決意志力，心想事成，也就水到渠成。如母親朱木蘭常言，一切都是緣分，命中注定。

兩人都公務繁忙，婚期只能擠進行程，而不是排開行程。婚禮訂在聯邦參議院休議期間，好讓新人有空檔度蜜月。麥康諾表示，結婚當天也正好是前總統雷根的生日，他們兩人都曾在雷根任下工作過，為這日子又增添了一層特殊的意義。

結婚時，趙小蘭是美國聯合勸募基金會的總裁兼執行長，婚禮前一日，她還在外地出差。秘書康妮要求工作團隊一定要在中午之前讓趙小蘭準時上飛機，「因為總裁隔天要結婚！」

婚禮在美國國會山莊禮拜堂舉行，簡單私人而鄭重，受邀觀禮者只有雙方家人、兩位助理，以及張之香大使與其夫婿布洛克先生（Stuart Bloch）。上次在禮拜堂舉行婚禮的，是出身加州的參議員比特・威爾森（Pete Wilson）與妻子蓋兒（Gayle），事隔十多年，才又迎來了這對佳偶。證婚儀式結束後，新人在華府威拉德酒店（Willard Hotel）的套房內宴請賓客，並享用一個小小的結婚蛋糕。

接著新人到美屬維京群島（United States Virgin Islands）小度蜜月，享受了一星期的兩人世界便飛返華府，各自回到工作崗位上，準時上班。

這對璧人的喜事一旦走漏風聲自然大受矚目。三月四日，也就是婚禮後不到一個月，參議院領袖鮑伯・杜爾和夫人伊莉莎白在共和黨領導人套房[8]舉辦了一場非常特殊的迎新會為兩人慶賀，邀請了所有參議員出席，名目是歡迎趙小蘭加入參議院這個大家庭。趙小蘭帶著父母同往，趙錫成與朱木蘭伉儷是在場唯一的非參議院人士。兩黨參議員魚貫進場祝賀新人，溫馨和睦，也凸顯了大家對麥康諾新婚妻子的重視。這樣的迎新會絕無僅有，趙小蘭也從台灣那個玩泥巴的小女孩，一路迢迢不斷蛻變，而今成為美國參議院大家庭的一員。

重視中華傳統文化的趙家，當然要給長女辦一場盛大歡騰的喜宴。四月十日，趙錫成與朱木蘭在萊伊希爾頓飯店（Rye Town Hilton）宴客，趙小蘭與夫婿赴

---

8 十三年後，這間曾經見證新婚聚會的辦公室，由履任共和黨領袖的麥康諾繼承使用。

紐約參加。喜宴熱鬧非凡，加上趙錫成與朱木蘭人緣好，親戚朋友數以百計，盈門賀客川流不息，還特地邀來了紐約州參議員狄馬托（Alfonse D'Amato）到場同歡。

趙小蘭的喜宴還促成了一樁史無前例的會面：趙錫成博士透過個人私交，同時邀請到台灣駐美代表丁懋時，以及剛上任不久的中國駐聯合國大使李道豫，與中國駐美大使李肇星，平素避之惟恐不及的三位外交官，為此盛宴齊聚一堂，轟動一時。

我是趙小蘭，也是麥康諾夫人

不管公務如何忙碌，頭上的「官」環如何耀眼，趙小蘭永遠知道她不僅僅是趙小蘭，還有另一頂「光環」：參議員麥康諾的夫人。

扮演麥康諾夫人這個角色時，趙小蘭進退有節地接待議員的賓客，協助新科議員的另一半熟悉環境，「如果他們有學齡幼童，就可能會遇到找新學校、註冊等問題；而且他們一定需要找新家，也會需要水電師傅這些資訊，對新議員家庭這些都是麻煩的重要瑣事，而我很樂意助他們一臂之力，只要他們有需要，隨時可以用電話、電郵找到我。」

「父母教導我『滿招損，謙受益』，實在是中國的大智慧。」她形容，中國有許多傳統思想非常寶貴，用在人際關係上受用無比。

承襲父母熱心服務的博愛精神，趙小蘭助人不分黨派族裔，自然也對參議院這個大家庭一視同仁。參議院開會期間，每週二都有參議員配偶們的午餐聚會，隨著女性參議員增多，男性參議員配偶也逐漸增多。趙小蘭對這樣的聚餐樂在其中，只要是待在華府期間，從不錯失這個交誼機會。

特別的是，在這樣的場合裡，幾乎無人知道這位參議員夫人也以她的內閣首長身分，經年累月掌理國家大事，包括核准發射衛星這類對影響美國未來競爭力影響甚鉅的重大決策。他們只知道趙小蘭應該十分忙碌，卻從未缺席這些議院午餐聚會，對她總是撥冗聚餐的用心十分佩服。趙小蘭的親切感發自內在，她其實不懂「降貴紆尊」這四個字，有的只是從父母親那裡學到的「謙以自處，寬以待人」的身教。

趙小蘭的廣結善緣也對麥康諾大有裨益。由於趙小蘭經常接觸議員的配偶，有助於麥康諾深入了解他的同仁們。而趙小蘭廣受參議員與眾議員喜愛，也讓麥康諾沾了愛屋及烏的光。

口耳相傳名聲揚

身為參議員配偶又兼具政府官員資歷，人緣絕佳且做事周到，趙小蘭成了白宮與國會舉辦活動的熱門參謀人選，經常協力主辦第一夫人的午宴。

一旦趙小蘭再重返公務機構任職，凡此種種公益或非公益職務、財務狀況，都必須在聽證會前一一羅列填表，不可疏漏，而所有非公益職務都必須在就職後辭去。換句話說，美國的政務官曾服務於哪些公、私立單位，都必須鉅細靡遺公諸於世，包括相關的財務狀況也得交代清楚。

趙小蘭認為，一個人身居要津就具有強大影響力，她時常自我提醒要戒慎恐懼、珍而重之，要保護它成為好的影響力，去幫助他人更上一層樓，讓社會趨於至善。在她心目中，這是從小父母教誨下「齊家、治國、平天下」的人間理想實踐，是人存活在世理所當然的責任。

而就在她還不知情的時候，「趙小蘭」已然是一個傳遍美國的名字，還悄悄被譽為冉冉躍升的共和黨明日之星。

當總統大選將至，趙小蘭聲名漸起，如初夏新蟬遊豫芳林，處處可聞。尤其在華人圈裡，最多的傳言就是如果小布希當選總統，趙小蘭將是運輸部長不二人選。也或許這是美國華裔共同的心聲，盼著趙小蘭能以其雄厚的資歷，帶來無比的希望，為大家揚眉吐氣。

【後話】

趙小蘭與麥康諾結縭以來，至今仍被華府稱為「權勢夫妻」（Power Couple）。這不能怪媒體喜歡嗆辣標題，而是趙小蘭兩次入閣，麥康諾多年擔任參議院政黨領導人，在外界看來，這樣的結合對雙方既是如虎添翼，也是錦上添花，對好事者不啻格外吸引人。樹大難免招風，也令原本個性就十分低調的趙小蘭與丈夫，無論行事或發言都益發謹慎小心、字斟句酌了。

趙小蘭知道政治是一潭永不會平靜也不可能澄淨的湖水，自己能做的只有加倍潔身自愛。尤其她身為媒體大眾追逐的目標，一言一行不單影響自己個人的名譽，更會牽連到家人。比方一向疼愛女兒們的雙親，曾贈送趙小蘭一枚珍貴的戒指作為結婚賀禮，但趙小蘭從來只珍藏而很少拿出來佩戴，一方面是個人風格崇尚儉樸使然，另一方面則是刻意避嫌。就連上班使用的公事包，她也一直用著父親送她的二手包，外觀陳舊皮革明顯龜裂也不以為忤，放在裡頭的隨身化妝包同樣滿布歲月痕跡，彩妝全都是平價品。

趙小蘭相信，政治人物即使自律甚嚴，也難完全避開無中生有的攻訐。她自己位居政府要津，丈夫也位高權重，兩人出外卻從來只搭民航機，沒有私人飛機。「從小我的父親就訓練我們，從鋪車道柏油、清洗游泳池、給整幢房子外觀刷油漆、給室內貼壁紙——我們從來不是養尊處優的人！」就連小妹趙安吉都能拿螺絲起子修房子。趙錫成對女兒的訓練，並非為了節省開銷，而是要鍛鍊她們獨立自主，吃苦當吃補。

因此「身有傷貽親憂，德有傷貽親羞」，未能保護家人免於無中生有的攻訐，是趙小蘭最大的遺憾。

麥康諾同樣了解政治人物很容易成為無的放矢的箭靶，謹言慎行是維護自己與妻子最好的方法。縱使如此，敵對政黨仍不時發動有失公允的誣衊攻訐。

趙小蘭相信，人沒辦法討好每個人，總是會有人喜歡你，也會有人不喜歡你。如今黨爭趨向激化，愈是身居要職，愈容易備受攻擊，預備好這樣的認知，不論用在一般職場上或政壇上，都有益於健康的自我心理建設。麥康諾每次出馬參選，趙小蘭就會成為民主黨陣營鎖定的最大攻訐對象，當然，真正的目標還是麥康諾。就連對手拿趙家在商場上的事務向趙小蘭潑髒水，其真正的目標也還是麥康諾與共和黨。從一九九六年，每隔六年，趙小蘭都要承受同一套誣衊抹黑手法的凌遲，若非內心十分強大，很難熬得過去。

隨著麥康諾政壇之路愈來愈拔尖，抹黑也愈來愈頻繁，手法也愈發惡劣醜陋、匪夷所思。訛言謠傳甚囂塵上流竄於各大知名媒體，如野火燎原，《紐約時報》、CNN、《富比士雜誌》紛紛加入戰局大肆報導，卻未真正說明這些不當言論來自民主黨成員。麥康諾的形象因為他的亞裔妻子被攻擊得體無完膚，但他毫不以為意。

按理說，民主黨一再聲稱自己是少數族裔的捍衛者，然而在這件事情上，它反倒成了點火煽風的元兇。一九九六年，當時在任的肯州州長的女兒，還有肯州民主黨主席都曾對趙小蘭出言不遜、惡意中傷，事態嚴重到後來不得不公開道歉。二〇一四年的選戰中，一些民主黨激進份子甚至明目張膽在社交媒體上叫囂：「她不是肯州人，她是亞洲人。」類似事件每逢麥康諾的競選年，如二〇〇二、二〇〇八、二〇二〇年都集中爆發，防不勝防。

同一年，《紐約時報》在麥康諾參選時刊登了一篇報導，聲稱趙小蘭有一本小簿子，專門用來登記麥康諾收受的政治獻金明細。事實上，趙小蘭記憶力過人，從來就沒有什麼小簿子，報導一出引發各方詢問，她慧黠眨眼指著自己的腦袋說：「所有的東西都在這兒」，幽默化解負面氣氛。

媒體向來對共和黨有失公允，尤其是《紐約時報》。後來趙小蘭出任勞工部長，該報刊登趙小蘭雇用一名職員專門負責幫她提皮包。然而這並不是什麼新鮮事，因為白宮所有閣員都配備有這樣一位職員。當時同一篇報導還說，趙小蘭私鑄金幣鐫刻自己的肖像，用來餽贈民眾。這也是扭曲事實：趙小蘭轄下「礦山安全和健康管理局」（MSHA）的局長自作主張，鑄造了紀念幣，一經趙小蘭幕僚發現，立刻就要求回收銷毀。諸如此類歪曲真相的報導，在在顯示媒體找不到任何更大瑕疵可大肆撻伐，只好訴諸小事、大做文章。

政治是管理眾人之事，本身骯髒嗎？骯髒的是以追逐權柄為目的的人，以及視權力為個人利益私器的人。趙錫成經常提醒女兒，從政要以「內聖外王」自勉，王者是照顧黎民百姓的能者，能者多勞，如何成為好的王者與能者？那就是要時時刻刻端正自己內在的思維，廉正公義無欲無求。時至今日，趙小蘭仍抱持一份根深柢固的理想，也是她父母親所培植的理想：願為公僕，為民服務、奉獻社會。

第十五章

書寫歷史新章：首位亞裔女性官至總統內閣

——趙小蘭聽到話筒那端傳來小布希的聲音，他問趙小蘭是否有興趣出任勞工部長。趙小蘭明快沉著地回答：「那將是我的殊榮。」

夏日將至。時任德州州長的小布希開始在共和黨總統提名中獨占鰲頭，也在共和黨總統提名人中一枝獨秀。二〇〇〇年七月十六日，小布希造訪肯塔基州的路易斯維爾。當競選小飛機降落時，麥康諾與趙小蘭已經在停機坪上等候迎接小布希的到來，隨後三人一起站上設置於機場機庫內的講台，展開競選造勢活動。之後，在共和黨全國大會中，小布希州長正式獲得黨提名成為總統候選人，他的小飛機換成了大飛機，因為現在機艙內必須能容納更多媒體記者。

這時候，趙小蘭的名字不斷被提及，如夏日蟬鳴不絕於耳，傳言說得很真切，小布希當選後可能會徵召趙小蘭入閣。若果，她將成為史上第一位亞裔女性部長。

七月三十一日至八月四日，共和黨在費城舉辦全國代表大會，出席的黨員代表超過兩千人。

值得注意的是，這次大會邀請趙小蘭演講，而且給她安排了最搶手的時段。上台前，她坐在前老闆老布希總統伉儷的包廂內。十二年前，趙小蘭在全國大會附議當時的共和黨副總統提名人老布希，是站在台下發表演說；這一次她不但躍上講台，而且就站在正中央、分配到最重要的時段開講。

這天，趙小蘭身著淺藍色勁裝，對所有黨代表侃侃而談她的父母，趙家飄洋過海遠渡美國的移民過程，落腳美國的艱辛與美好，「美國是個移民國家，給予所有新移民開放與寬容。」趙小蘭鏗鏘有力展現大將之風。

受到賞識無比感激

小布希參與過其父老布希總統的大選，經驗豐富。不過這屆總統大選，由於佛羅里達州重新計票，致使他的到職就任日延遲了三十七天。十二月中旬，最高法院裁定小布希當選有效，他的幕僚便立刻約見內閣人選，因為新任總統小布希必須在新政府的履職首日，即元月二十日前，提出新內閣的名單。

趙小蘭接到徵詢電話。幕僚告訴她到某街角等候，不久來了一輛白色休旅車，車上沒有任何特殊標記，上了車，就逕自開往面談的目的地。休旅車一路開到華府西北區第十五街的麥迪遜飯店（Madison Hotel），直接駛入地下停車場內，趙小蘭被帶領穿過飯店的後廚，一位幕僚引導她搭乘員工用電梯上樓，然後她再步行最後一段台階抵達飯店頂層。新任總統小布希則在頂樓一處房間內等著與她面談。

進了房間，趙小蘭驚訝地發現，現場還有副總統當選人迪克·錢尼（Dick Cheney），以及白宮幕僚長（Chief of Staff）提名人安德魯·卡德（Andrew Card）、未來的白宮人事室（Head of presidential personnel）主管克萊・約翰遜（Clay Johnson）。約翰遜與小布希是麻州知名私校菲利普斯高中（Phillips Academy）的校友，有多年情誼。

這場面談由四個人對趙小蘭一人，但全程只有小布希總統一人發言，與趙小蘭暢談了約一個鐘頭。兩人討論了運輸議題與美國國鐵問題。總統還問趙小蘭對什麼領域感興趣。

「舉凡總統先生需要我貢獻畢生所學專長之處，我定當戮力效勞。」趙小蘭在運輸領域經歷豐厚，早在擔任白宮學者時，她就曾在「政策制定辦公室」負責貿易與運輸事務研究，到了銀行界主管國際航運融資，後來又擔任美國運輸部航運署副署長，之後轉任聯邦海事委員會主席，老布希總統就任時被拔擢為運輸部副部長，趙小蘭在運輸事務上資歷扎實幾乎無人可及。

總統未做出承諾

不過面談當下小布希並未給出明確答案。他向趙小蘭致謝，並說會很快做出決定。日後趙小蘭在解說美國政治制度時曾說，小布希政府進行閣員面談，作風十分隱密而低調，這一點和川普政府非常不同。小布希政府旨在保護當事人不在事前曝光，萬一對方落選才不至於尷尬。

緊接著就是聖誕佳節與新年長假。凜冬已至，仍音訊全無，恍若細雪飄落波多馬克河悄然無聲。趙小蘭有點按捺不住，她玩笑似的問丈夫：「會不會總統弄丟我的電話號碼了?!」

新的一年轉眼到來，節慶的歡欣氣氛還未盡散，冰天雪地妝點著的政治重鎮華府顯得不那般硬邦邦。一月二日，小布希總統宣布了最後三名內閣人選：能源部長人選是首位阿拉伯裔美國人史賓賽・亞伯拉罕（Spence Abraham），勞工部長是首位拉丁裔美國人琳達・查維茲（Linda Chavez），運輸部長則是日裔的諾曼・良雄峰田（Norman Mineta）。

趙小蘭不在名單上！

她難掩失望，不是為她個人，而是為她的父母和華裔美國人感到無比落寞。這麼多年來，無數華裔美國人、亞裔美國人看著她在職涯進展神速，大家都這麼支持她，不斷鼓勵她更上一層樓。而且眾所周知，趙小蘭這一路走來付出多少努力，全憑自己單打獨鬥，從來不靠任何特殊關係，言出必行不講空話。這樣的人品不正是大家仰望的公僕該有的特質嗎？

現下趙小蘭該如何自處？

還來不及整理思緒，竟就接到了候任白宮幕僚長卡德打來的電話，表示新政府希望她能重返白宮，問她想在新政府擔任什麼職務。趙小蘭感到除非入閣否則沒有理由重返公職。尤其大家有目共睹的是，她在私人企業也有亮麗的作為。

趙小蘭客氣婉拒了幕僚長的提議，也真誠表達了只要自己能力所及，她願從政壇外竭盡所能協助新任總統與新政府。儘管確有失望，趙小蘭依舊沉著冷靜，不曾顯露半分。「當時一心想著，能受到新總統賞識，我非常感激。」

峰迴路轉見驚喜

中國古語說「天道酬勤」，趙小蘭不論在官署或私人企業工作，其兢兢業業、盡忠職守的態度，所有與她共事過的老闆或同事，無不對她留下好印象。運輸部長杜爾曾讚許趙小蘭在航運署署長任內，「最大的成績就是挑戰一九三六年《商船法》（Merchant Marine Act）第十一章有關船舶融資問題的陳規，成果斐然！她是一位有魄力、有決斷的領導人，又有為國為民的奉公精神。」除了年輕時花旗銀行的工作，趙小蘭早已毋須投遞履歷，因為工作都會自動找上她，任她挑選。

趙錫成和朱木蘭常常說「盡人事，聽天命」，做好眼前本分，相信其餘上蒼自有好的安排。趙小蘭自然也從父母身上承襲了這樣的好心態，況且丈夫也很鼓勵及支持她。失望歸失望，她並不氣餒，反而很自在安然。在短暫落選期間，趙小蘭並未馬上接受其他職務邀約。倘若她當下轉任他職，未來的歷史可能就此改寫。

孰料情勢峰迴路轉。不到一週，勞工部長原訂人選查維茲遭舉報曾雇用非法移工。這個瑕疵雖不算嚴重，但發生在未來的勞工部長身上，卻是個知法違法的嚴重汙點。更嚴重的是，查維茲並未事先主動告知總統及白宮團隊。面對爆料，白宮幕僚猝不及防，完全來不及替查維茲辯護，就在著手調查真相之際，查維茲的候選資格已經斷送在甚囂塵上的各種傳言之中。

這種失誤最是令白宮頭疼。一般來說，內閣人選會被要求主動披露可能被挖出來的個人過往黑資料，以利幕僚預做準備。

事出突然，新政府必須立刻找到新替代人選，向全世界展現新政府的堅定、信心、效率與魄力。

元月十日，前白宮法律顧問菲爾丁（Fred Fielding）致電趙小蘭。菲爾丁當時是協助政府交接、審查候選人倫理及合規狀況的義工，以前也面試過趙小蘭。兩人初識當年，趙小蘭只是白宮學者。

前一年的十二月下旬趙小蘭已接受過面談，也通過審查紀錄清白。之前出仕官署三次，也歷經過三次聽證會，以及三次聯邦調查局鉅細靡遺的身家清白調查無誤，更重要的是趙小蘭一貫潔身自愛，從未落下任何不法、不公不義的汙點。

電話中菲爾丁問了趙小蘭幾個問題，主要是為了確認她可以入閣。不過菲爾丁並未明確承諾任何事情。隔日早晨，趙小蘭再次接到候任白宮幕僚長卡德的電話。卡德說，「請稍等一下，總統當選人想跟你說話，」說時遲那時快，趙小蘭聽到話筒那端傳來小布希的聲音，他問趙小蘭是否有興趣出任勞工部長。趙小蘭明快沉著地回答：「那將是我的殊榮。」

終於有了歸屬感、立足點

接著小布希告訴趙小蘭，下午兩點會在新政府交接總部宣布人選，希望趙小蘭一同出席。

掛上電話，得知自己被延攬入閣，趙小蘭既欣喜又振奮。「終於走到這裡！」

她在心裡默念，對父母的愛與無盡的感激湧上心頭，第一時間就撥電話給摯愛的爸爸媽媽報喜訊。接著她趕緊打電話給丈夫，但並未接通，只好委託可靠的助理代為轉達。時值議會休會期間，麥康諾人在肯塔基州，正忙著州裡大大小小的活動與公務。

趙小蘭隨即意識到，她只有不到兩個小時來準備下午的官宣記者會，時間緊迫，分秒必爭。她要準備發言的講稿，回家更衣、打理好頭髮，下午兩點才能準備好面對各大媒體的閃光燈。這麼多事幾乎要在同一時間內辦妥，她決定向丈夫的幕僚長杭特・貝茲（Hunter Bates）求助，請對方幫她擬講辭。兩人素來熟識，趙小蘭只需交代貝茲她想說什麼，而貝茲很了解趙小蘭需要什麼樣的措辭與分寸。

接著，趙小蘭火速趕回家換上正式套裝，又立刻奔向美容院弄妥妝髮。她的招牌風格簡約俐落，不一會兒就足以讓她神采奕奕。寫好講稿的貝茲分秒不差，載她前往交接總部。

趙小蘭手裡捏著講辭進入總部，時鐘才走到下午一點半。她安靜默讀講詞，等著兩點鐘的到來。短短半個小時，卻似千秋萬世般看不到盡頭。好不容易兩點鐘到了，「怪了，怎麼沒看到人？」趙小蘭不禁疑惑。原來，是預計和她一起出席人事布達記者會的擬任貿易代表（Trade Representative）佐利克（Robert B. Zoellick）遲到了，記者會因此推遲到兩點四十五分。

二〇〇一年元月十一日下午兩點四十五分，記者會正式召開，總統當選人小布希宣布提名趙小蘭入閣擔任勞工部長。小布希特別提到趙小蘭八歲移民來到美國時，一句英語也不會說，經過多年努力，她終於靠自己的力量實現了美國夢。小布希除了讚揚趙小蘭以往的耀眼政績，也強調趙小蘭充滿同情心，樂善好施，總是想著幫助別人成功，「是勞工部長不二人選」。

站在小布希身旁的趙小蘭，為記者會精心挑選了一套紅色帶黑色鑲邊的套裝，寓意深遠。這是路易斯維爾大學的代表色，趙小蘭曾獲該校所頒發的榮譽博士學位，她也藉此向新故鄉肯塔基州致敬。

「我謹向全國同胞保證，我將拿出如同父親當年移民美國時所展現的熱忱，投注全副心血。初到美國之際，家父曾為了養家活口身兼三份差事。」閃光燈如雷電交掣此起彼落，趙小蘭眼神堅毅。

朝野一致看好

小布希提名趙小蘭入閣贏得廣泛支持，不僅政壇與商界一片叫好，一眾工會領袖接受《華盛頓郵報》採訪時，也紛紛肯定趙小蘭的才幹，異口同聲預言聽證會將一面倒地無異議通過。時任全美最大工會組織「美國勞工聯合會和產業工會」（American Federation of Labor and Congress of Industrial Organizations，簡稱勞聯—產聯〔AFL-CIO〕）主席約翰．史威尼（John Sweeney）認可趙小蘭過去長久參與勞工運動；同樣熟悉政府事務、熱中政治活動的「美國電訊工會」（Communications Workers of America）主席莫頓．巴爾（Morton Bahr）說，「我可以證明她的領導能力與正直清廉，以及她尤其出眾的斡旋各方的能力，」巴爾說，「她豐富的行政經驗和穩健的公眾形象，正是這一重要內閣職位所需的品質，我們非常期待與她共事。」另一位主要工會國際機械師和航空航天工人協會（IAM）主席湯姆．布芬巴格（Tom Buffenbarger）表示：「趙女士擁有的堅實專業能力和豐富的公共服務經歷，使得她成為勞工部長一職真正適任的候選人。」

趙小蘭擔任聯合勸募基金會主席期間，與巴爾和史威尼都合作過，彼此相當熟悉。

記者會結束後，滿室媒體簇擁著總統當選人離開交接總部，趙小蘭身後的閃光燈也終於熄滅。坐進車裡時，趙小蘭望著前方，她知道考驗真功夫的硬仗轉眼就要到來，她必須用最快的時間給自己找齊得力的手下。

美國政府的工作人員分為兩大類，一類是文職員工，另一類是政務官員。文職員工類似公務員鐵飯碗，而政務官員則任期有限，經常隨著改朝換代更替，不同政黨的政務官員通常不會在對黨的政府留任。白宮只負責選任構成新政府領導層的政治任命人選，而隨著新白宮班子上任的內閣官員們，則需找到自己的政務官員。

車行返回辦公室，趙小蘭沒料到整個大廳已經堆滿各方送來的祝賀花籃。接連數日，無數祝福及道賀的電話、傳真和郵件，賀信與花籃還在不斷湧入，匯成更絢爛的花海。見到各方熱烈支持的盛情與鼓舞，尤其是來自亞裔美國人社群的熱情回響，趙小蘭銘感五內。

趙小蘭的當務之急，是準備接受國會任命聽證會審查所需的文件資料與應答。過去出任聯邦海事委員會主席、運輸部副部長及和平工作團團長前，她曾分別經歷過三次任命聽證會，所以毫不緊張。不過，這一回時間緊迫，要填寫的表單與文件堆積如山，包括白宮文件、參議員質詢問卷、財務自白表，以及聯邦調查局的良民表。

所幸小布希政府的交接團隊組織良好，而且分派律師協助每位閣員填寫表單。這些律師都是無償義務幫忙，視為公益服務（pro bono publico，簡稱pro bono）。若非如此，許多閣員事實上都只是中產階級，負擔不起這些高昂的律師費用。

填完表單後，趙小蘭必須禮貌性拜會參議員們，此舉也可望讓聽證會進行更為順利。她的任命聽證會訂在元月二十四日，轉眼就到。這一天竟喜逢中國大年初一，趙小蘭覺得這是個黃道吉日。

總統就職典禮早聽證會四天舉行，她的座位在國會大廈的觀禮台上，與總統、副總統僅相隔數人。趙小蘭邁出了人生的重要一大步。

參加總統就職典禮

元月二十日的就職典禮當天早晨，趙小蘭偕夫婿與其他國會領袖從國會大廈進入白宮，陪同卸任的總統柯林頓夫婦和新任總統小布希伉儷進入國會大廈，預備出席十二點開始的就職典禮。這個送舊迎新的傳統饒富深意，代表民選的總統與副總統，要由民意代表接進白宮，為人民處理國家公務。許多國家的總統就職典禮僅有歡迎新總統，並沒有送別前任，而美國的這項傳統充分強調了政權和平交接的意涵。

送舊迎新的隊伍是一長串禮車，浩浩蕩蕩在摩托車警察大隊護送下，從國會大廈出發，前往白宮，直抵白宮的「前門」，也就是位於西北邊的入口。議會領袖們進入白宮內，開始寒暄問候喝咖啡，大約三十分鐘，議會領袖們再陪同卸任總統夫婦和新任總統夫婦去往國會大廈。

趙小蘭全家當然也出席了這次盛會，這一次他們坐在貴賓席中的最佳位置。

約莫上午十一點半，就職典禮開始。趙小蘭和作為此次國會山莊總統就職典禮委員會主席的夫婿麥康諾，與一眾官員魚貫走出國會大廈，一一登上典禮平台，迎向外頭正是細雨紛飛的臘月天。就職典禮在肅穆莊嚴的氣氛中進行，圓滿完成了政權和平交接。正午十二點零一分開始，美國有了新的總統與副總統。

典禮結束後，麥康諾、趙小蘭和其餘所有參、眾議院的民意代表領袖，陪同卸任總統與副總統夫婦步出國會大廈東廂，目送對方展開回歸平民的新生活。這是送別前任國家元首的儀式。然後，由國會領袖們作東，在國會大廈內的國家雕塑展覽廳（National Statuary Hall）內設午宴，招待新任總統伉儷及副總統伉儷。身為總統就職典禮委員會主席的夫人，趙小蘭的座位被安排在小布希總統與副總統錢尼中間。

一等國會大廈的午餐用畢，趙小蘭便陪同總統、副總統，以及家庭成員、政府要員與軍方代表，一同到位於白宮北邊草坪的總統包間觀賞就職遊行。遊行隊伍很盛大，在賓夕法尼亞大道上綿延長達二．四公里，由軍民代表、花車、鼓號樂隊打前鋒，他們來自全美五十州和華盛頓特區及邊遠島嶼，是舉國歡騰的盛會，總是人潮洶湧。

觀賞遊行時，趙小蘭只分配到兩個位於總統觀禮台的座位，可她是多麼希望全家十個人都能上來，共享這難得的場面與榮耀。這天，她帶著父親，還多要到一個名額給一個妹妹；她想著可以讓父親和妹妹坐自己的位置，自己再找其他空位坐下，如果沒有多餘的位子，她站著也行。此情此景，讓趙小蘭不由得感慨萬千。這是她第二次觀賞就職遊行，第一次是雷根總統連任的就職典禮。

「十五年前，我好不容易弄到幾張就職典禮的門票，還有貴賓席可以觀賞遊行。好開心！」當時想買到包括貴賓席在內的多張門票非常不容易，而趙小蘭的字典禮裡沒有不可能：唯一的訣竅就是「問可不可以，不行也沒關係，但不問不就一點機會也沒有」。這一招也是父親趙錫成傳授給趙小蘭的人生智慧。

可惜當年雷根總統就職典禮時，華府的氣溫降到七度，加上風寒效應（chill factor），體感溫度只有零下二十五度。最後典禮移入室內舉行，下午的遊行取消，趙小蘭一家人連同受邀同往的朋友，大家在戶外頂著刺骨寒風白白等了兩個多小時。

「那時候我好奇地想著，總統和副總統在裡面的兩個小時都在做什麼？」趙小蘭笑說。現在她知道了，當大批群眾在外面快凍僵的時候，他們在國會大廈內溫暖的雕塑展覽廳慢條斯理吃著熱騰騰的午餐。

終於，在二〇〇一年元月二十這一天，趙小蘭走進國會大廈與總統、副總統共享這一頓堪稱全美，也可能是全球最重要的一頓午餐，有人說「這頓午餐每四年才一次！」最令人振奮的是，趙小蘭還坐在正、副總統之間。她打破了所有人的職涯天花板。

這一刻，趙小蘭在歷史上寫下不朽的一頁。

就職典禮當晚，華府各處還有約莫十二、三場盛大的就職舞會，每個州都有自己的舞會，小一些的州則會數州合辦一場，慶祝活動五花八門，趙小蘭和她的家人先參加了肯塔基州的舞會，再到處趕場。

小布希政府的交接團隊規劃周詳，令趙小蘭留下深刻記憶。比方內閣提名人在正式履職之前，並不會有任何隨扈或司機等待遇，但作為新政府班底，內閣提名人還是需要出席很多公眾活動，以示新氣象。小布希政府的做法，是特別為每位內閣提名人發配一名軍職副官和一輛帶駕駛的專車，方便參加所有的邀約。官方配給趙小蘭的副官艾爾頓．派克（Elton Parker）是海軍，兩人至今仍保持聯繫。

除了就職舞會，趙小蘭也盡可能參加當晚每個迎新會和派對。她特地前往曾任董事職的西北航空（Northwest Airlines）所舉辦的迎新會，欣見前運輸部長、勞工部長杜爾也到場致意，國際卡車司機兄弟會（IBT）主席吉米．霍法（Jimmy Hoffa）也現身表示支持。

這是值得紀念、令人興奮的一天。趙小蘭覺得自己在美國真正有了歸屬感與立足點。

歡騰絢麗的慶祝活動隨夜幕劃下休止符。隔日一早，該上工了。

趙小蘭要準備元月二十四日的聽證會。新聞報導說，趙小蘭的聽證會將是一場「褒獎盛會」，她在華府名聲斐然，能幹努力謙沖正直，聽證會可望順利過關。即便如此，這次的聽證會仍歷時三個小時之久，而她的父母、三妹趙小美與夫婿黃蔚祺、小妹趙安吉都到場為她支持打氣。

矢志為民服務不惜代價

在新舊政府交接期間，文件資料浩瀚如山，時間有限人手不足，趙小蘭還要忙著面試新人，恨不得一天有四十八小時。「多虧小美與妹夫出手相助，尤其妹夫幫我整理財務申報（financial reporting），幫了很大的忙。」趙家的三妹趙小美也是哈佛商學院高材生，曾在父親公司主管財務、投資長達十二年，後來受到紐約州長喬治·帕塔基（George Pataki）拔擢，出任紐約州消費者保護委員會（Consumer Protection Board）主席兼執行董事，是首位擔任該職位的亞裔女性。

自離開美國聯合勸募基金會，四年來趙小蘭在各卓越大型企業擔任董事，收入相當優渥。為了展現服務人民的決心和公務員的廉潔，舉凡倫理署要求必須棄權或讓出的所有事物，趙小蘭毫無異議或二話，立即遵照辦理。

其實不是沒有其他做法。有些官員會將資產交付信託，還有些人會籌謀合法避稅（tax avoidance）或申請卸任公職後可以重新拿回資產。趙小蘭不願花心思在這些技巧上，明快決定服從政府規定，力求無可挑剔。依法她也可以繼續持有股票，但如此一來就必須迴避所有相關產業、企業的政策，將或多或少影響她將來的領導與治理。

在美國，勞工部對每個工作單位都握有裁決權，趙小蘭不願意自己的廉潔受到半點質疑，因此她將持有的股權全數脫手，換成現金或共同基金，即便是以虧損為代價。

另外，趙小蘭過去擔任多家《財星》（*Fortune*）五百大企業有給職董事職位，她曾申請推遲給付了大部分董事會費用以作為自己晚年的養老金。然而，勞工部和美國政府倫理局（U.S. Office of Government Ethics）的專家認為，趙小蘭如今貴為勞工部長，那些企業無論現在或將來支付董事所得給她，皆有未盡迴避利益之嫌。於是趙小蘭也毫不遲疑地放棄所有已申辦延期給付的董事所得，以交換執行公務為民服務能毫無掣肘。許多人不知道，為了清廉任事，趙小蘭放棄了自己晚年無虞的物質保障，因為人品清譽於她是千金不換。

趙小蘭對於服務大眾有著滿腔熱忱，金錢於她的意義就是滿足基本所需，何況她如今已無須為基本需求憂慮。

猶記得八歲來到美國時，父親為了養家身兼三份工作，母親省吃儉用精打細算，連糖果和冰淇淋都要分成三份給她和兩個妹妹；物以稀為貴，那冰淇淋成為她記憶中最美味的奢侈品。那段日子讓趙小蘭很早便領悟到，幸福不是因為物質有多豐饒，而是因為背後有愛；有愛，生命就有光采。她的父母以身作則，用愛教導她人生至樂是有能力為他人開創善與美的生活，是把愛傳遞出去。

出仕為官，讓趙小蘭成了趙家六個女兒中最窮的一個。相較某些閣員因為持有資產涉及利益衝突，招致非議不斷，趙小蘭形容，放棄金錢為她換來了心安理得，每一天做事都能理直氣壯。事實也證明，回首宦途，趙小蘭這名字儼然人品與操守典範的代名詞。

聽證會上只差一票拿滿貫

同黨議員自然不會針對趙小蘭，難得的是民主黨議員也很支持她。領著趙小蘭進入聽證會大廳的民主黨參議員派屈克．雷希（Patrick Leahy），就特別表揚趙小蘭恪盡孝道，「她做事努力認真，總想著要榮顯父母，過去在各個領域表現傑出，足證布希總統選賢與能。」

民主黨資深黨員愛德華・甘迺迪（Edward Kennedy）議員也發言表示，趙小蘭畢業於曼荷蓮女子大學與哈佛大學研究所，兩所學校都在麻省，是他的選區，他覺得有資格講兩句，「趙小蘭以往表現卓越，希望她執掌勞工部之後，能與國會合作無間，共同改善問題。」

聽證會順利在上午結束。元月二十九日投票，全體參議員無一缺席，趙小蘭則在一百票中取得九十九張贊同票——剩下那張是棄權票，屬於為避嫌的丈夫麥康諾，所以實際上趙小蘭拿了個大滿貫全壘打——可謂囊括兩黨青睞大獲全勝。

這是趙小蘭第四度順利通過參議院聽證會審查。這回，她成為美國史上首位亞裔美國女性閣員。

這不只是趙小蘭個人的榮耀，也是全球所有華人無上榮耀的一刻。一八八二年，美國國會曾通過《排華法案》（Chinese Exclusion Act），禁止華人進入美國國土；一百二十年之後，首位華裔人士入閣，出任美國勞工部長。美國政壇視趙小蘭為躍升之新星，而華裔族群欣見她的光芒照亮了華人奴工的黑暗史，過往靜默無語的血淚犧牲，終於有機會抬頭挺胸擁抱遲來的榮耀。

美國社會曾對華裔有著奇怪的刻板印象：對於華裔普遍的內斂，又或者只是英語能力不夠好、缺乏自信，覺得他們畏首畏尾、鬼鬼祟祟。但趙小蘭一掃這種刻板印象：她爽朗熱情，總是笑臉迎人，說話鏗鏘有力卻不咄咄逼人，做事明快俐落，學經歷符合美國主流價值的高標準，看起來就是個不折不扣的美國菁英，待人接物卻又處處散發中華兒女氣息，進退有節謙沖低調，同時孝悌忠良兼備。

「從小爸媽就告訴我，和美國人在一起時要像個美國人，和華人在一起要像個華人。」趙小蘭相信是父母的智慧造就了她，使得她順利平衡兩種文化，更快速地融入美國社會、取得認同。

勞工部的第一天

就任後第二天，趙小蘭陪同小布希總統出席一場會議，與宗教團體就公共政策進行意見交流，會中商討許多公共服務事項，例如如何協助更生人重返社會等。政府無法獨力完成這些事務，它的計畫必須獲得社會機構襄助，包括以往排除在外的宗教團體。

新內閣上陣，包括勞工部在內的所有官署辦公室，都開始設有宗教辦公室容納各種宗教族群，協助府方設計的社會福利方案。信仰可以更有效推行世俗方案。新總統小布希說，一個人難以單打獨鬥做改變，而他在四十歲時戒酒成功全倚賴神所賜予的意志力。堅定信仰，富有同情，這些理念也正是趙小蘭從內心深刻認同的。

當天下午兩點十五分，趙小蘭首次以勞工部長身分出席內閣會議。四點左右，她會晤了白宮人事室副主任埃德蒙·莫伊（Ed Moy），討論招募新團隊人選。

上班第一天晚上，趙小蘭出席了迎新會，主辦人是眾議員約翰·貝納（John Boehner），「眾議院教育與勞動力委員會」主席（Chairman of The House Committee on Education and Workforce），其職轄範圍與勞工部有較大交集。

重返白宮令趙小蘭覺得安心自在，「終於在美國找到自己的位置」。她自忖年方四十七，身強體健精力充沛，擁有扎實的政府經驗。她的內心很踏實，自信滿滿，蓄勢待發。

玻璃天花板實是自我設限

三月六日，小布希總統在白宮橢圓形辦公室舉行了一次正式的宣誓就職儀式。趙小蘭母親朱木蘭手捧《聖經》，笑容滿面看著女兒宣誓。授證儀式由歐康納大法官（Sandra Day O'Connor）主持。十二年前，趙小蘭出任運輸部副部長的授證儀式，也是這位女性法官主持的。通常，總統幕僚們只允許宣誓人帶一到兩位家人陪同出席，而趙小蘭又一次為了家人請示總統，希望能邀請來她的所有家人到場見證。值此盛典，趙家幾乎闔家出動，貼身秘書康妮、幕僚長史蒂夫·勞（Steve Law）也都到場祝賀。

父親趙錫成一向珍惜家中成員的重要時刻，不錯過慶祝各人人生里程碑的機會，所以在趙家總不缺乏歡慶相聚、賀客盈門的場景，這次當然也不例外。舉家歡欣之際，趙家人其實蒙上一片陰影。在小布希宣布提名趙小蘭為勞工部長的元月十一日當天，朱木蘭確診淋巴癌，她卻隻字未提，不願影響眾人分享喜訊與歡樂；在白宮橢圓形辦公室的宣誓就職典禮上，朱木蘭手捧《聖經》喜迎長女歷史性的一刻，盈盈笑眼映出滿室輝煌，彷彿已看見女兒未來的無限榮光，臉上只見由衷欣慰與自豪的微笑，將病痛化療之苦隱忍於笑容之下。

緊接在白宮橢圓形辦公室典禮之後，勞工部大樓內還有一場慶祝會，規模盛大，有四百多位賓客參與。許多賀客來自亞裔美國人團體，對亞裔賓客來說，這是畢生頭一回親炙聯邦政府閣員，大家都興奮異常，急切想加入見證這個歷史上輝煌歡欣的一刻。

趙小蘭創造了多項歷史紀錄。她是美國史上第一位亞裔女性內閣閣員，是美國建國以來第一位華裔美國閣員，同時是五十六年以來首位入閣的肯塔基州民。她將執掌勞工部長達八年，是二戰後任期最長的閣員。

趙小蘭有始有終，與小布希總統共進退。有些閣員任期內就離職，或許是表現欠佳總統不滿意，或是行事風格與總統不合。趙小蘭是例外，做滿八年任期。「她是公認布希總統政府中最好的內閣部長之一，」第一任白宮幕僚長安德魯．卡德說。「她方向明確，堅持到底，擁有遠超其他人的溝通能力，並且善於領導和團隊合作，」白宮前幕僚長約翰．巴頓（John Bolton）更是十分直率地稱許趙小蘭，「她是少數能在小布希總統連任政府續任的部長」。

全美勞動人口超過一億五千七百萬，他們的福利、職業訓練與安全，都是勞工部最大的職責所在。趙小蘭作為女性扛起這副重擔，令朝野、亞裔美國人與僑界盡皆刮目相看。

二〇〇〇年，美國面臨新舊經濟交替的關卡。數位經濟崛起，在全球經濟扮演起主導地位，趙小蘭必須拿出前瞻魄力，為全體勞工擘畫出更遠大的前景，並且制定新政策，給予美國勞工更多相應職訓，並促進美國勞工、工會與企業主攜手，共創二十一世紀新經濟的輝煌。

趙小蘭制定公平的法規讓雇主有所遵循，並努力保障美國勞工福利，致力於改善工作場域的安全性。可想而知，改革總是困難重重，在眾多異議中，趙小蘭一路披荊斬棘，採取實際行動收服反對勢力，對事不對人，用真誠與良好的溝通力積極解決問題。

勞工部長要為整個美國的勞動力發聲，而不是只代表工會會員而已。整體勞動力並未全數加入工會，工會成員只占其中的不到一成。工會看似勢力龐大，在媒體上聲音響亮，

> 我以趙小蘭在我任內擔任勞工部長的出色表現為傲。
>
> ——美國第 43 任總統小布希

代表性卻相當低。

有心人只需查找勞工部或勞工局的統計數字便可知道，趙小蘭初掌勞工部時，美國總體勞動人口大約是一億四千四百萬，只有百分之十三．五的勞動力加入工會，私人企業員工中只有百分之九是工會成員，而政府員工也僅有百分之三十七加入工會。隸屬工會的一千六百三十萬人中，還有些並非勞工而是退休人士。

第一個大考驗

上任八個月後，新政府的勞工部事務逐漸步上正軌。七月十日，趙小蘭陪同小布希總統前往紐約艾利斯島（Ellis Island）出席一場新美國公民的入籍宣誓儀式，時任紐約州參議員查克．舒默（Chuck Schumer）及紐約市市長魯迪．朱利安尼（Rudy Guiliani）亦陪同出席。小布希總統原本的施政計畫是先著手於美國本土的議題，如移民制度改革等。

孰料，一場突如其來的恐怖攻擊，差點打亂新政府的施政步調。

二〇〇一年九月十一日這天，是舉世難忘的日子。天空晴朗無雲，陽光普照大地，本該是宜人美麗的秋日。早晨八點半，趙小蘭如常在辦公室內召開高階主管例會，忽然有位年輕助理跑進來，告訴部長有一架飛機撞毀紐約市區的世貿大樓。起初大家以為是架小飛機誤闖世貿中心航區，直到看到電視畫面才驚覺，是七四七飛機撞進了世貿中心大樓。

趙小蘭要手下致電白宮請示因應措施，電話竟無人接聽；他們不知道此時白宮正在展開全員疏散。從勞工部長二樓的辦公室可目視到美國國會山莊，丈夫麥康諾打來電話，告訴她國會山莊也正準備疏散。趙小蘭看見人潮紛紛從國會山莊湧出，她立刻下令疏散勞工部所有人員。部裡的廣播系統經久未用，加上新手員工不熟悉操作方式，大費一番周折才終於啟動，來不及草擬發言，負責發布消息的人以顫抖的聲音指揮眾人趕緊疏散離開。

趙小蘭的隨扈自然第一時間要帶她前往緊急避難所，可是趙小蘭不肯離開，她有責任照顧員工的安危。由於路上擠滿了車輛與行人，堵塞嚴重，很多員工根本回不了家，趙小蘭便請當時一同開會的政務主管團隊先行去她家避難，「任何有需要的人都可以去，」她毫不遲疑公布自家地址，從勞工部只需步行約十七、八分鐘。她敦促大家趕緊出發以策安全。

趙小蘭在國會山莊山腳邊的家是一幢興建於一八八〇年代的狹窄老屋。難以想像在九一一這天，小屋人滿為患。趙小蘭一回到家就召集所有人，安撫眾人後就要每個人設法聯繫自己的直屬部下，確認其安全無虞，層層交代下去。

屋裡每個人都焦慮不安，每個人都在用電話聯絡事情。當時政府雇員使用的是黑莓機，但當下網路爆量通訊系統失靈，電話根本打不通，只能通過密碼對密碼的呼叫方式相互聯繫。滿屋子人忙著聯繫同仁，直至深夜才確認每個人都平安無事。

中午，趙小蘭請助理出去買披薩回來給大家用餐。看著飢腸轆轆的同仁，她鎮定分析著這起事件會對美國造成哪些影響；晚間同仁們各自離開後，夜幕中，趙小蘭回到書桌前在燈下一邊看著電視新聞，一邊繼續批示公文。

全球經濟遭受原子彈轟炸

這場災難出乎美國意料，也讓全世界難以置信，而且接二連三還在進行中，緊接著，大家眼見世貿中心的雙子星塔相繼倒塌，毗鄰的建築物也受到牽連、夷為平地；將近三千人遇難身亡，包括美國公民及來自全球九十個國家和地區的人民，墜毀的四架飛機無一人倖存。

大難過後，人們驚魂未定畏懼搭機旅行，甚至難以繼續正常度日，時時擔心還有未竟的恐攻到來。許多企業因為沒有生意可做，索性辭退員工。經濟陷入困境。

小布希總統知道，重振美國經濟迫在眉睫。災難發生三天後的九月十四日，總統召開內閣會議，協同政府各部門以應對九一一恐襲造成的經濟重災。當時經濟季報顯示美國經濟呈現負成長百分之一的頹勢，其他國家經濟情況也受到牽累。

會議中，小布希語重心長表明決心，要捍衛美國永不再受攻擊。他機動調度各部會共同保家衛國，重新布局美國的國防、內政、外交與經濟對策，遏止恐怖份子進一步行動。

趙小蘭盡可能在第一時間趕赴世貿大廈遺址（Ground Zero），會見工會領導，感謝現場工作的人員。當時的遺址現場可謂是美國最危險的工作場所，四處是正在燃燒的金屬殘骸，倒塌的瓦礫下不斷冒出滾滾濃煙。而趙小蘭所領導的勞工部，職責就包括確保所有工人的人身安全。

十月四日這天，小布希親自走訪勞工部，這是數十年來首度有總統蒞臨。總統偕趙小蘭共同發宣布「『復工』救援法案」（"Back to Work" Relief Package），發放救濟金給因恐怖攻擊事件失業的勞工，直到雇主重新營業或勞工找到新工作為止。

這個救濟法案的重任，落在趙小蘭肩頭，也是她接任勞工部長迎來的第一個重大考驗。

大力挹注紐約中國城不忘本

重災區斷垣殘壁，居民畢生心血毀於一旦。這場恐襲毀掉許多人的生計，也帶走許多無辜人民的性命。美國人身心靈受到重創，重建之策急不可「怠」。

趙小蘭制定了許多新措施，勞工部向因恐襲而失業的工人提供失業保險福利，也向因恐襲而停業的雇主提供補助金。她調動部門的所有資源，與地方官員展開合作，開辦雇傭計畫、就業博覽會、職業訓練課程，提供誘因鼓勵雇主聘任新員工。事無鉅細均需費心，忙得團團轉，恨不得一天能當兩天用。

紐約中國城就在世貿中心附近，於九一一事件中大受波及。以往就連平時，中國城大街上也是人來人往、熱鬧喧騰，中華料理更是深受上班族青睞與倚賴的餐點。來自世界各地的遊客也愛到此一遊，購物挑選紀念品，享受異國風俗民情。

恐怖攻擊過後，幕僚回報趙小蘭中國城經濟受到重創，大街以南，也就是堅尼街（Canal Street）交通管制，人車禁止通行，只有居民可以步行進出；更嚴重的是，災後長達兩個月，電信服務一直處於斷訊狀態，商店統統歇業。曾幾何時繁盛的觀光業一蹶不振。「中國城儼然一座杳無人煙的鬼城」，BBC華文網如此形容。

十二月一日，中國城迎來一位與眾不同的貴賓。趙小蘭與紐約州長派塔基（George Pataki）連袂慰問中國城，同行的還有勞工部內十二位出身亞太裔群體的顧問。中國城也為趙小蘭的到來特別準備了一場大遊行以示慎重歡迎。當然，父母趙錫成與朱木蘭，以及趙家眾多親朋好友也都共襄盛舉。儘管朱木蘭此時已因化療和放療病痛纏身，但她仍堅韌昂揚地參與了這場盛事，為女兒與華人加油打氣。

一聽到趙小蘭將視察中國城，下午兩點鐘這裡的幹道「勿街」（Mott Street）已萬頭攢動，人聲鼎沸，就連街邊建築的樓上窗口都擠滿了人，想一睹趙小蘭的風采，場面之驚人猶勝過每年大年初一的花車遊行。

現場目睹趙小蘭大受歡迎的陣仗，勞工部一位同仁描述，「只怕總統蒞臨，也未必能有此番盛況。」這一天，華埠譽之為「趙小蘭日」，的確名符其實。

趙小蘭發言時首先表示，自上任以來一直在找適當的機會造訪華埠，沒想到竟是在這樣的情況下，見到華埠滿目瘡痍的模樣，令她萬分心痛。隨後，她在唐人街的美國退伍軍人會向華裔美國退伍軍人表示敬意。中國城的華僑一向愛國，個個踴躍聊表心意，有許多人慷慨解囊捐款，也有許多人捐血、懸掛美國國旗、操辦哀弔會等等。

華埠的這些捐款並非只針對華埠受創家庭與商人，而是捐給九一一救災基金，「身為華裔一員，我引以為榮。」趙小蘭再三強調，華人文化中「人飢己飢、人溺己溺」的大愛精神，和基督教的博愛互相輝映，華裔同胞悲天憫人的胸襟與堅毅強韌的特質，讓她與有榮焉。

趙小蘭此行還帶來聯邦政府撥給華埠的一百萬重建救濟金，在華埠中華公所向紐約州長展示，充分展現美國政府對振興中國城經濟的重視。以往，中國城從未受到如此矚目，多虧作為首位官至總統內閣的亞裔女性部長的趙小蘭，才使中國城在災後重建時不被遺忘忽視。她永遠不忘自己的根、自己的族裔社群，並在危急時刻以最快的速度雪中送炭。

第十六章

二十一世紀新經濟時代：勞動力更新大計

——白宮幕僚長波頓說：「很多人以為亞裔女性優雅有禮但弱不禁風。趙部長兼顧前兩者，卻絕不柔弱，她一旦施展鐵腕，會讓人猝不及防。」

趙小蘭接任勞工部長未久，美國便面臨九一一恐襲衝擊所帶來的經濟衰退邊緣。趙小蘭在任內雷厲風行，不僅成功扭轉了經濟頹勢，還助推美國重返經濟增長之路。她力主改革，破除陳規，大幅提升了工會財務透明度，使工會成員了解會費去向及用途，同時簡化了繁冗的勞工培訓服務。她的一系列舉措有效推動了美國企業增加就業崗位，並且煥新部會施政能力，以更好地服務美國勞動人民。

美國勞工部大約有一萬七千五百名員工，外加數千名約聘人員，每年根據經濟情況動支的預算平均為七百億美元。若逢經濟不景氣，勞工部會增加預算以為失業人員提供更多福利及就業培訓。在趙小蘭任期內，美國勞動人口從一・四四億增長至一・五四億（其中只有不到百分之十是工會勞工），而勞工部長代表的是全體勞動人口，涵蓋工會與非工會勞工。

在小布希治下，勞工部長是總統經濟團隊不可或缺的一員。作為部長，趙小蘭帶領勞工部致力於推進政策，研擬方案提振美國勞動力的競爭力，同時注重保障勞工的安全健康、薪酬與養老金，並著力提升就業。

而美國勞動人口的各種統計數字，包括對各大小工會與勞動人口所做的年度匯報，均由勞工部轄下的勞工統計局（Bureau of Labor Statistics）負責掌握。趙小蘭更是在她任內，歷史性地領導勞工部將亞裔美國人首次納入失業數據統計體系。

為實現其職責與使命，勞工部所執行的法規有一百八十多項，許多都頒布於一九三〇年代，當時的經濟狀況和如今天差地別。作為二十一世紀首位勞工部長，趙小蘭責無旁貸，必須研究擘劃迎戰數位時代的勞動藍圖，也因此多了一項新挑戰：幫助美國勞動人口適應日新又新的全球化、數字化新經濟時代。

早在上任時趙小蘭已胸有成竹。她在通過提名的演說裡，已精闢分析二十一世紀的勞工部應該扮演何種角色，「新經濟時代來臨，創造無數新型態的工作，勞動人口要能即時跟上新技術的問世才不至於被時代淘汰。勞工部矢志協助勞工精進能力與技術。」

趙小蘭洞燭機先，宣布將在勞工部內成立二十一世紀新經濟勞動力辦公室，聯合各級政府與各個企業、非營利組織、工會領袖，共同致力於幫助勞動人口適應新的世界經濟形勢。

在一次重要的演講中，她為未來工作指明了道路：「在二十一世紀的經濟中，受教育程度較高、技術較高的勞工將比受教育程度較低、技術較低的勞工更具優勢。如果沒有足夠的技術型勞工來持續推動經濟發展，我們的國家將會面臨技能斷代。這就是為什麼我們需要關注持續學習和職業培訓，以確保政府培訓計畫能有效幫助勞工為適應未來的工作做好充足準備。」

趙小蘭很有先見之明。二十年後，新冠疫情對全球經濟造成衝擊，而技術型勞工的短缺成為供應鏈中斷、推高通膨和減緩經濟增長的主要原因。

提升勞工技能以應世界經濟新形勢

面對海外競爭力，美國國內有人高舉保護政策，但小布希政府和趙小蘭期期以為不可。

趙小蘭認為國際化並不可畏，因為她自己就是國際化的移民後裔。給美國築一道牆阻擋國際競爭，並非保護美國勞動力和經濟的上策，防堵鎖國只會畫地自限，更加削弱美國未來的競爭力。她也記得中國歷史的教訓：清朝晚期試圖通過閉關鎖國來逃避外國影響，然而故步自封只帶來國力日衰、回天乏術的苦果，愈發落後於西方世界的技術發展和現代化進程。

美國需要的是積極提振競爭力！以往，許多政府提供的職訓未能及時與時俱進，比方說訓練很多勞工從事美髮業，但事先未做市場職缺調查，以致於勞工受訓後依然失業；不如訓練失業勞工學習資訊技能，因為就業市場需要電腦技術人員。

趙小蘭提出多元解決之道。首先，推廣更優質的勞工職業訓練，幫助勞工在全球經濟下更具競爭力。再者，要革新不合時宜的舊法規（比方加班費的計算），更新那些會妨礙經濟成長、增加就業機會、厚植勞動力的官僚政策。同時，優化美國職訓制度，使之更貼近並適應技術型勞工的實際需求。

甘冒大不韙拔虎鬚

事實上，自一九七七年來的每任勞工部長，無論是共和黨人或是民主黨人，在任內都曾企圖修訂舊法規，可惜這影響到太多既得利益者，動輒得咎——直到趙小蘭矢志必行。

趙小蘭支持那些希望爭取更多加班費的勞工，也力求政府的法規能更加清晰明確，勞工們才不必走法律訴訟來尋求正義。改革是多方角力，律師和工會以往能藉含混不清的陳

> “勞工部應該思考如何讓美國勞工為現有工作、而非過去的工作，做好準備，這正是趙小蘭對自己角色的期許。——前美國國務卿 Condoleezza Rice”

規以提起訴訟並從中漁利；為了捍衛勞工權益，趙小蘭成功贏過了律師和工會，推動施行更加清晰、有利於勞工自身的加班費法規。

然而，這竟成為一個頗具爭議的話題，甚至成為布希總統競選連任時的關鍵議題之一。工會和律師聲稱布希政府是在試圖取消勞工的加班費，但事實上，趙小蘭的改革為超過六百七十萬名勞工爭取到更多加班費。此前，如果一位工人年薪超過八千零六十美元，他或她就無權申請加班費——而這竟是自一九五四年持續至今的法規，早已不符當代現況。根據布希政府的新規定，任何年收入低於兩萬三千六百六十美元的工人，都自動、有權享受加班費。此舉擴大了加班費的受益群體，也能惠及更多低階主管和一些特定種類的警察。此外，新規內容更加清晰明瞭，減少了工人以往需要訴諸法院才能解決糾紛的不便。正如趙小蘭所說：「遲來的正義不算真正的正義。」

> 在我們的經濟環境看起來已不符舊規時，她協助改革了許多與白領勞工加班的相關法律，為其加班提供更多保障。　——前白宮幕僚長 Andrew Card

代表紐約市超過一萬三千名現役和退休警官的工會主席，便高度讚揚趙小蘭部長：「我所代表的人們將永遠感激趙部長，在推動擴大對包括警察在內的數百萬美國人的加班保護方面，所表現出的政治智慧和堅韌魄力。」

對抗企業瀆職，保護勞工退休金

在趙小蘭履任部長的首年，《財星》五百強榜單排名第七的世界知名公司安隆企業宣告破產。

破產後，安隆有二萬一千名員工的退休金跟著被虧空，因為多數員工都用退休金投資了安隆股票，無助的員工眼看著公司股價從八十多美元慘跌剩不到一塊錢，欲哭無淚。

趙小蘭重視這些員工的遭遇。她領頭組織了對安隆的嚴密調查，隨後對安隆提起訴訟求償，為員工討回了約兩億兩千萬的賠償金。此舉也等於向所有勞資大眾宣告，作為勞工部長，趙小蘭絕不寬容任何損害勞工權益的不法作為。

有鑑於安隆員工因為多數拿退休金選購自家公司股票，無法有效分散風險，導致血本無歸，趙小蘭決心改革勞工退休金制度。她領導政府與國會合作，通過了二〇〇六年養老金保護法案，是三十餘年來美國養老金法最全面的改革。新法律允許員工將養老金做多元投資，可以不限於自家公司股票。法案不僅有助於補充固定福利養老金制度的資金，還要求提升惠及四千四百萬勞工的養老金方案的透明度。而且，根據新法案，除非勞工本人拒絕，所有參加養老金方案的勞工都會自動納入退休儲蓄計畫，從而確保了勞工長遠的退休保障。

在這項法案通過之前，許多新員工必須主動報名參加公司的養老金。如果他們不主動報名註冊——例如許多年輕的新員工就不會主動參加，他們沒有為未來做那麼遠的計畫——就不會成為公司養老金計畫的一部分。其實，員工這是在放棄「免費蛋糕」，對勞工而言，從年輕時就開始儲蓄是最有利的，因為隨著時間推移，複利疊加，只要勞工盡早開始儲蓄，若干年後自然將獲得更多的養老金。

強制工會結束怠工，止血龐大經濟損失

一年後的年末，年關將近，另一個挑戰擺在了趙小蘭面前：她要解決美西海岸港口爆發的一場嚴重勞資衝突。這次事件致使大批物流受阻。西岸港口是美國重要的進出口要埠，百分之四十的貿易貨流都經這裡出入，一天的經濟損失粗估高達

十億美元。

代表碼頭工人的「國際碼頭與倉儲工會」（International Longshore and Warehouse Union, ILWU）與代表管理方的「太平洋海事協會」（Pacific Maritime Association）發生勞資爭端，僵持不下。由於碼頭工會不可罷工，於是工人採怠工方式拖延貨物裝卸，此舉形同封港。港邊等著裝卸貨物的船隻大排長龍，連帶地使得農民、小商業主、陸運貨車、超市……產業鍊的每個環節都受到牽累，結果重創正常的商業經濟活動。

勞資衝突的根結在於，資方希望引進資訊系統，導入掃描儀、感應器和條碼做管理，更有效追蹤貨物的運送路線與時間；工會卻認為資訊的新技術會導致工人失業，而且排斥自己的行蹤受到追蹤。

這是自一九七一年西岸碼頭大罷工封港一百三十天之後，最大規模的經濟危機。

當時，ILWU聯盟擁有一萬零五百名會員，平均薪資是八萬八千美元，加班費另計，到了二〇一九年，在西海岸碼頭工作的會員數增加到一萬五千人，他們的平均薪資是十七萬一千美元，成為搶手的職缺，會員甚至在自己子女呱呱墜地時就給孩子註冊，加入工會卡位。

無法靠岸卸貨的貨櫃輪擠滿了碼頭。陸運的物流卡車、火車隨之停駛，生鮮貨櫃的托運物腐臭敗壞，零售商憂心聖誕禮品來不及上架。

趙小蘭成立調查委員會，得出無奈的結論：這次西海岸碼頭怠工事件造成每日十億美元的經濟損失，可是雙方無望於合理的時間內解決爭端。

怠工十一天後，趙小蘭在深思熟慮、斟酌過所有可行選項後，決定呈報總統，表明別無他法，只能啟動勞資關係法，強制工會結束怠工，為每日蒸發十億美元的龐大經濟損失即時止血，維護國家經濟穩定和國家安全。這也是自一九七一年來，政府第一次動用勞資關係法，成功解救罷工引發的經濟和國家安全危機。

一如既往，趙小蘭祭出該有的鐵血紀律，展現無可置喙的領導魄力與膽識。成功結束怠工事件讓小布希政府樹立威信，趙小蘭執法的雷厲風行再無疑義，任何危及國家社會穩定的舉措，為維護多數人的安危權益，公權力絕不坐視不管。

白宮幕僚長波頓說：「很多人以為亞裔女性優雅有禮但弱不禁風。趙部長兼顧前兩者，卻絕不柔弱，她一旦施展鐵腕，會讓人猝不及防。」

患難凸顯真性情：應對颶風卡翠納

比起人禍，天災更難逆料。承平時期英雄難顯本色，大難臨頭才是見真章的時候。

美國的勞動節是長週末假期，絕大多數美國人都會休假以享受夏天最後的尾巴。但趙小蘭照例公務滿檔，她受邀參加勞動節的各項活動，出席電視節目，勞動節長週末對她而言就是另一個必須工作的週末。因此，當一場史無前例的颶風卡翠納橫掃墨西哥灣地區，把路易斯安那州、德州和阿拉巴馬州幾乎夷為平地，釀成二戰以來美國受損規模最大的一次風災，趙小蘭也沒有被殺得猝不及防，而是第一時間便著手應對。

風災方歇，趙小蘭已經身先士卒，飛到災區視察、安撫民眾，並備妥補救方案救濟失業勞工。三日內她動支兩億九千萬美元急難預備金，發放給逾十萬名參與救災與重建工作的失業勞工，以解他們日常生活的燃眉之急，並為風災中工作場所受損或是因災失業的人們提供失業保險。她還發放專項災害失業保險賠付，為風災中事業受創，但又不符合常規失業保險賠付標準的個人提供資金補助。調動一切可用的資源，全力紓困救災。

趙小蘭當時很擔心災民不知道政府有這些補助措施，所以指示勞工部設置免費服務熱線電話。有一次正在開會，趙小蘭忽然想到萬一災民打不通電話一定很焦急，當下不假思索拿起聽筒就撥了熱線，等到順暢接通才終於放下心上大石。顯見她細心實事求是，關心人民的現實生活。

「我深知當你陷入絕境，求助無門、無人聞問的痛苦。」趙小蘭接受《今日美國》（*USA Today*）訪問時語重心長地說。八歲移民來美遭遇過無數次困境，刻骨銘心，她始終不曾或忘。

趙小蘭做事也從不蕭規曹隨。在父母的訓練下，她自小就養成獨立思考、解決問題的習慣。因循前人舊習或人云亦云，不是趙小蘭的風格。她習慣反覆思考如何讓公務能不斷改進和更加有效推動，因此常有創新多智的想法，而且一旦下定決心要做的事，絕不輕忽或放棄。

> “我記得趙部長竭盡全力（為卡翠納颶風災民）提供幫助。你能從她致力於每件事，看見她的熱情，以及精力。　　——前美國商務部長 Carlos Gutierrez”

二〇〇五年風災肆虐之後，勞工部經手的《公平勞動法》（Wage and Hour）案件，有超過九百件都因風災而起，超過一萬四千名勞工被拖欠工資，趙小蘭協助大家向雇主討還的工資總金額高達一千零三十萬美元。為解決勞工失業問題，勞工部還不斷提供各種資源，包括與產業、社區大學進行建教合作和學徒制，訓練勞工學習技術投入災區長期的經濟復甦與重建工作。

趙小蘭的高效盡責獲得了廣泛肯定。《阿肯色州民主黨公報》（*Arkansas Democrat-Gazette*）讚揚她應對卡翠納風災效率驚人，及時有效幫助受災人群獲得收入資助，是內閣最傑出的高級官員。

強化工會透明度、工會普通會員的問責能力

趙小蘭就任未久，屬下就呈報，許多工會並未遵守一九五九年頒布的法令如實呈報年度財務報表，或未主動向其會員或公眾披露利益衝突。

安隆破產事件發生後，時隔短短數個月，申請破產的世界通訊（WorldCom）公司也爆發類似財會做假帳的醜聞。為了杜絕後患，小布希總統簽署了《沙賓法案》，要求企業繳交更嚴格的財務報表。當時美國各個工會都敦促企業依法執行，

然而工會自己卻未能做到按法規要求、每年提交財務公開披露報告長達四十六年之久，收取的會費也未清楚交代去向。

為保護工會普通會員，勞工部著手推行新報表「LM-2」。新表根據《沙賓法案》規定設計，凡是會費總收入超過二十萬美元的工會，都必須列出每一筆超過兩千至五千元美元的大項支出，同時，所有支薪幹部都要公布所拿全部薪水及福利，以防濫用經費或浮報鐘點，損及會員權益，俾使財務完全公開透明。另外，勞工部還推出「LM-30」，供工會主動揭露幹部個人利益是否違背工會和會員權利義務。

新法一出，工會領導層一面倒大表反對，由工會支持的民意代表也暗中阻撓。反彈聲浪一波波如海嘯席捲而來，但白宮已指示趙小蘭繼續推行新規，趙小蘭自是面不改色，秉公處理，甚至親自出席全國工會聯合大會，向來自全國各地各層級的工會領導解說新政策，希望取得支持。趙小蘭強調，改革不是要與工會作對，反而是維護工會會員的利益，「會員有權看到自己所屬工會的財務狀況」。她重申工會應該跟企業一樣，依法公布財報，自證清白也取信大眾。

《華爾街日報》稱許趙小蘭面對反對聲浪不曾退卻，也報導了她的提案合情合理卻遭遇超乎想像的阻力；參議院內某個由民主黨人主導的委員會斷然否決一筆預算，阻撓勞工部監管工會。

然而趙小蘭推行改革鐵面無私。光是她在任的最後一年，勞工部就起訴了一百三十一件不法案件，其中一百零三件被定罪。合計八年任期內，勞工部總共起訴工會領袖九百七十二人，罪名包括貪汙、詐欺，罪證確鑿者高達九百零五人，獲得的賠償金多達八千八百萬美元，如數歸還給工會會員。

克己盡忠，保家衛國

九一一事件改變了美國。小布希總統誓言絕不讓美國再遭受恐怖攻擊，但他的護國戰略並未得到媒體充分報導。小布希總統稱之為「前進戰略」（Forward strategy），也就是派遣美國軍隊到中東地區，以遏止恐怖份子直搗美國國土。這是美國建國以來，「國土安全」頭一回變成一個普通名詞，而小布希政府的目標旨在捍衛國土安全。為貫徹政府的政策，內閣閣員們紛紛親訪伊拉克。

又是一年元月，趙小蘭率代表團一同動身，從安德魯空軍基地搭乘軍用噴射機，為安全起見，取道安曼（Ammah）前往伊拉克。隨行人員除了趙小蘭的助理、警察兄弟會會長（Fraternal Order of Police）查克．坎特伯雷（Chuck

Canterbury），還包括兩名新聞記者。早上十點啟程，隔日凌晨降落安曼，七點十五分再度起飛前往巴格達（Baghdad）。這次他們改搭貨機，機艙內只有簡易搭建、排排坐的靠牆網座便椅（web seats）。

趙小蘭此行進入作戰區，肩負任務且危險重重。看到才二十出頭的機長和機組員，她心裡滿是感佩，這些服役人員全都是集合全美各州的兼職國民警衛隊（National Guard）和預備役軍人，應徵服務國家。飛抵巴格達時，出於安全考量，貨機採螺旋式路線降落以閃避潛在的砲火襲擊。

趙小蘭一行人在機場坐進軍車駛往「綠區」（The Green Zone），在這裡趙小蘭先會見了美國總統駐伊拉克特使（U.S. Presidential Envoy and Administrator in Iraq）保羅・布雷默三世（Paul Bremer III），他也是「聯合臨時執政當局」（Coalition Provisional Authority, CPA）最高主管。趙小蘭和布雷默在辦公室裡會面，她留意到時近正午，辦公室卻仍然拉上厚重的窗簾，嚴密慎防有半絲光線透入室內，立刻感受到身處戰地、危機四伏的壓力。

聽完特使簡報，趙小蘭一行人驅車離開巴格達安全的綠區，去同伊拉克勞工部長雅馬駿（Sami Azara al-Majun）進行部長對部長級的會議，趙小蘭領導勞工部成立職訓中心以協助對方勞工轉型、符合新經濟時代所需。現場氣氛歡樂如慶典，除了剪綵動工儀式，地主國還當場隆重宰羊迎賓，稍稍一解戰地緊繃的氣氛。

趙小蘭的來訪對作戰區意義重大。她身穿防彈衣，戴著頭盔，和一行人拜會了巴格達警校。

之後，趙小蘭又在警衛荷槍實彈的保護下，搭直升機飛往伊拉克的千年古城希拉（Hilla），去參觀「民主自由之家」（Al Zahra Freedom And Democracy Center）。這裡是專門培訓女性電腦技術員、外燴人員等行業的職訓中心。她展示了一份特別準備的相框，是一張勞工部所有女性主管的合影，「美國勞工部超過半數主管都是女性！」趙小蘭鼓勵伊拉克女性不要自我設限。當日午前趙小蘭一行又搭乘直升機返回綠區，與來自肯塔基州的美國年輕戰士們共進午餐。

作為小布希政府護國戰略的代表訪問作戰區，讓趙小蘭有機會可以向伊拉克民眾分享她治下勞工政策所帶來的益處。小布希總統的戰略受到諸多批評，因此多數人忽略了他在內政、教育和勞工議題上有諸多長足的革新成果，「特別是解決勞工問題方面有豐碩成果，這個部分趙部長居功厥偉。」白宮幕僚長波頓說。

撒播希望，引領美國勞動力擁抱21世紀

就任第二年，美國主流媒體就陸續讚揚趙小蘭。《今日美國》（*USA Today*）報導，「對勞工的愛，成就她的改革動力。」

執掌勞工部八年，趙小蘭推動了林林總總的政務，以裨益美國勞工，協助經濟發展。在她治下，勞工部始終著力於通過健全法律法規，加強職訓教育及延展服務，打造更安全和健康的工作場所，將美國發生在工作場所的死亡、重傷和疾病率降至歷史最低水平。由趙小蘭擔任部長的勞工部也與工會和雇主群體建立了創紀錄的夥伴關係，共同努力促進工作場所的安全與健康。

勞工部的有力執行成功幫助了超過兩百萬名工人追回超過十四億美元的鉅額欠薪，較前任部長的業績超出了百分之四十，可謂是歷史性的紀錄。

趙小蘭還致力於保護工人免受歧視，特別是為低工資工人挺身而出。她在任期間，勞工部還對冷戰期間為國工作而遭受輻射傷害的能源工人們成功發放了補償。

隨著工作歷練與見識的增長，趙小蘭不僅能用一己之力助人，更多了團隊力

量，這多虧了平素累積好人緣，以及卓越的領導力。隨著在職場上步步高升，手下人數愈來愈多，如何調兵遣將又讓人人心服口服、攜手共事，也呈現出她獨到的領導才幹。

「領導力是可以訓練出來的！」趙小蘭堅信。總是將每一個挑戰都看作學習良機，激勵自己，就能找出解決辦法、克服難關。

參議院領導層中的密蘇里州（Missouri）參議員羅伊．布朗特（Roy Blunt）表示：「你是我共事過的最好的勞工部長！」——許多參議員和國會議員也表達了同樣的觀點，稱讚趙小蘭清廉高尚，有膽識魄力又平易近人，且樂於助人。

國務卿康朵麗莎．萊斯（Condoleeza Rice）與勞工部長趙小蘭是同僚，兩人在人口販運、重大雙邊關係以及簽署哥倫比亞自由貿易協定等許多問題上皆有密切合作。

「趙部長是一個很好的團隊成員，她該完成的工作，一定如期達成，而且做得比預期的還多。」一起初，工會反對新政，稱其對美國勞工的影響太大。萊斯認為，正因為有趙小蘭採取行動並從中斡旋，才使新政得以順利通過並推動。

「我是非裔，她是亞裔，同為女性，我們必須比別人更加努力、更加堅定，才能實現我們的目標。所以我們惺惺相惜，並經常交流一路走來的經歷。」萊斯說，趙小蘭毫不畏難，勇往直前，這是值得任何國家的年輕人學習的特質。

亨利．季辛吉（Henry Kissinger）博士曾說：「我有幸能認識趙小蘭這位曾在兩代政府中擔任部長的傑出人物，她是第一位任此高階的華裔美國人。她以非凡的智慧和出眾的能力行事。」

但關於這一切讚譽，她總不忘歸功於父母的教導。父親趙錫成博士早年是了不起的船長，曾在沒有電子導航年代裡，靠著羅盤和計算星斗位置乘風破浪；趙錫成在月黑風高的滔天巨浪中搏命，不是尋常的挑戰，他從未放棄也總是克服萬難。父親的堅忍不拔與領航智慧，就是引領趙小蘭一生的明星。

卸任勞工部長後，趙小蘭在一場傑出獎肯塔基人頒獎晚宴上受到表彰。小布希總統為此特別發來祝賀：「作為我內閣中值得信賴的成員，趙小蘭在國家經濟的重要時期發揮了自己的才能，領導了勞工部。趙部長幫助制定和實施新政以提高美國勞動力的競爭力，加強並優化對勞工的保護措施，並更新針對工會財務報告和透明度的法規。趙小蘭的忠誠和奉獻使她成為我內閣中的寶貴成員，我很榮幸她在我的團隊中度過了整整八年。」

趙小蘭在就任勞工部長的宣誓演講中，以自己家庭的移民故事為佐證，告訴大家希望是生活的試金石。她說，滿懷希望相信明天會更好，是我們前進的動力，「我希望勞工部在瞬息萬變的世界中帶來希望、給予培訓，讓人們更上一層樓，在地球上最偉大的國家實現最大的潛力。」

多年後回望趙小蘭的宏願大計，她並未讓曾經看好她的人失望。

第四部

高處不勝寒

第十七章

卸下公職，海闊天空

——離開官場的日子，趙小蘭幾乎每年都陪父親赴亞洲回訪慈善項目，自己也藉此繼續接觸亞洲文化，同時也了解亞洲的發展變化和最新動向。

華人社會常形容卸下官職的人是蟄伏、沉潛，或是韜光養晦，意謂收斂光芒隱藏才能，杜絕公開行程，暗喻當事人還有心靜待日後東山再起。

趙小蘭從不以政治人物自居，既非政治人物便無所謂引退之說，也無退隱之想。隨著民主黨歐巴馬（Barack Obama）當選總統，趙小蘭卸下勞工部長的職務，重返民間繼續貢獻所長。

趙小蘭是各方競相邀請的演講對象，也是《財星》雜誌前一百大企業最青睞的董事人選。工作與生活照舊忙碌充實，也繼續參與各類廣泛的研究項目，凡涉及時政、族群議題的政策都是她關注的內容。在趙小蘭心中，仍一以貫之時時鞭策自己，求知學習不輟，並持續從事鍾愛的公益服務，奉獻社會，特別是激勵並引導亞裔後進。

砥節奉公引人感懷

趙小蘭幼承庭訓凡事以和為貴。在公部門，她懂得先善誘說理，但若對方冥頑不靈，她也不假辭色，依法論法。出身商界，趙小蘭行事講求效率和成果。公部門或商界從不乏菁英，但能集兩者之長為一身者堪稱麟角，而趙小蘭從父母身上學到了中式哲學的傳統智慧「中庸之道」，懂得調和，能使兩種特質相得益彰。「公家機關做事必須面面俱到，牽一『法』動全身。商場上時間就是金錢，凡事都要考慮成本與收益。」趙小蘭擁有跨界專業與歷練，做事兼具審慎與明快，這兩大優點使她無論在哪個崗位上都有出色的表現。

趙小蘭任內經濟穩定的榮景，也引得雇主們頻頻感懷。她既有商業背景，是經濟學者與銀行家，又深知政府法規如過於繁瑣或未與時俱進，反易成妨礙經濟成長和就業機會的元凶；商界需要靈活度，無足輕重又過度限制的法規只會牽制發展，遑論一些高度重複累贅的法令，既限制業界創造更多就業機會，也有礙經濟繁榮。趙小蘭身為公僕，了解法規有其重要性也不可偏廢，但不適用的規章有必要盡快修訂，她必須格外審慎拿捏審查的分寸。

作為勞工部長，趙小蘭就力推改革，與時俱進，以賦能美國勞動人口因應二十一世紀新經濟時代的需要。史無前例的作為還有趙小蘭要求所有法規都要有亞裔語文翻譯版，以利亞洲和亞裔美國雇主清楚知道法令的要求。許多人很感念趙小蘭以平易近人的方式推動政府公務，易懂、除弊興利，吻合二十一世紀需求，同時推行務實的經濟觀與世界觀。

花若芬芳蝴蝶自來

有目共睹的成果，使得趙小蘭在卸下閣員身分後，成了各方追逐的搶手對象。其中以演講邀約最多。在美國，甫卸任的政府官員演講行情很優渥，國內演講每場至少五萬美元，海外演講更超十萬美元。只是這樣的邀約與價碼會隨著時日漸減，因此美國官員往往打鐵趁熱，剛卸任時努力多接演講活動。

但趁此賺錢從不在她的生涯規劃內。演講邀約的全數所得她都毫無懸念捐出去做了慈善。

趙小蘭的資歷，自然也深深吸引名列《財星》雜誌前五百大企業的矚目，她過往擔任董事的經驗與成果令人矚目，各大上市上櫃企業紛紛登門邀請她加入董事會共事。在一般人的心目中，在大企業擔任董事是很德高望重的頭銜，何況進入五百大企業難如登天，更是大家心目中的無上榮耀，而且薪酬非常豐厚。

還有幾個以華府、紐約和肯塔基州為基地的非營利組織董事職務，也得到她的青睞。另外，在哈佛商學院院長徵召下，趙小蘭加入「哈佛商學院顧問委員會」（Board of Dean's Advisor）成為委員，由於委員皆是全球頂尖商業領導人，符合趙小蘭父母所教誨的終身學習、服務奉獻社會的職志。

這段卸任公職的時間裡，最讓趙小蘭難忘和快樂的，是她陪同父親為紀念已故母親朱木蘭，在美國和亞洲等地開展的慈善項目。趙錫成和朱木蘭一向樂善好施，無論是早年清寒時期，還是後來的富足優渥，他們總是樂於與他人分享，只要力所能逮，他們一定會拿出部分捐給慈善機構，幫助更有需要的人們。作為虔誠的基督徒，兩位一直默默匿名行善，不欲人知，因為他們相信一切恩典皆為主的恩賜，榮耀應當歸於上帝。直到二〇〇七年八月二日朱木蘭去世後，趙博士痛失愛妻，希望能紀念她以聊表寸心，才開始公開捐款，向世人講述他所深愛的妻子是一個看似平凡卻實不平凡的傑出女性，希望朱木蘭的博愛與利他精神能激勵更多人，為社會帶來美好的改變。

當哈佛大學向趙錫成博士和家人提議，希望他們為學校做出一項重大貢獻：支持哈佛商學院高管教育計畫的建設和

“趙家是美國夢的體現。透過參與公職與慈善事業回饋社會，同樣體現了他們的個人與家庭價值。

——前哈佛商學院院長 Nitin Nohria”

擴展時，趙錫成與家人欣然接受，並慷慨捐建了趙朱木蘭中心和專項獎學金以紀念她的精神：博愛、樂觀、堅毅、進取、家庭、教育、平等、感恩。哈佛大學盛讚趙氏家族為「最傑出的美籍華人家庭」。

另一方面，趙小蘭並未因為卸任勞工部長，放下她最關心的婦女問題與亞裔美國人議題，如今無官一身輕，反而更能自由揮灑無窮創意，為這些弱勢族群開創各種學習與就業機會。

遠離政治，世界海闊天空

離開官場的日子，趙小蘭幾乎每年都陪父親赴亞洲回訪慈善項目，自己也藉此繼續接觸亞洲文化，同時了解亞洲的發展變化和最新動向。

年事已高的趙錫成喪偶後獨居，趙小蘭巧心安排更多時間陪伴父親。除了陪伴，她也樂於浸淫於趙錫成正面積極的人生哲學。

二〇一六年入秋，趙小蘭與妹妹們陪同父親到亞洲做了一趟家族旅行。

第一站造訪日本大島造船所（Oshima Shipbuilding Co., Ltd.），參加大島船廠的新船下水典禮。海運業一般新船下水都會有一位貴賓受邀擔任新船的保薦人（sponsor of the vessel），而這艘新船的保薦人是甘迺迪總統的女兒、時任美國駐日大使卡洛琳．甘迺迪（Caroline Kennedy），以此體現美日合作的情誼。像這樣大型的慶祝活動，趙家很習慣齊聚一堂、分享喜樂，也展現對父親的支持。趙小蘭此時已卸任公職，作為長女又侍父至孝，於情於理她是要到場出席，陪同父親參加這樣的家庭聚會。然而也僅僅是這樣的家庭活動，在她後來擔任運輸部長時，還是會因此而受到不公正的攻訐。

大島造船廠坐落於美麗的海濱漁村，受邀賓客前一晚下榻於此處、船廠旗下的旅館橄欖灣飯店（Olive Bay Hotel）。新船正式下水的前一天有場晚宴，在船廠熱情款待下，眾人享用了新鮮美味的海鮮料理。飯店的房間雅致舒適，美麗海景就在陽台外一覽無遺。

隔日早晨，遵照日本傳統，先舉行祈福儀式搗米祭，包括卡洛琳．甘迺迪大使伉儷等各方受邀顯達也都出席祭典活動，之後才前往船塢登船參觀大貨輪。值此盛會，碼頭上搭建起一座巨大的紅色布幕平台，小學生在迎賓會表演傳統擊鼓，大島全村居民也都全部出席觀禮，氣氛熱鬧歡欣，畢竟，新船下水意味著小鎮將會有更多工作機會。

當日，堺市市長致贈了一份特殊的謝禮：一把堺市之鑰予趙錫成，答謝他向船廠購船、增加小漁村就業機會所做的貢獻。「看到父親受贈了一份特別的表彰，真是與有榮焉，這份市鑰象徵著父親為船廠和小鎮帶來的影響與貢獻。」趙小蘭回憶道。

卡洛琳．甘迺迪是第三十五任美國總統甘迺迪之女，她遵從船業傳統，為新船和船員們祈禱祝福，隨後為新船剪綵。綵繩另一端繫著船首上方的香檳酒，酒瓶擲向船身應聲擊破——只是香檳並不會濺到現場的貴客們。趙小蘭記起一幕職場花絮：有一回，南希．雷根（Nancy Reagan）夫人為一艘軍艦做擲瓶禮，當時有人告訴她，前任第一夫人貝絲．杜魯門（Bess Truman）曾經難以將香檳瓶擲到船體。雷根夫人於是格外用力地將香檳酒瓶砸向距離僅一臂之遙的船體，結果酒水飛濺，淋了她一身——隨即汽笛大鳴，信鴿漫天飛去，場面和諧壯觀。隨後，所有賓客走下碼頭，目送大船遠颺緩緩沒入海平面。然後，賓客們參加閉幕午餐會，作為新船交付下水慶典的最後句點。

趙小蘭看著大船緩緩駛向廣闊的外海，船身愈來愈小，知道它已經踏上只能獨自面對的航道。她不禁想到，船上的水手孤身航行在大海上，無論遭逢任何問題，都必須仰賴自己設法解決，度過難關。

趙小蘭遙想著父親年輕時跑船的畫面。趙錫成二十九歲當上船長，「在茫茫大海上，該是多麼孑然一身，又需要多大的勇氣，才能獨力掌舵、率領水手抵達目的地？」父親這一生遇過無數生死交關險象環生，從不曾放棄也沒聽過他怨天尤人。父親一路艱難克險，篳路藍縷，堅韌不屈，是趙小蘭不斷奮進的精神動力之源，激勵著她努力精進，以求不辜負父母親為家庭所付出的心血與犧牲。每當她面臨艱困和挑戰，她總要想想曾在汪洋大海上多次苦心奮戰的父親，和曾經歷經風雲劇變卻處之泰然的母親。和他們面對過的艱苦相比，自己的挑戰顯得那麼微不足道。

這趟旅行趙家父女也一同重回台灣，並在數十年來做了首度環島旅行。在台北停留期間，趙小蘭照例拜會了母校再興小學，並在校內對小學弟妹做了一場演講，並捐贈父母親的暢銷傳記。校方也悉心安排了趙小蘭當年的同班同學返校聚會，眾人都喜出望外。

趙錫成的台北行不單純只是觀光探親，還有特殊任務。他帶著趙小蘭去基隆拜訪國立台灣海洋大學，父女雙雙獲頒榮譽博士學位。趙小蘭聽說基隆是個多雨之地，果不其然，從台北出發，車行半途，還未進雨港天空便斷斷續續飄起雨來。

「基隆很特別，它是父親第一次踏上台灣這塊土地的故鄉之港。」趙小蘭看著這座海港城市，興奮地說，「父母剛結婚時就住在基隆！」趙小蘭知道父母婚前相戀時，父親總趁船隻停泊家鄉碼頭時，清晨搭火車風塵僕僕去台北和母親約會，直到晚上才連忙趕回基隆，上船出海去。在一次驚險的航行中，趙錫成工作的船隻被誤認為是敵船，遭遇了國軍飛機轟炸。落下的三枚炸彈全部爆炸：一枚在船頭，兩枚分別落在船的兩側，引起巨大的波浪和衝擊，船隻左右顛簸如風中枯葉，岌岌可危；更凶險的是，第四枚炸彈直接落在甲板上，但奇蹟般地沒有爆炸。這艘船設計較為特殊，只能隨著潮汐漲落進出港口。當潮水來時，這艘船「一瘸一拐」地返回港口，接受了長達四個月的維修。不過這段維修停航期，倒是讓趙錫成得以有充裕的時間全力展開追求，最終娶得心上人朱木蘭。

此行趙小蘭也和父親去了台灣的另一座港口高雄，那裡是她八歲時和母親、兩個妹妹搭貨輪遠渡重洋到紐約，與闊別三年的父親團圓的起點，也是趙家啟程走向新大陸成為移民的起點。

訪台期間，趙家父女還遊歷了名勝日月潭，住在美麗的雲品溫泉酒店，搭船遊湖，享受了難能可貴的片刻閒暇。直到十月底，兩人才回到美國。肩負公職期間，趙小蘭沒有能隨意出遊海外的自由；無官一身輕意外讓她重回出生地，也和父親重溫趙家的遷徙之路。

這時距離卸任官職轉眼已過八年光陰。趙小蘭怎麼也想不到，沒多久自己竟然再次入閣了。

第十八章

再度入閣：眾望所歸的運輸部長

——前運輸部長詹姆斯·伯恩利：「在美國，沒有人比趙小蘭更有資格擔任下一任運輸部長。我們期待在這個交通運輸充滿活力的時期與她合作。」

二〇一六年十一月八日是美國總統大選的投票日，趙小蘭返回華府，陪麥康諾一起監控選情。

此前，在趙小蘭卸下公職後，曾於二〇一二年麻省州長羅姆尼（Mitt Rommey）代表共和黨競選美國總統時，為其協助募款並出席公開活動表示支持。

二〇一四年，丈夫麥康諾尋求參議員連任，趙小蘭再次投入助選活動，這次麥康諾的得票率大勝對手百分之十五，雙方票數差距之大，打破肯塔基州歷來的參議員選舉紀錄，在一百二十個郡裡贏了一百一十個郡。

那是一場得來不易的鏖戰。麥康諾在黨內初選階段先是遭遇茶黨候選人的挑戰，接著迎戰民主黨政治世家的女性候選人。因此，當共和黨橫掃參議院大選，新斬獲九個席位，麥康諾被推舉為參議院多數黨領袖時，眾人皆跌破眼鏡。

當共和黨聲勢如日中天拿下參議院多數席位，而麥康諾成為參議院多數黨領袖，勝選當晚的照片刊登在全世界的報章雜誌上，趙小蘭的倩影再度傳遍全球。但背後，趙小蘭再次遭受政治口水的誣陷抹黑，甚至波及整個趙家，敵營想盡辦法給這個被哈佛大學譽為「最傑出的華裔家族」貼上誤導性標籤，質疑他們不純正、不愛國。

二〇一六年第五十八屆美國總統選舉，人人皆深信候選人希拉蕊必能勝出，因此團隊把更多注意力放在參議員與肯塔基州的選情上。開票當晚，肯塔基州雖輸了兩席參議員席位，仍保有多數黨優勢；出人意表的倒是該州的眾議院選舉出現了歷史性的一刻：九十六年來，共和黨首度贏得了肯塔基州眾議院選舉。

接近晚上十一點，新聞快報傳來驚人消息，候選人川普在支持他的搖擺州威斯康辛（Wisconsin）、密西根（Michigan）和賓州可能勝出，這意味著他有可能當選下一任美國總統。隔天醒來，全國民眾都驚訝萬分——川普逆轉頹勢，當選第四十五任美國總統。

在那當下，趙小蘭仍然沒想過自己會重新踏入白宮。不過確實已有許多人開始騷動揣測，認為趙小蘭可能會二度入閣。傳聞言之鑿鑿，說她應該會出任運輸部長，理由是趙小蘭擔任過運輸部副部長一職，那時她幾乎是政策的實際執行者。

十一月十八日週五這天下午，人在肯塔基州的趙小蘭接到一通電話。新當選的副總統彭斯在電話那頭詢問趙小蘭是否有興趣，願意隔天來紐約見一下新總統。趙小蘭回覆對方自己難以即刻飛往紐約，問能否週一下午前往紐約，她需要時間做準備。

「年輕時我沒有經驗，不會想到其實可以爭取另一個會面時間，所以經驗很重要。」副總統邁克·彭斯同意了，趙小蘭在週日那天從肯州飛到紐約，在父親家過夜。第二天，週一，她雇請紐約市警局前警官擔任司機，開車送她進城赴約，「這位警官熟悉城裡的每條大街小巷，也和警局相識。」

趙小蘭的判斷無誤，其決定再明智不過。川普在紐約市中心的寓所川普大樓周邊，密密麻麻擠滿了人，示威者、旁觀者、路人不一而足。趙小蘭理應由總統交接團隊安排助理接待，但如她所料現場過於混亂，幸而有警官幫忙開道，她才得以避開人群進入川普大樓，沒有引起騷動。

進入川普大樓後，趙小蘭見到交接團隊安排的一名年輕助理，她就是日後將坐在新任總統橢圓形辦公室外邊的執行助理兼特助瑪德琳·威斯特豪特（Madeleine Westerhout）。瑪德琳後來出版了一本書《非公開》（*Off the Record*），內容提及，來接受面試的閣員人選當中，趙小蘭是始終真誠待人不敷衍浮誇的一位。

面談前趙小蘭向交接團隊表示，希望能走川普大樓的後門進入，對方則回答「不可能」，要她必須從大廳穿過媒體人牆進入川普大樓。

上次接受小布希總統面談時，對方的團隊非常慎防面談人選曝光，不讓消息走漏。川普的交接團隊作風不同，他們讓內閣人選就走在媒體和鎂光燈前，剎那間，全世界都曉得誰來接受面談。不過這就是川普面對媒體的風格，認為凡事都應該曝光在媒體前面。長達十四年之久，川普曾是美國大受歡迎的實境秀「誰是接班人」（The Apprentice）演員兼主持人，面試閣員候選人就如同這樣一場實境秀。

結束面談後，趙小蘭返回紐約父親的寓所，和家人歡度感恩節。過完節的那個週日，她飛抵舊金山，出席某董事會會議；週一，深受中華文化敬老尊賢傳統洗禮的趙小蘭，特別拜會了前勞工部長喬治・舒茲（George Schultz），兩人一起共進午餐。年屆九十七高齡的資深政治家舒茲聽到沸沸揚揚的傳聞，說趙小蘭即將入閣出任運輸部長，甚是關心。其實趙小蘭已在十一月二十一日接受內閣人選面試，知道自己可能重返官署，卻不能對舒茲透露半點口風。

十一月二十九日週二上午，總統當選人川普致電趙小蘭，親自徵召她入閣。掛上電話不久，媒體就發布消息。總統當選人川普發出新聞稿表示：「趙部長的領導魄力和專業知識是我們政府的寶貴資產。她有著傳奇般的人生故事，並在公共服務生涯中幫助了無數美國人。我很高興提名趙小蘭擔任運輸部部長。」

白宮消息發布速度之快有違慣例，而且這次新聞稿並未敘述趙小蘭的背景。

打從一開始，川普的團隊就按自己的步調行事，新政府似在暗示不會遵循傳統程序。由於面談程序不夠充分，川普徵召的幾位人選遇到麻煩，以至於最終無法入閣。

川普的內閣包括了非華府系統人士，其中不少人媒體並不熟悉，但趙小蘭的任命普遍受到肯定，特別是獲得了交通運輸界相關團體的一致支持：航空、鐵路、高速公路、城市交通、海運團體的負責人都對趙小蘭的任命表示讚賞及歡迎。朝野上下均盛讚她經驗豐富、夠資格又能幹，是萬中選一的閣員人選。

海事委員會的老朋友、國際海員工會主席邁克．薩科對趙小蘭的當選表示欣喜：沒有人比趙小蘭更適合擔任運輸部長。

消息一出，三位前運輸部長紛紛站出來表達對趙部長的支持與讚許。

她的前任上司薩姆．史基納部長說：「趙小蘭是運輸部長的絕佳選擇。她深度參與了國家交通政策的決策，及一九九〇年機場噪聲和客容量法案（Airport Noise and Capacity Act of 1990）和ISTEA（Intermodal Surface Transportation Efficiency Act，多式聯運地面運輸效率法案）的制定等。總統當選人川普為運輸部選擇了一位真正的專業人士。」

前運輸部長詹姆斯．伯恩利（James Burnley）也對趙小蘭的任命發表了看法：

「在美國，沒有人比趙小蘭更有資格擔任下一任運輸部長。我們期待在這個交通運輸充滿活力的時期與她合作。」

時任運輸部長、歐巴馬政府中的民主黨人安東尼・福克斯（Anthony Foxx）表示：「趙小蘭對運輸部非常了解，此前也曾擔任運輸部副部長。她也是我在華盛頓遇到最友善的人之一。我祝她的任命確認流程一切順利，同時，我們將努力確保工作交接順利。」

其實趙小蘭在野的這八年期間，數不清的企業爭相邀請她擔任高階主管。趙小蘭婉拒過難以計數的邀約，然而面對新總統徵召，「總統希望我當部長，我不能拒絕。」她緩緩說道。

去川普大樓面試之前，趙小蘭對他並不了解，以前只有過一面之緣，是二〇一六年在維吉尼亞州威廉斯堡（Williamsburg）一個共和黨參議員聚會，總統候選人川普現身發言。現場有許多小朋友與支持者等著跟他說話，沒想

> 趙小蘭非常了解運輸部，此前曾擔任運輸部副部長。她也是我在華府遇到最好心的人之一。
>
> ——前美國運輸部長 Anthony Foxx

到川普發言結束便轉身離去。趙小蘭見狀馬上出聲請川普留步，提醒他「還有好多人等著要跟你拍照」，成功讓川普回頭和等候的支持者及小朋友們合影。在場的支持者相當讚賞趙小蘭的敏於任事，而她單純只是不願這些期待見到川普的人失望落空，想幫他們達成願望。助人為樂，趙小蘭在這方面始終不落人後也從不遲疑。

趙小蘭之所以答應入閣原因有二。其一，美國的習慣與傳統是，當總統徵召你為公職服務時，你不能說「不」。其二，川普政府延攬了許多沒有經驗的新手，趙小蘭人品佳信譽好，本身經驗豐富，足以確保美國政府能如常運轉，而且她手下的文職官員向來都以與她共事為榮，若她能入閣，她希望能讓美國人民放心地擁有一個運轉良好的政府。

在接受提名後的這個重要一週裡，趙小蘭異常繁忙。結束舊金山的董事會議，她連忙飛往喬治亞州去開另一場董事會議。就這樣馬不停蹄過了兩個禮拜。同時，隨著任命消息發布，趙小蘭必須著手找人馬。她找來昔日運輸部與勞工部的下屬，以及全國各地與華府的其他專家，共議召募新人事宜。

按照常規，總統交接團隊應該要處理好符合資格的人選履歷，不料新政府內部倒是先出現了問題：在大選底定的次日，交接團隊首長、紐澤西（New Jersey）

州長克里斯・克里斯蒂（Chris Christie）遭到撤換，由麥可・班農（Michael Bannon）和麥克・福林（Michael Flynn）取而代之。這兩人不信任克里斯蒂州長，謠言紛傳，說他們扔掉了克里斯蒂州長從四月至十一月已經蒐集好的五萬四千份人事履歷，導致內閣首長沒有人才資料可用，也造成閣員提名人措手不及，工作量大增。

趙小蘭人脈甚廣且人緣極佳，聽到她求才若渴，與趙小蘭相識於她三十年前擔任運輸部副部長時期的老顧問馬提（Marty）二話不說放下自己在佛羅里達的顧問公司業務，飛到華府暫助前上司一臂之力。趙小蘭為人領導，孚人忠誠如斯。「她請我吃了頓飯，她分享對運輸部的理想，需要人幫忙。我曾跟太太說，只要趙部長找我，我一定肝腦塗地。」

入閣照例要走的法定手續十六年來如一日，趙小蘭一面展開繁重的文書工作，找幕僚研究運輸相關議題，並準備聽證會，一面造訪手握提名認可權的參議員們，做禮貌性拜會。相較於入閣勞工部長的文件只有十二頁，這次需要提交的財務報表與背景審查表多達一百三十六頁，數量暴增，要回答的提問更多也更細了，這起因自歐巴馬任內為了防範政治說客入閣參政才做出的改變。

和十六年前勞工部長的提名聽證會同一天，趙小蘭的運輸部長任命聽證會在一月十一日舉行，歷時三個小時。一如既往，趙家的親朋好友到場旁觀打氣，父親趙錫成、三妹趙小美攜雙胞胎外甥女，端坐在趙小蘭身後。不止親友，交通運輸界代表、商界代表、貿易協會、工會，以及亞裔美國人各社團成員皆結隊前來，聲勢相當浩大，對趙小蘭出任運輸部長一致給予最大的支持。報章雜誌形容，趙小蘭蜚聲國際，才幹過人正直廉潔，領導有方又能服眾，她的出任讓大眾對能力堪虞的新政府產生信心。

切中運輸基礎建設問題

聽證會上，兩黨參議員對趙小蘭行禮如儀，大多數都客氣地請她多關注自己州裡的交通建設，還有多位邀請她視察地方交通建設，更多時候委員們安靜聽取趙小蘭的陳述與回覆，氣氛一派祥和。

顯然大家已產生共識，肯定趙小蘭強調改善陳舊的運輸基礎設施，解決日益惡化的塞車問題、頻繁的交通事故，提升交通安全性並引進新技術等等規劃，也贊同她提議加強聯邦與地方、民間合作，確保聯邦資金專款挹注改善運輸系統，放寬民營企業投資國家基礎設施等等理念。

綜觀趙小蘭的施政願景，始終都是安全第一，依序為投資美國的基礎建設，並結合新科技與新創意，將未來的交通系統建設得更臻於安全、有保障也更顧全到隱密性。

元月二十日，川普和彭斯宣誓就任美國總統、副總統，趙小蘭與父親趙錫成坐在整個國會大廈最好的觀禮位置——平台貴賓席上，與國會議員們、所有使節代表、軍方將領及未來內閣成員平起平坐，總統、副總統當選人與家眷就在數步之遙。前一次入閣擔任勞工部長時的總統就職大典上，趙小蘭也入座這裡的貴賓席。時隔多年，她這是第五次坐在這裡，欣喜之餘也百感交集：既激動，又滿懷感恩。這一回也是父親相伴，依然要與家人分享每一次難忘的殊榮，因為獨樂遠遠不如與家人同樂更珍貴。

接著，國會領導階層在國會大廈內的國家雕像館（Statuary Hall）設午宴歡迎新總統川普與第一夫人、副總統與第二夫人，出席宴會的還包括最高法院大法官與軍方參謀長聯席會議主席等要員，以及內閣提名人或候選人。已通過聽證會的趙小蘭自然以運輸部長提名人身分出席。

新總統正式上任了，一切都在與時間賽跑。新政府就位，千頭萬緒動起來。

已經當過一次部長迭有經驗的「老兵」趙小蘭好整以暇，按部就班籌募到一小群足以成為新政權核心力的人才。二〇一七年元月二十一日，她率領這一小群人馬視察接任的運輸部。與當年就任勞工部長時經驗豐富的交接團隊不同，川普政府的交接團隊亂無章法，成員朝夕更替，趙小蘭認為有必要自組交接小組。

宣誓典禮結束後十一天，也就是元月三十一日早晨，聽證會以九十三票對六票通過趙小蘭任命案，當日下午她便宣誓就職，成為最早通過提名並宣誓就任、負責國內事務的部長。反對的六票全是民主黨總統支持者，他們不願支持共和黨閣員也很正常。依照慣例，麥康諾為避嫌投下了棄權票。

在聽證會上，這位共和黨多數黨領袖幽默表示：「我遺憾的是，只有一個老婆獻給我的國家的基礎設施。」當年，前共和黨領袖杜爾在妻子伊莉莎白出任雷根政府運輸部長的聽證會上，詼諧一語，如今麥康諾幽默引用，全場爆出如雷笑聲。

與伊莉莎白·杜爾一樣，趙小蘭也是兩次進內閣，同樣都是以傑出女性身分出任勞工部長和運輸部長。趙小蘭也當場以美式幽默回應丈夫的讚美：「我將努力在今晚晚餐時，鎖定多數黨領袖的支持。」語罷再度迎來哄堂歡笑。

機會總是找上有所準備的人

趙小蘭做事總是胸有成竹，第一天上班就井然有序開始推行業務，所有政策無縫接軌毫無延宕。在她的領導下，「運輸部是當時最早付諸行動的部會，」一部屬都對趙小蘭的效率印象深刻、敬佩有加。

趙小蘭有入閣經驗，她熟知政府機器的運作往往曠日費時，次長與各局局長都得走程序等參議院通過，恐怕一年半載都無人到任。在川普執政期間，延宕情形很尋常，甚至有些提名人遲遲等不到任命通過。憑藉在官署任事的豐富經驗，趙小蘭隨機應變，先任命毋須取得國會聽證確認的各部門副首長，令其早早各就各位，也自然能盡早順利開展業務。

在二月一日正式上班前，趙小蘭已經計畫好第一天她要向部內全體員工傳達的訊息，「我必須向運輸部同仁布達，讓大家知道我重視哪些議題及優先級別。」她做事總是細心到位也深謀遠慮。

坐上運輸部長大位的第一天，趙小蘭早上八點半就和機要幕僚開會；一個小時後，她會晤部裡的資深公務員，感謝他們在交接期間維持業務運轉不輟。近午時分，她選擇十二點半到員工自助餐廳，和三位文職公務員：預算局副助理部長、副總法律顧問、管理事務副助理部長共進午餐。這三人都是身居要職的高階文職公務員，在員工之間人望頗高，趙小蘭希望藉此傳達、表明自己對這些端著「鐵飯碗」的文職公務員的尊重，希望和他們共事愉快、合作無間。

運輸部是天井式建築，趙小蘭要從建築物的一端，穿過偌大的中庭，才能走到位於另一端的員工自助餐廳。行經中庭時，樓上四周圍的窗邊擠滿了員工，大家顯然都興致勃勃想一睹新部長的風采——這也是趙小蘭的目的，讓員工在第一天親眼看到新上任的長官、認得她，知道她不是遙不可及的。事實證明，打過照面自然親切有加，員工認得她，不論何時何地，即使僅是擦身而過，都能自在與長官打招呼。

午餐後，趙小蘭聽取了一項安全簡報，並視察危機處理中心（Crisis Management Center）。身為運輸部長，趙小蘭的主要職責之一就是確保員工與國家安全無虞。同日，她還會晤了掌理廉政肅貪的運輸部監察長（Head of Department of Ethics），傳達自己與部會的絕對充分配合，也向對方展現自己如何重視個人誠信。

趙小蘭重返官署，掌理年輕時就嫻熟的運輸事務，可謂綽有餘裕。她的過人才幹與睿智，加上豐富經歷，都為新政府的聲望與信任度增添不止一臂之力。上蒼的安排往往讓人日後回顧時驚嘆妙不可言，幸好運輸部由沉穩幹練的趙小蘭掌舵，因為在四年任內，美國和世界的日子並不太平。

勞工部部長時期

趙小蘭在阿拉斯加州舉行的慈善活動中捕獲了一條 52 磅重的帝王鮭魚，與丈夫麥康諾參議員和她的戰利品一起拍照留念（2000）

美國勞工部長趙小蘭的官方照片。這張照片掛在全國所有勞工部辦公室裡（2001）

在國會舉辦的歡迎午餐會上，勞工部長提名人趙小蘭列席於總統布希與副總統錢尼之間，榮耀空前（2001）

勞工部部長在美國大法官歐康納和布希總統的見證下，於白宮橢圓形廳宣誓就職，一如趙家多年慣例，她的父母和家人也見證了這場盛典（2001）

勞工部長趙小蘭會見身障者領袖，討論減少身障人士失業的策略（2001）

勞工部長趙小蘭和教育部長佩奇（Roderick Paige），在勞工部主辦的華盛頓 21 世紀勞動力高峰會上，簽署兩部門間的合作備忘錄（2001）

911 恐襲發生後，勞工部長趙小蘭帶領勞工領袖開展團結集會（2001）

勞工部長趙小蘭視察查 911 廢墟中心，並與美國職業安全與健康管理局（OSHA）同事會面（2001）

布希總統訪問勞工部，與趙小蘭部長一同宣布一項經濟援助計畫，幫助受 911 恐怖攻擊事件影響的失業工人（2001）

勞工部長趙小蘭向紐約唐人街贈送了一張一百萬美元的支票，以振興該社區在 911 恐怖襲擊所受到的經濟損失（2001）

勞工部長趙小蘭向布希總統、財政部長和經濟顧問委員會主席，報告 911 事件後的就業狀況（2001）

紐約唐人街歡迎勞工部長趙小蘭的盛況。她是美國歷史上第一位被任命為總統內閣成員的亞太裔女性。這天她帶來一百萬美元的政府救助資金，以振興唐人街經濟。和她在一起的還有她的父母、妹妹和家人（2001）

布希總統會見勞工部長趙小蘭和其他經濟顧問（2002）

勞工部長趙小蘭與布希總統一起簽署了關於企業責任的重要立法《沙賓法案》（2002）

勞工部長趙小蘭在美國勞工部西岸港口記者會上（2002）

在白宮總統辦公室，勞工部長趙小蘭向總統布希通報西海岸港口勞工騷亂情況（2002）

趙部長入選母校賽奧西高中名人堂，並接受傑出校友獎。在發表演講前，趙小蘭先向一千多位在場師生介紹她的雙親（2002）

第 108 屆國會宣誓就職，美國國會參議員麥康諾在副總統錢尼的陪同下宣誓就職（2003）

勞工部長趙小蘭、商務部長和財政部長在明尼蘇達州舉辦討論會，
強調政府的經濟增長和創造就業機會（2003）

勞工部長趙小蘭的官方照（2004）

趙小蘭率團訪問伊拉克，與聯合臨時執政當局主管布雷默會面。時近正午，但為安全起見，窗簾仍是拉上的狀態（2004）

趙小蘭與伊拉克勞工部長在巴格達一間由美國勞工部資助的職業培訓中心（2004）

趙小蘭在華府的勞工部總部大樓前（2005）

趙小蘭和先生麥康諾參議員於參議院舉辦的年度活動後合影。夫婦倆每年都會在此同一個地點合影留念（2004）

勞工部長趙小蘭與父親趙錫成因其對美國的貢獻而獲得艾利斯島獎（Ellis Island Medals of Honor）。這個獎項頒發給傑出移民，這是首次有父女同時榮獲此殊榮（2005）

To Elaine Chao
With best wishes,

白宮，勞工部長趙小蘭與第一夫人蘿拉．布希（Laura Bush）（2005）

勞工部長趙小蘭向全國城市聯盟提供了兩千萬美元的贈款，以幫助紐奧良在卡翠納風災中受影響的年輕人（2006）

布希總統夫婦在白宮為中國國家主席胡錦濤和夫人舉行國宴，勞工部長趙小蘭及父母應邀出席並特別合影留念。這張集中美元首夫婦的「全家福」照，堪稱留下歷史性的一幕（2006）

勞工部長趙小蘭與工會領導人簽署了無毒品工作場所協議（2006）

勞工部長趙小蘭、布希總統和他的經濟團隊，在大衛營會面後，從海軍陸戰隊 1 號直升機上下來，前往新聞發布會會見媒體（2006）

布希總統、勞工部長趙小蘭和經濟顧問團隊，討論經濟問題並公布刺激經濟方案（2008）

To Elaine Chao and Mitch McConnell
With best wishes,

趙小蘭夫婦出席為英國女王伊莉莎白二世和菲利普親王舉行的白宮國宴（2007）

趙部長是首位入選苜蓿俱樂部（Alfalfa Club）的亞裔美國人，合影人士包括（前排由左至右）：美國緬因州共和黨參議員柯林斯（Susan Collins），美國勞工部長趙小蘭；加州民主黨國會女議員哈曼（Jane Harman）；站立者（左起）：大西洋理事會副主席柯克（Roger Kirk）；戴爾科技董事長戴爾（Michael Dell），商界人士弗里曼（Brad Freeman），阿肯色州民主黨參議員普萊爾（Mark Pryor），美國最高法院首席大法官羅伯茲（John Roberts），及紐約市長彭博（Michael Bloomberg）。

布希總統和勞工部長趙小蘭穿過白宮南草坪，搭乘總統直升機「海軍 1 號」，前往馬里蘭州巴爾的摩參加會議（2008）

在總統經濟團隊會議之前，總統布希和副總統錢尼參觀了勞工部長趙小蘭的辦公室（2008）

美國勞工部長趙小蘭在警察兄弟會主辦的追悼會上發表演講。這是一年一度的活動，紀念在執勤中犧牲的警員（2008）

勞工部長趙小蘭作為北京奧運閉幕式美國代表團團長，亦是布希總統特使，在北京美國之家發表演說（2008）

趙部長受命擔任北京奧運閉幕式的美國代表團團長及美國總統特使，趙錫成也是代表團的一員，而父女甫經歷喪妻、喪母之痛。途經新加坡，兩人一同會見新加坡總理暨開國元勳李光耀（2008）

趙部長與丈夫，參議員麥康諾一起參加連任競選期間的遊行（2008）

美國勞工部懸掛著部長趙小蘭的官方油畫肖像，畫中父母的照片相框放在辦公室最重要的位置，旁邊是丈夫的照片（2008）

2007 年，母親朱木蘭因病辭世。無論公務如何繁忙，時任部長的趙小蘭仍經常來到芬克利夫墓園，趙朱木蘭夫人的私人墓室看望母親。大理石上的詩出自哀傷深情的丈夫趙錫成之手，大理石也是他親自去義大利挑選的。私人墓室門上不只英文姓氏，還有費了九牛二虎之力才説服墓園董事會、允許他放上去的漢字姓氏。趙博士對顯揚中華文化始終莫忘。

作為參議院主席夫人，趙小蘭在華府植物園舉行午餐會，向新上任的第一夫人蜜雪兒．歐巴馬和第二夫人吉爾．拜登致意（2009）

勞工部長趙小蘭偕父親參加白宮宴請中國國家主席胡錦濤的國宴（2011）

趙部長和家人與哈佛大學校長、哈佛商學院院長共同宣布，趙家捐款建造趙朱木蘭中心給哈佛大學商學院（2012）

趙小蘭部長和父親趙錫成、副總統拜登和夫人吉爾・拜登在白宮紅廳（2011）

趙部長在約翰・甘迺迪總統就任 50 週年紀念活動上演說，在座的有甘迺迪之女卡洛琳・甘迺迪（Caroline Kennedy）（2011）

哈佛大學趙朱木蘭中心（Ruth Mulan Chu Chao Center）奠基儀式。這是哈佛大學校園內第一座以女性和亞裔命名的建築（2014）

趙小蘭部長帶著家人出席共和黨領袖參議員麥康諾的宣誓就職儀式，儀式由副總統拜登主持（2015）

趙小蘭部長與訪問華府的英國查爾斯王子合影（2015）

趙小蘭部長與父親趙錫成在中國國家主席習近平的白宮國宴上，歐巴馬總統向父女問候致意（2015）

哈佛大學趙朱木蘭中心落成啟用。這是哈佛第一棟以女性及亞裔美國人命名的建築（2016）

在趙朱木蘭中心揭幕儀式上，趙錫成博士手持金色剪刀親自為大樓剪綵，在場包括時任哈佛校長福斯特、商學院院長、麻州州長、參議員等，一眾親友貴賓皆喜樂見證（2016）

趙小蘭部長和父親、家人，包括四個妹妹、妹婿及外甥、外甥女，在哈佛大學趙朱木蘭中心落成典禮上留下全家福合影（2016）

運輸部部長時期

運輸部長提名人趙小蘭，在聽證會上介紹了坐在她身後支持她的父親、丈夫，和其他家人（2017）

總統就職日，運輸部長候選人趙小蘭和父親坐在就職台上（2017）

運輸部長趙小蘭在副總統彭斯（Mike Pence）的陪同下宣誓就職，她的父親趙錫成博士手持《聖經》，一旁是丈夫麥康諾（2017）

新任運輸部長趙小蘭在運輸部大廳與員工寒暄（2017）

美國第 18 任運輸部長趙小蘭主持運輸部成立 50 週年慶典，暨新任部長趙小蘭歡迎儀式。美國第 8 任運輸部長伊麗莎白．杜爾也參與盛會並發表講話（2017）

運輸部長趙小蘭和父親在紐約唐人街舉行的遊行中受到盛大歡迎（2017）

法國總統馬克宏歡迎來到巴黎航空展的趙小蘭部長（2018）

美國運輸部長趙小蘭以美國代表團團長身分，與新加坡總理李顯龍一同出席在印尼雅加達舉行的印尼總統就職典禮（2019）

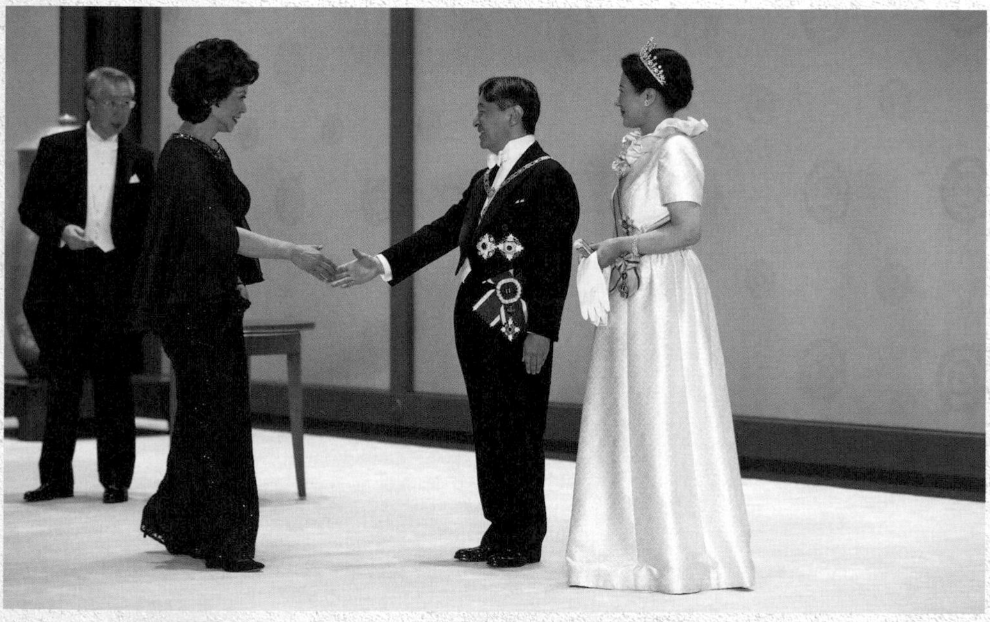

美國運輸部長、美國代表團團長趙小蘭出席日本天皇和皇后的登基典禮，並在日本東京皇宮的宮廷宴會上受到德仁天皇和雅子皇后的接見（2019）

美國運輸部長兼美國代表團團長會見展開第二任期的印尼總統佐科威（Joko Widodo）（2019）

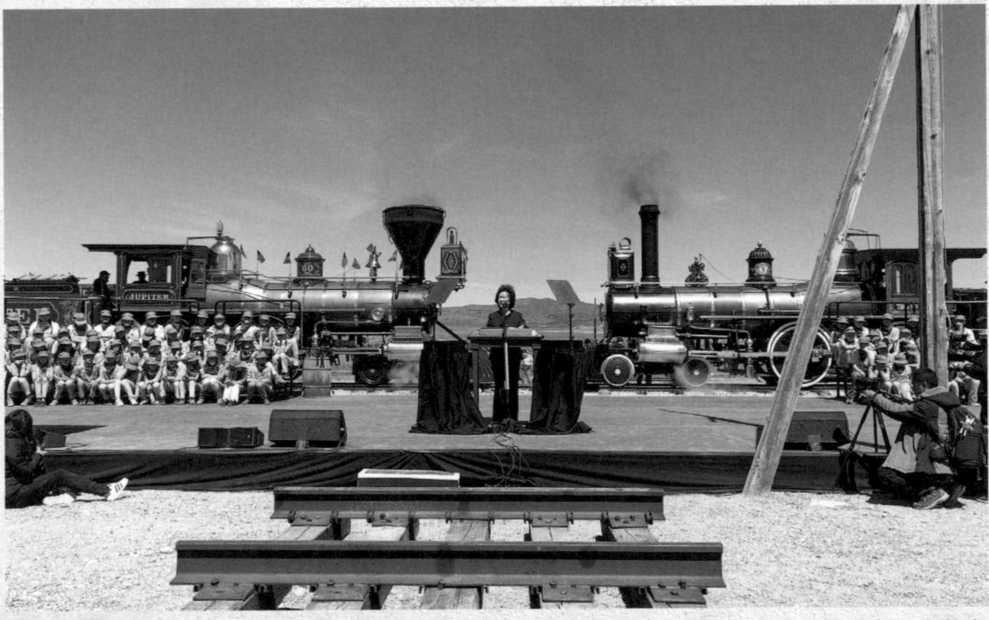

美國運輸部長趙小蘭，在猶他州山峰舉行的橫貫東西岸鐵路完工 150 週年紀念活動上，向華裔鐵路工人的貢獻致敬。這也是美國歷史上華工貢獻首次得到運輸部長的承認與致敬（2019）

美國運輸部長趙小蘭和參議院共和黨領袖麥康諾（在講台上）在國會大廈圓形大廳，向新總統和第一夫人贈送國會禮物。由於新冠病毒大流行，該活動改到室內，僅舉行了小型聚會（2021）

新冠疫情期間，趙小蘭部長和父親透過 ZOOM 線上參與了許多演講和談話（2021）

第 24 任美國勞工部長暨第 18 任美國運輸部長趙小蘭及其家人，在紐約與季辛吉（Henry Kissinger）博士共進午餐（2021）

趙小蘭部長和父親趙錫成博士受邀作為「大元帥」領銜紐約首屆亞太裔傳統大遊行（2022）

趙小蘭部長和父親趙錫成博士，受邀擔任紐約市首屆亞太裔美國人傳統遊行大元帥（2022）

趙小蘭部長在副總統官邸與參議員配偶一起參加假日招待會（2022）

趙錫成博士與女兒趙小蘭（右二）、小美（右一）和安吉（左二）一起參加哈佛大學論壇，分享他們移民美國的經歷，以及如何加強美亞關係（2023）

趙小蘭部長和妹妹小美（最右）、安吉（最左），陪同父親趙錫成前往美國海岸警衛隊學院，接受首屆 Scientæ Cedit Mare 獎（Scientæ Cedit Mare 是學院的座右銘，拉丁語意為「大海孕育知識」），並擔任軍團的審查官員（2023）

第十九章 新政府，新建設

——她二度出仕，再次受總統延攬入內閣，不僅是書寫亞裔進入主流社會的歷史，也是美國歷史上少有的榮耀。

競選期間，川普曾表示若能當選總統，將編列一兆美元預算挹注美國的基礎建設。此言一出成了媒體大新聞，儘管在競選活動裡努力製造新聞乃候選人的家常便飯。美國的基礎建設亟需投入資金，但候選人拋出一兆美元建設基金的承諾，尚且只是競選口號，並無政策相佐確保付諸實踐，若無實際規劃，則可能淪為空話與談資。推動基礎建設成為可行的議案，端賴趙小蘭與府會同仁增補規劃細項，而如此龐大的國家大計，牽涉到白宮及各個內閣部會，非僅運輸部而已。

趙小蘭前一回在運輸部效力時，還是位年輕女性，身居副座，是運輸部二當家，也是當年美國政府有史以來第一位亞太裔副部長。如今她二度出仕，再次受總統延攬入內閣，不僅是書寫亞裔進入主流社會的歷史，也是美國歷史上少有的榮耀。重返昔日部會，卻是登上部長大位，經手新舊政權交接，為新政府打造新氣象。

在她離任運輸部副部長後，美國海岸護衛隊從運輸部移出，整併至九一一恐襲後新成立的國土安全部（Department of Homeland Security）。美國運輸部成立於一九六七年，由數個從其他部會分拆的單位組成，各有其悠久文化與傳統；這點不同於勞工部的中央權力系統，部長統籌一切政策、溝通、政策倡導、法務、人力資源、資訊工程等等事項。運輸部的各個局處各有專屬的法務、溝通、政策倡導、人力資源、資訊工程單位，是個極扁平化的「地方分權」官署。運輸部麾下共有超過五萬五千名員工和兩萬名約聘雇員，年度預算約八百八十億美元，掌管陸海空運輸系統，包括運轉美國國家航空系統的聯邦航空總署（Federal Aviation Administration, FAA）。

各個局處得以各自為政，這樣的行政結構，是趙小蘭首當其衝的領導力大挑戰。趙小蘭領導風格一向以成果為導向，為了圓滿達成施政目標，她擅長審時度勢，恩威並施。

三月二十九日，正逢美國運輸部成立五十週年，運輸部舉辦了慶祝典禮並為新任部長迎新；貴賓雲集，高朋滿座，國會領導層、多位前任部長、勞工領袖、外交大使等紛紛出席。一如既往，每次就任新職位，趙小蘭從不忘亞裔社群對她一路走來的支持，也邀請亞裔社群及親友們到場一同慶祝、紀念這一歷史性時刻。隨後，她更是大度敞開部長辦公室套房的大門，歡迎賓客們參觀。大多數賓客從未參觀過聯邦政府辦公室內部，運輸部長的辦公室更是連聯邦政府雇員也沒有機會一窺！多年後，趙小蘭回憶起那天的情景，仍深感幸福——那是一種回饋社群、感恩回報的莫大欣愉！然而，後來發生的事令趙小蘭始料未及。

典禮中趙小蘭發表演說，談運輸部的發展與願景。她表示過去五十年，交通基礎設施始終是美國的經濟命脈，讓美國維持強大的競爭力，創造了前所未有的能動性與機遇。

「然而今天，我們創建的基礎建設垂垂老矣，改變現況才能迎接更多挑戰。運輸部將引領革新之路，以三大目標為職志：強化安全、翻新基礎設施，為未來做好準備。」趙小蘭重申她在提名聽證會上的施政方針。

任何一個國家的交通基礎建設，都是決定經濟繁榮、生產力與居民生活品質的關鍵。除了檢修翻新交通建設，白宮的基礎建設大計還涵蓋了新能源與水資源建設，以及對寬頻進行現代化更新。白宮要領導總統倡議的基礎建設計畫，成立跨部門工作團隊，結合大約十二個部會與首長通力協作，包括運輸部、農業部、內政部、能源部、環保署、勞工部、財政部，還有美國行政管理和預算局（Office Of Management & Budget），共同致力於國家能源、水資源、勞工培訓與交通基礎建設。

由於計畫龐大，牽涉層面甚廣，即便全力以赴推進，草擬議案的規劃至少也需耗時一年，才能備妥細節提交國會審查通過。一般來說，這類準備工作應該在總統大選之前，就先由交接團隊負責起頭展開了。

然而，川普總統完全專注於將他百分之百的精力投入到贏得選舉中，他認為只要能在選舉中勝出，他的團隊完全能把政府交接工作應付過關。他有一次告訴他的女婿：「不要在政府交接工作上再多花哪怕一分鐘。（米特）羅姆尼把所有的時間都花在了交接工作上，然後他輸掉了選舉。把你所有的時間都花在競選上，如果我們贏了，我們會解決交接工作的問題的。」因此，負責交接工作的團隊幾乎沒有得到競選團隊領導層的任何指示。

而當選以來，川普亦無耐性擘劃議案付諸實行，他唯一的工作經驗就是經營家族私營企業，在自家公司，他地位尊崇享受著國王一般的待遇，只需發號施令，然後一切都會得到施行；加上從未有過大型組織的工作經驗，致使他不了解為何在政府裡推行議案如此曠日費時。理由很簡單：聯邦政府裡需要協同作業的各局處辦公室多不勝數，而這是個超過一兆預算的大型計畫，占去國家經濟體高達六分之一之多。其實施方案多如牛毛，細節如織複雜難述；再加上媒體不斷催促追問，川普倍感壓力。

為了給外界一個交代，二〇一七年六月，白宮在運輸部舉行了一場大型活動，說明如何縮短基礎建設議案的推展時程。根據當時展示的數據，美國政府要興建一條高速公路，平均必須通過九大部門的核准，並符合二十九項不同法令的規範，建築一條路就得大約花十六年時間，上一次修建機場還是一九九五年興建的丹佛機場，距當時已過去了二十三年。政府宣布，聯邦政府會濃縮時程，指派單一部會專責授權事宜，以期壓縮行政流程到兩年。這樣的重責大任自然落在內政部、國防部轄下的美國陸軍工兵部隊（United States Army Corps of Engineers）肩上，而美國國家環境保護局（Environmental Protection Agency, EPA）必須對運輸部的多項計畫案給予豁免放行。但無人知道這是否確實可行。

制定新政策或修改現行政策，不是發一篇新聞通稿或一條推特（Twitter，二〇二三年後更名X）便能成真。成功的施政需要費盡千辛萬苦，做好事前規劃和協調，並有充分的實質性內容支撐，然後還要進入立法提案程序；議案必須分發給政府整個行政部門，進行一致性核實審查，接著提交國

> 「趙部長始終如一的專業精神，使她連續四年成為基礎設施和交通安全的有力擁護者。
> ——美國眾議院資深議員 Sam Graves」

會通過，政策的藍圖方能成形。這當中還需要一以貫之不間斷的努力，來贏得國家對計畫的支援。

白宮需要當領頭雁，這是政府的議案，是跨部會的大型計畫，需要萬全的策略與擴展計畫，以協調政府各部會局處與外界各團體合作，共襄盛舉。比方說，白宮要與多方合作協調，包括各州及地方政府、民間企業、非營利界、工會、行會、各相關團體、參議員、眾議員等，以獲得他們的支持。這是一份艱難無比的任務，需要團隊合作、專心一志，盡早預備，還要有豐富經驗。然而，這些都是新上任班子所匱乏的。

在致力於組建團隊、協助研擬基礎建設議案的同時，趙小蘭還有另外的要務在身。美國的空運系統向來代表世界金字標準，如今已逐漸老化，亟需與時俱進。於是，上任兩個月後，趙小蘭與國會兩黨代表一同造訪加拿大運輸部長，在渥太華（Ottawa）共進晚餐，並觀摩空運管制系統。加拿大有一套獨立的非政府運營且非營利的航空管制系統，技術領先。

就在雙方正要用餐前，趙小蘭收到一則壞消息：美國的八十五號州際公路上一座橋梁因卡車車禍大火而倒塌，癱瘓了整個亞特蘭大（Atlanta）大都會區的通勤路線，影響了七個郡的交通，所幸無人員傷亡。在短短兩個小時內，趙小蘭動用一千萬美元的急難救助金，並立即派遣運輸部兩位代表抵達事故現場評估狀況，同時與喬治亞州長與州政府合作救援。這是趙小蘭任內的第一次重大考驗，她與團隊精誠努力，順利完滿過關。接下來趙小蘭率領團隊與州政府密切協作，夜以繼日重建當地交通動線，只用了四十九天，並以低於預算的漂亮成績，提早完工，通勤大眾得以省下數小時繞道之苦，重返日常上下班路線。趙小蘭應對迅速且成果斐然，使她「敏於行」的實幹家形象更加深入人心。

美國不僅是美國人的美國，也是全球人的美國

川普政府的十年基礎設施建設大計，自然也會對全世界帶來莫大的後續影響。扛起重責的運輸部，理所當然扮演著改造美國與世界的關鍵角色。

掌理美國運輸部的趙小蘭，當她的眼神離開桌上的公文，望見辦公室裡的全家福照片，思緒便忍不住飄到父親曾航行在茫茫大海上，靠著計算星辰與海平面的角度找尋方向，意識到自己如今也是領航人了。「前方無路我來開。」她的辦公室曾擺設了一個雕塑作品，是父母親送給她的，作品是一群大雁列隊飛行，卻有一隻

雁脫隊獨行。

「我跟小蘭說，那隻獨行的雁就是她，她做的事，總是要自己找尋方向和方法。」趙錫成解釋道。知女莫若父，趙錫成常說趙小蘭只是個普通的孩子，和別的小孩沒兩樣，但是她好奇心重且熱愛學習，非常努力、從不放棄，或許這幾個特質使她遇到天大的挑戰也不會退縮，反而激發出更大的力量與智慧加以克服。

在運輸部的四年期間，趙小蘭所做的決策影響既廣且遠，改變了地緣政治的版圖。最為人稱道的成果之一就是，在她任內，運輸部的管道和危險材料安全管理局（PHMSA）與聯邦能源管理委員會（FERC）合作了一項大計畫，將在美國大規模鋪設更方便的天然氣輸送管，直通各大港口便利輸出。二〇一九年十月，在她任期的第三個年頭，美國成為了石油淨出口國。

「類似這種大規模管線鋪設的工程，最難之處在於選址，」前聯邦能源管理委員會主席查特基（Neil Chatterjee）曾如此表示。即使聯邦政府核可通過，州政府、郡政府仍舊可以否決，還要跟無數環保團體、地方勢力、保全公司周旋談判。趙小蘭千辛萬苦取得各方同意後，成功在任內確立鋪設地點與路線，完成了最艱難的任務，後繼者只需鋪設就能完工，「她把此事視為當務之急，責成部屬和相關單位全力溝通，才能順利完成。」間接稱許了趙小蘭「成功不必在我」的大氣度，和一般政界人士汲汲營營於彰顯任內政績，不可同日而語。

趙小蘭當時並未料到俄國與烏克蘭會爆發戰爭，而俄國可能會隨時切斷對德國和烏克蘭的天然氣供應。現在正當其時，美國已開始鋪設直通各大港口的天然氣輸送管線，預期二〇二六年完工，屆時美國將能以更大效能供應天然氣給歐洲，一方面幫助降低美國的貿易逆差，一方面促使歐洲大幅減少對俄國天然氣的依賴。

趙小蘭不僅負責監管空中交通和管道運輸，而且始終強調所有交通方式的安全之重要性。她為倡導安全駕駛和優化基礎設施的項目提供資金，還為有助於提高汽車安全性和優化車輛性能的新技術提供投資支持。

趙小蘭在鐵路安全方面也政果斐然：一項自二〇〇八年以來一直停滯不前的重大鐵路安全自動化項目，在她的推動下最終得以落實，即列車主動控制（Positive Train Control, PTC）項目。這項技術能幫助實現在碰撞前自動停下貨運或客運列車，因此它被設計作為鐵路安全的最後一道防線，防止因人為錯誤（如超速、軌道道岔未對準或未經授權進入工作區域等）導致列車碰撞或脫軌。有關列車主動控制的立法在一次導致二十五人死亡、一百三十五人受傷的鐵路事故後於二〇〇八年獲得通過，然而紙上得來還需躬行以落實，趙小蘭是十年後第一位能全面推動這項安全措施真正落實的部長。她與三十個州通力合作，撥款三十四億美元，挹注地方政府安裝軌道系統監督新設施，成功部署了列車主動控制系統，力求防事故於未然。

美國領土遼闊，鐵路大多數並無地下化，每年因行人和司機無視安全警告，或在火車駛近時繞過鐵路道口屏障、試圖穿越鐵軌而發生的事故甚至致死慘案多達數千起。生命可貴，趙小蘭加強民眾教育及宣導，提醒民眾務必遵守平交道前「停車：因為火車停不下來！」的觀念，力求減少事故，保障民眾生命安全。

導入運輸新科技，追求進步但安全第一

趙小蘭任內的另一大政績是著眼於為未來的交通系統做好準備。新科技讓人們的生活日新月異，讓旅行變得更安全，將二十年前人們只能夢想的交通工具變成現實。面對未來，科技還有無限潛能改變交通和出行的面貌：人們可以線上呼叫汽車來完成載客接送，可能是司機開車，也可能是無人駕駛的電動車；兩輛卡車可以互相協作，一輛卡車拖拽第二輛車，這樣第二輛卡車的司機就可以輪班得到充分休

息，免於疲勞駕駛導致意外事故發生；汽車將更加智能化，可以自動偵測到障礙物並自動煞車等等，不一而足。

這些發展不僅會改變人們的日常生活和工作職業，也會影響到社會架構等深層次議題，小自為因身體殘疾而機會有限的人提供多樣化的就業機會，大到重塑城市外圍地區及衛星城的土地價值，甚至更深遠的影響。先進的駕駛系統，自動駕駛技術，運送包裹的無人機，搭運私營載荷送至商用衛星的航天器，垂直起降的空中計程車……這些都只是新興技術的冰山一角，隨著物聯網的發展普及，汽車可以與建築物和其他汽車交流以避免事故的智慧城市也將成為未來的趨勢。這些瑰麗絢爛的科技並非是童話，其中許多技術已經在趙小蘭擔任美國運輸部部長期間實現，實並非巧合，而是有賴趙小蘭著眼未來的長遠眼光。

趙小蘭相當支持交通新科技。當時，交通產業有多項新科技誕生，運輸部必須將它們結合於交通系統，提升大眾安全性、隱密性與保障，以免埋沒創新發明。有鑑於這樣的新科技對美國的國際競爭力舉足輕重——創新發明確實是美國的外銷強項，何況這些新科技可以提升安全性與人民生活品質，趙小蘭著手制定新政策，排除阻礙創新產業與技術的藩籬，促進新技術之開發，以利未來交通系統早日成為現實。

趙小蘭一上任就組成超部會的委員會，審查政府對自駕車的政策方針，並舉行公聽會多方徵詢大眾看法。

美國針對無人駕駛或自動駕駛的指導性法規制訂於前朝，內容繁冗刻板且過時，反而讓私營公司極易面臨訴訟，有礙於技術創新。趙小蘭借鑑其他國家的例子，改革了這些法規，以利於私營公司安全地開展研發與創新。

更何況，這些舊制條條框框用官僚文字限制住產業，卻未必真正有助於提升安全性。每年美國因道路事故而喪生者高達三萬九千人，車禍肇因包括氣候與路況問題，但人為疏失也是主因之一。自駕系統可減少人為疏失，提高安全性。開發自駕系統也能嘉惠肢障者與老年人行動自如，提高生活品質。

隔年趙小蘭帶領運輸部繼續深入工作，將自動駕駛的審查範圍擴大到包括所有地面交通，將巴士和卡車也納入其中，做成「為未來交通做準備：自駕車3.0」（Preparing for the Future of Transportation: Automated Vehicles 3.0）版。

趙小蘭一向重視安全，她核准了臨時權限，允許八十七部裝載自駕系統的車輛，在美國境內二十州進行八十九項各種測試。她還簽署了第一個豁免權給自駕車，重新定義車輛「司機」非必要是人類，放行電腦系統合法駕駛汽車開上康莊大道。

她還開創了新版汽車耐撞標準，將開發商、營運商、製造商與各級政府整合在一個平台上，以促進自駕車安全測試。運輸部為此總計花費了六千萬美元，作為自動駕駛系統測試補助金，實質展現政府對安全和先進運輸技術的大力支持。

到趙小蘭任上的最後一年，運輸部已經啟動了美國自動駕駛汽車產業發展的第五階段計畫，該計畫關係到總共三十八個美國政府部門、機構和相關辦公室，協同他們將共同投資自動駕駛汽車技術的開發，大力賦能產業，使得美國在自動駕駛汽車的研發和整合領域居世界領先地位。

趙小蘭也致力於推動傳統官僚機構助力新技術的發展，例如無人機。無人機運用廣泛，可適用於各式各樣不同的產業，可深入偏遠郊野或人力難及的所在，成為擔當無數任務的寶貴工具。

一如當年針對自動駕駛汽車，趙小蘭對無人機也發展了安全規範。現在，無人機的操作者必須事先取得執照，若執法單位發現無人機有危險飛行之情事，可以立刻定位操作者所在位置並強制無人機降落。她還首創新規鼓勵並保障無人機的合法普及應用，舉例來說，法規要允許無人機得以飛越人們的頭頂上空、視線之外，也可以在夜間飛行，以鼓勵更多人採用無人機。

隨著愈來愈多無人機升空飛行，趙小蘭帶領運輸部開發了「無人駕駛飛機系統交通管理」（Unmanned Aircraft System Traffic Management, UTM）系統，以便將無人機納入國家航空管制系統，確保安全。

最新前沿：商用太空項目

美國的太空商業旅行近年來有長足進展，這也與趙小蘭在運輸部長任內奠定的良好基礎有關。

過去，美國航太領域的技術研發、生產與銷售，完全由政府安排。趙小蘭在任時提倡政府與民間企業建立夥伴關係，因為她認為官民合作才是提升發展的最佳手段，可鼓勵民間企業貢獻其能量和創新能力，共同努力提高往太空運輸

> “感謝（趙部長）領導具歷史性的「非傳統和新興運輸技術委員會」（NETT），使我們得以在地方、各州及聯邦層面開拓發展。
>
> ——維珍集團創辦人 Sir Richard Branson”

物資的能效。

在趙小蘭上任前，美國其實已逐漸在太空商用領域落入下風，政府支持不足，官僚法規冗繁、紅線束手束腳；趙小蘭在任內力推科技發展，光是她在任的四年間，美國便成功發射了四十枚衛星，而此前八年內僅有十一枚。她還在一個專司部門簡化了衛星發射申請流程，大大提升了申請獲批的效率。現在，私營公司可以與美國太空總署合作，將商用載荷送入太空。私人擁有的航天器可以發射新的衛星，直到近期還出現億萬富翁乘坐私人太空飛船進入太空……人類太空旅行和觀光的夢想已指日可待。

有賴趙小蘭的領導及推動，私營公司逐漸得以鬆綁，極大化推動了美國商用航太科技的進步。私營公司進一步推進了技術發展，包括採用可重複使用的火箭來發射衛星，從而降低了太空探索總體成本與投資門檻。現在，近地軌道衛星網路已然可以實現偏遠地區的通信，並作為全球定位系統的備用方案，以防導航系統徹底癱瘓。這一點在烏克蘭與俄羅斯的戰爭中展現得淋漓盡致。

為了使強大的商業航太工業能進行太空探險與運輸貨物，政府尤其需要促進基礎建設的擴建，支援業界廣設太空港（Spaceport）。於是趙小蘭領導成立了「商業太空運輸卓越中心」（Center of Excellence for commercial Space Transportation），安排在美國聯邦航空管理局框架下。而為了將美國打造成頂級商業航太大國，運輸部大幅修改太空發射與重返大氣層的規定，並積極鼓勵修建更多的「太空港」，即可用於發射更多火箭和衛星的平台或太空站。

在整個恢宏的商業航太運輸計畫中，趙小蘭始終堅持安全第一的最高原則，帶領運輸部為民間企業創造了充分空間，促其技術進步與創新，以利推動商用太空事業的長遠發展，這將不僅僅造福美國一國而已，也將造福全人類。

商業航太發展計畫的下一階段，將是發展人類太空旅行。終有一日，從美國紐約搭乘太空梭飛往澳洲雪梨只消三十分鐘。凡此種種實現步驟，端賴趙小蘭在運輸部任內所奠定的基礎，才能逐步成真。

鼓勵創新，平衡城鄉建設差距

國之未來在創新。來到部長的高度，趙小蘭相信，美國政府不是要決定採用哪項新科技，而是創造出有利於創新和競爭的環境。

為鼓勵在安全範圍內積極創新，趙小蘭領導成立了「非傳統和新興運輸技術委員會」（Non-Traditional and Emerging Transportation Technology Council, NETT），一個由運輸部各局處最高領導組成的協調委員會，負責推動非傳統和新興交通技術，包括解決傳統監管帶來的官僚化障礙；此舉甚有必要，因為新興技術的審核通常涉及到運輸部下多個局處，常難獲得批准。

在趙小蘭治下，NETT幫助投資者更加理解這些針對新技術的複雜審批流程。比方說，超高鐵至少須受到運輸部四個局處監管，包括聯邦航管局（Federal Aviation Administration，因為它像是一個真空管）、聯邦交通運輸局（Federal Transit Administration，因為它無異於地下運輸系統）、聯邦公路管理局（Federal Highway Administration，公路環評調查），及聯邦鐵路署（Federal Railroad Administration，因為它就像是個鐵路系統）。這些不同的運輸管理需要協同合作，以便促成超高鐵這樣跨越所有模式的新科技運輸工具。

趙小蘭更新各類規則條例，使無人車及衛星發射普及化，也讓新管理系統和新機型各就其位，惠及全體美國民眾，並創造無限商機，影響所及遍布全球產業鍊，台灣的相關零件製造產業也有福同享。趙小蘭本就不好夸夸其談公務細節，被問及對社會、商界的貢獻，她總說，政府的公務員本份就是替大眾做事，「公僕服務大眾、造福社會，是義務不是貢獻。」

擔任運輸部長期間，趙小蘭的另一項重要工作是盡力縮小城鄉收入差距。婚後趙小蘭一直住在肯塔基州的鄉間，沒有人比她更知道交通基礎建設對農村地區的重要性。

城鄉收入之間的差距，部分源自城鄉交通基礎設施差異太大。趙小蘭想讓住在偏遠及農村地區的人們，也能同等享受到交通技術進步帶來的便利。她在任內致力於確保農村在基礎設施預算中受到公平對待，不被忽視或遭遇資金短缺，能雨露均霑、和大城市享有同等建設所帶來的繁榮利益。

事實會說話。雖然全美國只有百分之十九的人口生活在農村地區，但全國百分之四十五的高速公路死亡事故都發生在農村道路上，百分之三十四的公路與鐵路平交道死亡事故也發生在農村地區；而且，農村公路死亡率是城市地區的兩倍多。不止如此，近一半的卡車車輛行駛里程（Vehicle Miles Traveled, VMT）發生在農村道路上，三分之二的鐵路貨運來自農村地區。百分之九十的懸索橋（承載重量有限）位於農村地區。

大城鎮有充足資金聘請顧問和專家來幫助他們尋求政府資助，但偏遠和農村地區就沒有這些資源。為了解決美國農村多年來投資不足的問題，趙小蘭推出「農村利用交通促進經濟成功機會」（Rural Opportunities to Use Transportation For Economic Success, ROUTES）專門計畫，協助他們學會如何獲取自主資金（discretionary grant funding），讓這些沒有資源的農村，能和擁有資源的城市共享資金從事建設。

趙小蘭的五妹趙小婷是人類學家，走遍許多偏遠及農村地區做研究，她曾形容大姊的貢獻「每一件都讓人印象深刻，因為全國所有人都從中獲益」。

疫情肆掠下的應變新措施

趙小蘭入主運輸部將近三年，新政實施按部就班卓有成效。二〇二〇年一月二十日趙小蘭飛往瑞士出席世界經濟論壇活動，期間聽到中國出現致命的神祕病毒；忽然之間，就在一月二十三日這天，中國政府宣布封鎖湖北省武漢市與幾個城市，因為這些區域爆發新型肺炎，病毒擴散傳染之快、染病致死率之高，讓所有人措手不及，不知如何應付這場保健難題。

當下各國尚不知道，這場疫病隨即就癱瘓了全球，包括醫病系統、經濟活動，最嚴重的是全世界的交通運輸系統似乎一夜之間停擺了。

當時，病毒的傳播路徑及方式尚不清晰，大家完全不敢出門，遑論搭乘公共運輸，就連計程車生意也幾乎歸零，因為計程車司機害怕被傳染而不願跑車。病毒不斷出現變體，醫界追趕著死亡人數努力研發疫苗，誰也沒想到，肉眼看不到的小小病毒，讓整個地球被按下暫停鍵，幾近三年束手就擒。

這是趙小蘭上任以來遇到的最嚴峻挑戰，但作為運輸部長的她應對十分及時得當。

趙小蘭多管齊下，以三大舉措保持國力，以求將疫情帶來的大停工影響降至最低。首先是保持領空開放，但必須徹底重新安排航空管制員的上班時程和冗餘，以避免病毒傳播。其次，保持供應鏈暢通，這意味著要放行卡車在路上運輸，因為美國有大約七成的貨物仰賴卡車運輸（鐵路運輸只占約三成）。其三，要克服各種州法規，延長駕照讓卡車司機持有有效行車駕照。此外，她還關心到很多細微卻關鍵的小事，例如維持高速公路上休息站的開放——事情看似簡單，實則需要國家層面和州層面之間驚人的協調。

自二〇二〇年一月二十一日爆發第一起確診病例，白宮已經成立了防疫團隊，每日開會三小時。政府並陸續宣布停飛美國與中國、西班牙、義大利等歐洲航班，「給美國兩週空檔靜觀其變，」運輸部助理副部長傑龍（Joel Szabat）表示。

三月十三日週五，白宮發布全國緊急動員令，要求各公司行號與政府機關員工必須在家遠距上班。

趙小蘭採取舉措確保交通系統能安全、開放地保持運轉，任務艱鉅而重大，疫情狀況還不明朗，百姓人心惶惶，沒人知道這場突如其來的災疫和它所帶來的停工會持續多久。趙小蘭在運輸部成立了一個新冠肺炎工作組，每天開會檢視疫情並向白宮提供資訊，包括收集整理人們使用各類交通方式的數據等。

總統最初指派衛生與公眾服務部長現身媒體，向大眾說明疫情狀況。隨著情況愈發嚴重，需要位高權重者擔綱，副總統被要求出馬負責向全國通報情況；最後，對其他人的表現感到不耐煩，且在電視上感覺很自在的總統開始親自做簡報，兩旁站著助手。但有時，他提供的資訊並不準確，導致股市下跌動盪。不知總統是否知情，但白宮記者會很快宣布將改在股市休市後舉行，比如下午四點之後。

掌理全美所有運輸工具的趙小蘭，迅速擬定防疫大方向：維持美國交通在商品與旅客運輸上的安全、通暢，並確保供應鏈不受干擾。值得一提的是，二〇一七年一月十三日前任政府在交接時，雙方曾參加過一次流行病應變簡報，只是幾乎沒有人認為這樣的疫病大流行會真的爆發。當時有媒體記者在報導中描述，在場的趙小蘭態度認真，不像其他人漫不經心。趙小蘭也因此早有準備。

趙小蘭身上擔著確保全美交通運輸通暢運轉的重責，從汽車、巴士、卡車到火車和飛機，交通體系正常運轉才能維持經濟的良好運作。必須維持供應鏈通暢，商店貨架才會擺滿食物和民生用品。疫情之下，民眾出於對未來物資短缺的預期而購置比往常更多的物資，這無疑使趙小蘭的工作更加艱鉅。

疫情散播如野火燎原，州際高速公路休息區接二連三關閉，交流道附近的餐館也歇業，司機無處可歇腳用餐，危及健康與行車安全。更嚴重的是，司機在疫情期間個個超時加班，因為待送商品爆量。趙小蘭與州政府聯手，開放食品貨車進入休息區飲食歇腳，接著，她開放跨州公路旁的購物中心，並提供聯邦政府所屬土地讓餐車營業，同步解決餐飲業謀生與旅客、司機的民生問題。

在趙小蘭的努力協調下，籌集到了一千萬份口罩分發給城市交通、民航公司和其他交通運輸機構。這在當時並非易事，因為疫情初期，人們認為口罩無助於阻斷疫情傳播，於是很多美國人拒戴口罩，連員警都排斥——當時大家認為，只有病人才戴口罩，習慣戴口罩的亞洲人甚至被視為異類。然而隨著疫情升溫，大家終於逐漸意識到口罩對於防堵病毒繼續擴散有其必要性。

新冠肺炎重創航空業

入境限制的相關措施下，許多美國人滯留海外，連趙小蘭都曾接獲三十五年不曾聯絡的同學和熟人致電，向運輸部求助，而她竭盡所能協助了八萬八千人返回美國。然而，疫情下觀光客不見了，飛機空空無人，乘客載運量慘跌至疫情前的百分之四。趙小蘭的目標是：力保航空交通持續運轉，讓少數不得不搭機旅行的乘客仍然可以出行，例如有緊急醫療需求、必須返家、有商業要務者等。

趙小蘭不願國內航班做賠本生意，卻也不能剝奪乘客飛行的權利，她在兩難的處境下做出決定，協調各航空公司縮減航班，視每日、每週或每月載客量決定飛行次數，但她必須維持領空航運飛行與暢通，不可完全停飛。

開放航班意謂著同時也要確保航管塔台運作無礙。

為使飛航安全系統如常運作，趙小蘭要確保航管員們能夠各在其位。全美國有七百多個飛航管制塔，大約有一萬四千名航管員，需要全部維持正常運作。趙小蘭特為此與「飛航管制員協會」（NATCA）協商，也有賴她素來與該工會的主席互動良好且相互信任，協調結果非常順利。

為了讓飛機繼續安全翱翔於美國領空，疫情期間，趙小蘭帶領團隊為航管員們擬定替代計畫，以盡可能降低病毒的傳播。以往，航管員們根據自己個人作息安排輪班和上下班時間；現在，他們的上班時間有更多彈性，將以單位為群組，成組同時報到上班、同時下班離開。如果有人生病，整個單位就不必排班。他們還制定了應變計畫，萬一某個塔台被迫關閉，要立即有另一個塔台接手才行。

在新冠肆虐期間，趙小蘭的部會總計發布了超過兩百項緊急監管救濟措施，包括臨時豁免、特例、特許、執法的自由裁量權，以維繫全國供應鏈通暢。運輸部也培訓技術人員，負責安全、迅速地將病毒樣本從檢測點遞送到實驗室。

為解決經濟停擺帶來的長遠經濟惡果，幫助交通運輸業應對旅客人數驟降所帶來的巨大損失，甚至是發不出工資的窘境，趙小蘭與國會合作，通過了一項價值兩兆美元的全面緊急新冠救援法案。法案撥款給航空業三百二十億美元、城市交通運輸業兩百五十億美元，美國鐵路（Amtrak）十億美元，以及機場一百億美元。

所有這些關鍵措施，都是趙小蘭在運輸部大多數職員已不在總部辦公室上班期間完成的。當時，除少數關鍵必要人員外，運輸部的絕大多數員工已經採遠距工作。趙小蘭在政府頒布全國強制性居家隔離前就預見了這種可能性，也早有安排。她指示運輸部的資訊技術部門擴大網絡帶寬和網速，也指示運輸部同仁當務之急是學會使用線上視訊會議軟體，「溝通非常重要！而且這樣大家起碼能面對面說上話，便於互相了解。」得益於早做安排，整個運輸部才能持續有條不紊地履行部會使命，服務國家。

趙小蘭還為全國上下仍然需要實地上班的人們建立了有效的通報系統，誰確診要隔離、誰代班遞補，人事部門要能時時刻刻掌握，庶務人員要落實辦公室定期定時徹底消毒以策安全。趙小蘭領導力的一個鮮明特徵就是，她總是未雨綢繆，以先見之明度未來之勢，在意外情況發生前就做好了準備。過往豐富的危機處理經驗為她帶來了準確的判斷和領導的定力，因此鮮少措手不及，是公認的優秀危機領袖。面對疫情，她的強力領導使得供應鏈得以扛住疫情衝擊，保持順暢運轉，使千千萬萬不得已繭居在家以求安全的居民，能在艱困時期始終有物資度日，無斷炊缺物之虞。

幫助疫情中的亞裔美國人社區

新冠大流行導致反亞裔歧視和仇恨事件數量驚人增加，針對亞裔人士的言語辱罵、身體攻擊和網路騷擾的事件則愈來愈多。

與許多其他社群一樣，亞裔社群在疫情期間面臨嚴峻的經濟挑戰，其運營的小型企業如餐廳、雜貨店和各類零售店等，紛紛因為新冠居家隔離措施和限制而遭遇了嚴重的財務困難，不少小微商業在經歷客流量驟降和資金鏈問題後損失慘重，難以為繼，甚至不得不關閉，許多人隨之失業。

以紐約市為例，亞裔群體的失業率實際上從百分之二・四（能得知這個數字，也有賴趙小蘭在擔任勞工部長時期，要求政府採錄亞裔美國人的就業數據）飆升至百分之十四・二以上。

前總統川普針對新冠大流行及其與亞洲和中國的聯繫，發表了各種貶損甚至是攻擊性言論，招致人們批評他加劇對亞裔美國人的汙名化與歧視。特別是對於在他的政府中為他工作的亞裔美國人來說，實在令人錯愕。人們做了各種努力來勸阻他不要使用這種語言，但無濟於事，唯一成功的是讓前總統在推特上公開表示，亞裔美國人與新冠病毒傳播無關，不該受到歧視和攻擊。

身為白宮「亞裔美國人和太平洋島民白宮倡議委員會」（WHIAANHPI）聯席主席，趙小蘭自認義不容辭，要為亞裔社區做點什麼。她組織舉辦了各類網路教育論壇和研討會，向亞裔社群分享信息，告訴他們如何獲取政府資源以救濟失業，了解針對小企業主的補充性收入資助，以及如何與當地執法部門和聯邦調查局合作，報告針對亞裔社群的騷擾、暴力和攻擊事件。也有州長站出來，表示強烈反對針對亞裔的暴力行為，例如馬里蘭州州長拉里·霍根（Larry Hogan），他的妻子、馬里蘭州第一夫人尤美·霍根（Yumi Hogan）是韓裔美國人。

離開政府後，趙小蘭仍然堅持公開反對針對亞裔美國人的暴力行為，引起了主流美國人的關注。趙小蘭的呼籲和發聲，為這些針對亞裔美國人的攻擊增加了可信度，因為還有很多美國人甚至不相信此類事件是真實發生的。

> “我們有各自的經歷，所以我非常樂意指導年輕人，特別是女性、亞裔、西裔、非裔美國人。因為我了解也記得自己當時有多困難。　——趙小蘭”

趙小蘭任內建樹豐碩，但有關她政績的正面評價幾乎絕緣於媒體。媒體生態趨向爭逐腥羶，公眾人物常淪為惡性競爭下的犧牲品。趙小蘭內斂低調，在當今的媒體環境中，不見於報章雜誌反而是好事。媒體總愛詢問內閣對（川普）總統令人髮指的新言論有何看法，即使話題不在閣員的管轄範圍內。所以，「沒有新聞就是好新聞」。

然而，當時主政的川普總統熱愛曝光，貴為總統也不避諱與媒體大打口水戰。川普與媒體對峙，終於愈演愈烈，殃及內閣，傷害了認真奉公的閣員。

趙小蘭成為反對陣營緊咬不放的攻訐目標，因為她是美國最著名的亞裔共和黨人，他們不樂見她如此受歡迎，更不想看到更多亞裔美國人因她感召而成為共和黨人。趙小蘭在這樣的風氣下受害至深，最後演變至難以收拾的局面。

儘管人們都了解，要升級美國的基礎建設，需借助政治兩黨的協力，但雙方始終對支出方案的細節存在分歧看法，該花什麼錢、花多少、如何支付最終都未能通過審查。一方面民主黨人也討厭川普，不願與之合作，另一方面，川普總統也並未好好與民主黨成員溝通，因此，最後是直到兩年後拜登當選總統，基礎建設法案才獲放行通過——這確實不能忽視在趙小蘭主政運輸部期間，為基礎建設法案打下的堅實基礎。

第二十章

媒體混戰，自傷傷人

——踏入政界，趙小蘭她不在意針對她個人的蜚語流言，可是不能忍受家人受此侮辱。「我的家人都是愛國的美國人，過著目標明確的生活，為國家貢獻良多。」

白宮由主樓與東、西兩翼組成，主樓是第一家庭官邸，西廂（West Wing）內有總統使用的橢圓形辦公室、內閣會議室（Cabinet Room）和羅斯福室（Roosevelt Room）。內閣會議室是總統與閣員開會的地方，並不對媒體開放，至多只允許媒體入內五分鐘拍攝新聞照。總統通常會在內閣會議結束後簡短發言，接受媒體記者發問。按照傳統，內閣會議結束後，發言人會到白宮新聞發布室舉行記者會，簡報會議重點與其他事項。然而，川普的助手們給他提供了事先準備好的聲明，以便他在內閣會議開始時宣讀。他們這樣做或許是為了讓川普能專注於當天的訊息。剛開始，媒體被允許進入內閣會議室五分鐘，以便報導川普總統的講話，後來延長到十分鐘，不久後就演變成在開會時能夠全程待在會議室內。

即興口水擦槍走火

總統在內閣會議中，會打斷他不感興趣的議題或是他認為無趣的發言者，直接點名下一位閣員接著發言。這些狀況都直接曝光在媒體眼前，也因此報章雜誌取得現場直擊的素材可大作文章，可惜多數是負面報導，批評川普的言論。但這也讓閣員們飽受池魚之殃，承擔不必要的壓力與指摘。

媒體甚至指稱川普總統愛作秀，把內閣會議當作個人的伸展台。

川普政府上任第一年入春，成立了跨部門政府工作小組，準備起草一份基礎建設議案提交國會。這份建設議案規模龐大，除了更新基礎交通設施，還涵蓋了能源、水資源、勞工與勞動人口的培訓；工作小組由政府十二個機構組成，定期開會商討十年大計的內容。

見到政府有如此改造國家的壯志雄心，大家倍感振奮，媒體也寄予厚望。

時序入夏，川普急不可耐要在八月十五日舉行記者會宣傳十年大計，當時正在新澤西州貝德明斯特（Bedminster）的自家俱樂部工作的川普，在最後一刻召集趙小蘭和運輸部副部長到紐約的川普大樓候傳。當天趙小蘭原本打算搭火車赴會，就在上路前，白宮通知她和副部長到安德魯空軍基地，白宮派了軍機供他們搭乘。

趙小蘭和閣員們對這樣的記者會期待已久。

這次記者會的主要目的，正是要展示總統的行政命令目前的節奏和進展，加速國會批准基礎建設法案。總統提交的法案想通過批准，並非易事。白宮必須取得議員和外界支持團體的支持與合作，還需要執政者的專心致志以及堅持不懈，並努力游說法案內容。基礎建設法案涉及層面極廣，白宮終於出面開記者會，大家都認為是個大好消息。

就在記者會召開前幾天，維吉尼亞州的夏洛茨維爾（Charlottesville）有一場抗議活動，活動中不幸有一位反抗議女士遭抗議人士開車撞死，另有數人受傷。原本民眾認為川普支持抗議方，後來因為出現傷亡意外，川普在助理們的勸說下態度總算轉為溫和。大家以為爭議應該就此告一段落。

記者會開始，川普總統在宣讀基礎建設的構想後，應該要把接下來的時間交給身旁的閣員——站在川普身旁的幕僚依序是白宮國家經濟委員會主任科恩（Gary Cohen）、財政部長米努勤（Steven Mnuchin）、運輸部長趙小蘭，以及美國管理與預算辦公室主任馬瓦尼（Mick Mulvaney）。誰知川普講完話，人群中一位女記者立刻對他高聲提問起夏洛茨維爾事件。本應轉身離開講台的川普，馬上開始同在場媒體脣槍舌劍起來。

媒體更感興趣的議題似乎是夏洛茨維爾的抗議活動，不過川普未將主題拉回建設議案；雪上加霜的是，這次他的回答，與之前的溫和聲明自相矛盾，現場頓時你來我往，場面騷動不斷。

川普的失言風波拖累了在場的幾位閣員，自然也包括趙小蘭。他們誰也未曾預料到總統會即興發言、與媒體脣槍舌戰，大家毫無防備更無說話的餘地，卻要負起連帶責任。而且儘管尷尬萬分，他們也不能轉身離開這場風暴。趙小蘭瞥見剛上任兩週的白宮幕僚長凱利（John Kelly）在場邊低頭踱步，搖頭嘆息，雙手抱胸若有所思，憂心忡忡。他知道這場記者會已成為一場災難。

本來是萬眾矚目的好消息，竟然荒腔走板得讓人錯愕又惋惜。

事後，風暴愈演愈烈。財政部長米努勤的耶魯大學同期校友，有兩百五十八人聯名請願，要求米努勤辭職，理由是「我們不能與邪惡為伍」。科恩遭到猶太鄉親撻伐，也被要求辭職。趙小蘭當然亦成為眾矢之的，還好許多亞裔團體挺身而出聲援她，給予她莫大的信任與支持。

信口雌黃無妄之災

卸任勞工部後的八年間，美國政治氛圍發生了劇烈變化。社交媒體的崛起使得大眾傳播言論愈趨極端，意識形態對立、族群分裂日漸嚴重。民主黨下野後，更加憎恨川普，無時不刻都毫不留情地攻擊他，連帶也攻擊他的內閣成員。

民主黨人士利用政府工具作為打擊執政黨的手段：美國政府有一「資訊自由

法」（Freedom of Information Act, FOIA），供民眾申請閱覽政府資訊。在野人士提出申請，要求閱覽部長級官員與其助理的行程表和郵件，這些外部的民主黨團體從數以百萬計封郵件中捏造出各種版本的不實報導，四處投放，與大眾媒體一拍即合。

趙小蘭的人馬有時起而反擊，為運輸部辯護，不過公務繁忙，總是慢半拍，很難及時防堵汙衊不實的報導。這簡直是一場一面倒的戰役，媒體總是占上風，手握層出不窮的虛構故事，輪番上陣刺激點閱率，打得白宮幕僚個個招架不住。

到了二〇一九年，情況雪上加霜。

民主黨取得了眾議院控制權，外部團體更加有恃無恐。他們將捏造的故事兜售給掌權的民主黨國會議員，要求議員針對內容進行調查。這為處心積慮攻擊川普政府的眾議院民主黨領導人提供了管道：議員們寫信給各部會裡的監察長，要求進行內部偵查；事務官承受不起國會的施壓，只好依法照辦。

內部偵查一旦展開，很難喊停。川普的內閣閣員深受其擾苦不堪言。川普與媒體的關係本就惡劣，媒體也非常仇視他，只要能傷害川普，幾乎照單全收。事實上，所有的攻擊目標都是川普，閣員因為被視為川普的幫凶而受到波及，無人倖免。

各大媒體如CNN、MSNB、《富比士》都加入混戰，其中尤以《紐約時報》長篇大論抨擊趙小蘭最為荒謬，明指暗諷趙家的船公司與中國共產黨有不當利益往來，企圖抹黑趙小蘭一直以來的廉潔形象。

儘管只需查核趙家船公司的業務，很容易就能釐清趙家船公司，總部設立於紐約，是一家正宗美國公司，因為公司的主要業務是「租船運輸」（chartering），租家皆是世界知名大型大宗商品公司，船的航行路線、目的地和具體日程皆由租家公司決定，這些大宗商品公司租了船運送他們的散裝貨物至澳洲、巴西等各大開發中國家。

這些攻訐出於仇外心理，充滿種族歧視。趙小蘭踏入政界早有心理準備，她不在意針對她個人的蜚語流言，可是不能忍受家人受此侮辱。她發表聲明捍衛家人，「我的家人都是愛國的美國人，過著目標明確的生活，為國家貢獻良多。」

> 趙小蘭絕對應該被視為我們這個時代最偉大的公職人員之一。
> ——前美國參議員 Rob Portman

暴動成最後一根稻草

二〇二〇年美國總統大選選情詭異，開票後川普落敗，他的支持者群情激動。隔年元月六日，有兩千名川普支持者暴力闖入國會，企圖干擾進行中的確認總統當選人的國會議事程序。當天趙小蘭行程繁忙，按計畫她在運輸部的錄音室錄製政府交接影片，影片內容包括強調安全第一、感謝員工和交通運輸行業的勞工們在疫情期間幫助保持供應鏈暢通運轉。錄製結束後，她和排著長隊等待合影的同事們逐一合照、道別，沒人想錯過這最後的合影留念機會，直到臨近傍晚，趙小蘭才完成和最後一組同事的合影。

在國會大廈內示威者橫行，維安人員見狀當即將國會領袖撤離至安全地帶，麥康諾這才打了電話給趙小蘭報平安，語氣堅毅表示：「參議院將回來確認選舉結果。」不僅私下保證，這位國會參議院多數黨領袖還率領其他國會領袖公開宣誓，國會將重返議事廳再次集會，並認證二〇二〇年十一月七日的總統大選結果。

包括麥康諾在內的兩黨國會領袖一致出面，取得代理國防部長米勒（Christopher Miller）保證出動國民警衛隊穩定秩序，讓議員們繼續完成大選確認程序。多虧麥康諾堅定不移、捍衛國會大廈秩序的決心，終於等到國會警察（Capitol Police）制住亂局，議員們在當天晚上八點重返參議院議場。

隔日凌晨三點四十二分，國會認證拜登當選；凌晨四點，麥康諾才回到家，帶著一身疲憊的他很快進入了夢鄉。

天亮後，有關於運輸部長趙小蘭準備辭職的新聞開始流出，傳言源頭不明，但趙小蘭其實並沒有向任何外人透露過她內心的計畫。只是這樣的猜測與私語也合情合理：趙小蘭身正言直，素有賢名，以她的品行觀來，自然無法容忍國會大廈內發生的暴力衝突。

趙小蘭就這樣平靜地開完了兩次早會，沒有對外透露隻言片語。就在前夜，趙小蘭已經告訴妹妹趙安吉，請妹妹轉告父親自己去職之意已決，希望父親理解。很快她就收到了回應：去做你認為正確的事吧！

等麥康諾醒來後，趙小蘭向丈夫說明自己決意辭去運輸部長職務的決定。隨後，她將自己的決定知會白宮幕僚長。她深知，在正式通知白宮之前，她必須先做好充分準備，必須審慎選擇公布這一消息的時機，以免遭洩密或是因含糊其辭和不實言論而誤導公眾。

知會白宮後，趙小蘭立即在推特上向全體運輸部同仁發表聲明，表示她將辭去運輸部長的職務。

她的聲明言簡意賅，字字珠璣：

「親愛的同事們，這是一起完全可避免的災難，我相信諸位很多人也作如是想。我深感困擾，無法袖手旁觀。」……「我自豪於我們共同為國家取得的諸多成就，我永遠不會忘記諸位對這個部門和美國的奉獻。」

趙小蘭的辭職即刻生效，但她的團隊仍然在其位、謀其政，將繼續協助走馬上任的拜登總統所任命的運輸部長，完成平穩交接與過渡。

「祝諸位一切順利」。聲明的結尾簽名很簡單，卻彷彿有雷霆萬鈞之力：「趙小蘭」。

之後，她向總統發送了一封兩頁的辭職信，總結了她在運輸部任職期間的成果。

趙小蘭是為國會暴亂後第一位毅然請辭的內閣官員。她的決然義舉引得多位川普任下的官員紛紛仿效追隨，一時間朝野震盪，請辭下野者如過江之鯽，川普可謂「光桿司令」。

但趙小蘭堅定不渝且以去職為榮為傲，因為一月六日的暴動突破了她的底線和核心價值。公門數十年，每逢新舊政府交接，她和父母親友們總是會喜氣洋洋地參加各類就職慶典；慶典後，父親趙錫成更是會致電海外的朋友們，讚揚美國政權和平交接的偉大傳統。然而，一月六日的暴動無疑將這份寶貴傳統破壞如敝屣。

匡正清名

趙小蘭辭職約兩個月後，運輸部內部監察長公布了針對趙小蘭任內辦公室所做的調查報告，聲明查無不法實據亦無任何不妥行為。拜登新政府的司法部根據這份報告，認為沒有繼續調查的必要，取消了偵查。

當初運輸部監察長在民主黨人要求下進行調查，過程鉅細靡遺，包括了運輸部如何分配政府資金給航空、公路、公共交通和鐵路相關單位，並運用精細數據分析技術稽查了數百份撥款申請、面試，還仔細審查趙小蘭的日誌，包括她何時何地和誰見面、原因為何。

尤有甚者，民主黨人還要求稽查趙小蘭利用職位之便行利益輸送之實，暗助父親公司。真相是，趙小蘭的孝順有目共睹，自踏出社會以來常與父母、家人相伴同往一些公眾活動，也經常邀請亞裔社團人士一起出席以回饋社區，只是以往的社會及輿論環境未像如今這般偏斜，連她始終如一的孝順之舉，都被誣為道德瑕疵。

趙小蘭內心坦蕩，面對調查毫無所懼，因為她很清楚，反對黨將一無所獲。

「部長一直奉公守法，她的個人操守一直堪稱典範，卻無辜受到如此不公的攻擊，實在有失正義！」全美亞裔總商會（National ACE）總裁董繼玲（Chiling Tong）說。趙小蘭棄商從政，放下民間企業優渥的高階職位，三十多年來清廉忠誠，奉公守法剛正不阿，眾目昭昭。

趙小蘭不奢望能得到一句道歉。儘管憤怒又難過，她仍清楚這是從政的代價。身為共和黨人成了她的宿命，又碰巧嫁給華府最有權勢的共和黨員麥康諾，在反對人士眼裡，趙小蘭是個現成的箭靶。

身為公眾人物，趙小蘭無法訴諸法律興訟、為自己討回清白，因為美國法律對媒體、對誹謗公眾人物相對寬容。

《國家評論》（*National Review*）專欄作家麥卡錫（Andrew C. McCarthy）在三月二十日清晨六點發表了一篇評論，為趙小蘭打抱不平——

「她是二戰以來任職最久的內閣官員……她努力付出，從長島的童年到哈佛商學院的學位，從前途無量的金融業到一生致力公共服務……所到之處都破除了女性與亞裔美國人的身分障礙。」麥卡錫表示，趙小蘭的政績總是贏得跨黨派的讚譽，倘若她是民主黨員，民主黨早就以她的名字給新發現的星系命名，「可是如今她的背上沒有桂冠，只有箭靶。」

《華盛頓時報》、《華爾街日報》也紛紛發出正義之聲，表示趙小蘭被誣指瀆職圖利中國，是無稽之談。

《華爾街日報》編輯委員會公開為趙家仗義執言，「趙小蘭童年自台灣來到美國，她是趙錫成的六個女兒之一，趙錫成所創辦的福茂集團（Foremost Group）是一家總部位於紐約的美國航運公司。這是一個移民的成功故事。趙小蘭的妹妹趙安吉（Angela）是該集團現任首席執行官，趙小蘭既非員工亦非老闆。該公司專門經營散裝貨櫃船，接受委託從事運輸穀物和其他貨物。其船舶經常往來於中國港口，這是因為全世界大部分商品貿易都須往返於中國。船舶的行駛目的地係取決於托運貨主而非航運公司自身。但凡從事全球航運業者，無法迴避前往中國港口……很難相信，假若趙小蘭不是華裔，攻訐者難以作此指控。」

由於趙小蘭慣於低調，謹小慎微，外界無從知道身為亞裔讓她承受了多少委屈。事實上，二〇二二年夏天，川普與麥康諾曾有過一次言語爭執，當時總統甚至語帶歧視、口不擇言地嘲諷趙小蘭的族裔和姓氏；早在二〇一七年，川普就對不肯乖乖聽話的麥康諾顯露不滿。或許，川普因此遷怒於趙小蘭。

六個多月過去，趙小蘭始終緘默，沒有回應前總統的嘲諷。不同於常人，她的處境令她掣肘，無法自由反擊。這位前總統最希望看到的就是麥康諾和趙小蘭公開爭吵失和，以獲得更多媒體關注。而對趙小蘭來說，涉入公開鬥爭沒有任何好處。但她也很擔心，如若不回應，她會給其他可能遭受類似羞辱待遇的亞裔美國人樹立一個惡例——如果她都只能忍氣吞聲，那麼普通亞裔要如何捍衛自己的權益與尊嚴呢?!

因此，當《政治報》（*Politico*）威脅要寫一篇關於川普攻擊的文章時，趙小蘭終於打破沉默，站出來發表了一份聲明：「當我年少時，有些人故意拼錯或讀錯我的名字，亞裔美國人為下一代改變這種境遇做出了極大努力。但川普似乎不明白這一點，不過，這反而足夠說明他自身的問題，而非亞裔美國人（有問題）。」趙小蘭的聲明言簡意賅又切中肯綮，巧妙又優雅地回應了低劣的攻訐。

諷刺的是，在趙小蘭的整個任期內，川普始終對她的表現高度讚揚，不僅在二〇二〇年七月稱讚趙小蘭「工作十分出色」；二〇二〇年四月，他也公開表揚趙小蘭「工作優異」。網路和媒體上隨處可搜到川普對趙小蘭讚不絕口的紀錄：

「我想特別感謝趙小蘭，作為這個部會的領導，你真是太棒了！全國各地的領導人和官員都對趙部長為創建安全、現代化、可靠的交通系統所做的貢獻表示高度讚賞。」

「趙小蘭部長，你為我們作出了巨大貢獻，你的工作方式非常安靜但卓有成效，你在交通運輸領域所做的工作真是棒極了。」

「我們在交通運輸方面沒有任何問題，交通系統一切順暢。作為我們的運輸部長，趙小蘭的工作非常卓越出色！」

對川普來說，趙小蘭對他最大的冒犯不僅是她是麥康諾的夫人，更在於她是一月六日暴動後第一位辭職的內閣成員。趙小蘭的堅守自我原則，卻在最後激怒了川普。

趙小蘭毋須戀棧官場，她在民間企業聲譽卓著，學經歷俱佳，能幹真誠深受肯定。在政治以外的世界，她的天空更為自在遼闊。

她在運輸部的四年間，推動自駕車、無人機和太空旅行等火車頭工業貢獻重大，也完成改變地緣政治版圖的天然氣管線布局，疫情肆虐時維持美國民生供應鏈正常不輟，政績亮眼。在她發布辭職聲明前兩日，副總統彭斯還特別修書給她，感謝她任職期間誠信服人、為國為民做出傑出貢獻。

人生就該不斷積極向善

現在，趙小蘭再度無官一身輕地回到父親身旁，花更多時間參與父親的日常，與父親相伴；或是參加各大企業與非營利組織的董事會，做慈善、到處演講鼓勵他人，特別是她的心中之重亞裔群體，這都是她長年樂在其中的志業。二〇二二年，白宮簽署法案，啟動在美國國家廣場建造「亞太裔國家博物館」的程序，趙小蘭也確定加入「史密森尼亞太裔美國人中心」（Smithsonian Asian Pacific American Center, APAC）董事會；隨後她投書《華盛頓郵報》，呼籲政府興建「美國亞太裔歷史文化國家博物館」，以彰顯亞太裔美國公民在各領域為國家所做出的貢獻。

去職下野的趙小蘭仍在擁抱世界給她的無限可能，她已經領略父親的智慧，不為自己設限。趙小蘭就是趙小蘭，不是陶淵明更非屈原。她知道自己是誰，清楚自己要做什麼、不做什麼。

最重要的是，不論在哪個領域，她永遠都是主動做出選擇，不是被選擇的人。

致謝

在完成本書的過程中，首先要感謝趙錫成博士、趙小蘭部長，以及趙家的全力協助，包括本書中的所有照片與文件資料，都承蒙趙錫成博士、趙小蘭部長無私提供。特別向趙安吉女士為書名與內文修改提出的協助與建議，致上最深的謝意。

感謝張卉璇（Michelle Chang）女士、王英子（Christine Wang）女士與王澄明（Tim Wang）先生不厭其煩、卓有效率地協調三方（作者、傳主與出版社）的需求與意見，並協助諸多細節的求證工作；特別是王英子女士為文稿的最後修改貢獻極大的時間與精力，讓定稿得以更臻完善。另及協助照片初步整理的何昀（Jonathan Ho）先生，於此一併申謝。

國家圖書館出版品預行編目 (CIP) 資料

開創者之路：亞裔女性部長第一人趙小蘭傳 / 傅士玲，周慧玲著．-- 第一版．-- 臺北市：遠見天下文化出版股份有限公司，2024.05
面；　公分．-- 心理勵志；BBP489
ISBN 978-626-355-703-1(精裝)

1.CST: 趙小蘭 2.CST: 傳記

785.28　　113003091

心理勵志 BBP489

開創者之路──亞裔女性部長第一人趙小蘭傳

作者 ── 傅士玲、周慧玲
圖片提供 ── 趙錫成、趙小蘭

總編輯 ── 吳佩穎
責任編輯 ── 張立雯
編輯協力──張卉璇、王英子、王澄明
文字校對 ── 魏秋稠
封面設計 ── 張議文

出版者 ── 遠見天下文化出版股份有限公司
創辦人 ── 高希均、王力行
遠見．天下文化　事業群榮譽董事長 ── 高希均
遠見．天下文化　事業群董事長── 王力行
天下文化社長 ── 王力行
天下文化總經理──鄧瑋羚
國際事務開發部兼版權中心總監 ── 潘欣
法律顧問 ── 理律法律事務所陳長文律師
著作權顧問 ── 魏啟翔律師
社址 ── 臺北市104松江路93巷1號
讀者服務專線 ──（02）2662-0012 | 傳真 ──（02）2662-0007；2662-0009
電子郵件信箱 ── cwpc@cwgv.com.tw
直接郵撥帳號 ── 1326703-6 號　遠見天下文化出版股份有限公司

電腦排版一芯澤有限公司
製版廠 ── 東豪印刷事業有限公司
印刷廠 ── 祥峰印刷事業有限公司
裝訂廠 ── 精益裝訂股份有限公司
登記證 ── 局版台業字第2517號
總經銷 ── 大和書報圖書股份有限公司 | 電話 ── (02)8990-2588
出版日期 ── 2024年5月31日第一版第1次印行
2024年7月1日第一版第2次印行

定價 ── NT800元
ISBN── 978-626-355-703-1 (精裝)
EISBN ── 9786263557024（EPUB）；9786263557017（PDF）
書號 ──BBP489
天下文化官網 ── bookzone.cwgv.com.tw

天下文化
BELIEVE IN READING